山西省哲学社会科学"十二五"规划课题——《保晋文化研究》

山西省高等学校哲学社会科学研究项目——《保晋公司研究》（编号：20112243）

王智庆 一 著

Research on Baojin Company

保晋公司研究

山西近代最大的民营工矿企业

明清晋商衰落之际谋求转型的典型缩影

经济管理出版社

ECONOMY & MANAGEMENT PUBLISHING HOUSE

图书在版编目（CIP）数据

保晋公司研究/王智庆著.—北京：经济管理出版社，2014.5

ISBN 978-7-5096-2667-2

Ⅰ.①保… Ⅱ.①王… Ⅲ.①煤矿企业-工业企业管理-研究-山西省-近代

Ⅳ.①F426.21

中国版本图书馆 CIP 数据核字（2013）第 235456 号

组稿编辑：杜 菲
责任编辑：杜 菲
责任印制：黄章平
责任校对：李玉敏

出版发行：经济管理出版社
　　　　　（北京市海淀区北蜂窝 8 号中雅大厦 A 座 11 层　100038）
网　　址：www.E-mp.com.cn
电　　话：（010）51915602
印　　刷：大恒数码印刷（北京）有限公司
经　　销：新华书店
开　　本：720mm×1000mm/16
印　　张：15
字　　数：320 千字
版　　次：2014 年 5 月第 1 版　2014 年 5 月第 1 次印刷
书　　号：ISBN 978-7-5096-2667-2
定　　价：52.00 元

序一

保晋公司是山西商办全省保晋矿务有限总公司的简称，是山西争矿运动的胜利成果。通览王智庆同志《保晋公司研究》一书，突出感受有以下三点：

首先，高起点、高品位，视角新颖，是该书给我留下的最深刻印象。

由于作者是在晋东商业研究和山西煤业史研究基础上对保晋公司进行研究的，所以高起点、高品位，视角新颖，就构成了该书的一大亮点，其集中表现就是：作者能够坚定地站在近代工矿企业的制高点上，观察和研究保晋公司。

清光绪三十一年（1905年）正太铁路通到阳泉后，在半殖民地、半封建旧中国的历史条件下，平定就成了直接遭受外国侵略者掠夺和蹂躏的前沿阵地。英商福公司伴随正太铁路的修建进驻平定，并在这里勘测矿源，标定矿界，禁止当地百姓开采煤矿，这样就激起了平定人民的反抗斗争。这就是平定之所以成为山西争矿运动策源地最直接、最根本的原因。平定人民同山西人民一起，通过争矿斗争，赎回矿权，才创造了开办保晋公司的前提条件。可以说，保晋公司的创建是平定人民和山西人民争矿斗争的胜利成果，是英商福公司迫不得已向平定人民和山西人民所作的一点让步。然而，这种让步是有条件的，是以山西赔偿英商福公司275万两白银为代价的。这样一来，尽管给保晋公司其后的发展造成了极大的困难，但它并不影响保晋公司的性质。作者站在近代工矿企业的制高点上，通过剖析保晋公司的民族资本属性、民营资本属性、股份有限公司属性、"集煤炭生产、销售于一身"的工矿企业属性、商业品质属性，等等，深刻地阐明了保晋公司所具有的近代工矿企业性质，从而使高起点、高品位，视角新颖，成为贯穿全书的一条主线，这是该书的最大特点，也是该书的最成功之处。

其次，该书对保晋公司纵横交错的研究，深刻地阐明了保晋公司在山西近代煤炭企业发展史上的重要作用和历史地位。

该书以山西争矿运动为切入点，按照时间顺序将保晋公司划分为四个时期，进行了全面系统的研究，对每个时期的发展进步、困难和问题、成绩与贡献，通过具体事实和大量数据，进行了卓有成效的论述，特别是对于保晋公司破产后的财务清理，一直写到 1984 年，尤其全面系统，十分难能可贵。其后，又分六章，分门别类地进行了专题研究。其中许多章节，诸如关于企业性质和管理体制的研究，关于人力资源管理的研究，关于财务管理的研究，关于技术管理的研究，关于安全生产管理的研究，都有许多闪光点，很值得关注。这样，该书就全方位、多层次地阐明了保晋公司在山西近代煤炭企业发展史上的重要作用和历史地位。

最后，该书系统而全面地阐述了阳泉市近代煤炭企业创建和发展过程及其历史地位。

阐述阳泉市近代煤炭企业创建和发展过程，是一个非常复杂的问题。因为平定和阳泉相互交错，多次变更，外地人很难准确把握，要理清阳泉市近代煤炭企业的创建和发展过程，更是难上加难。作者凭借对阳泉历史地理比较熟悉的地缘优势，在行文中准确地把握阳泉与平定县、阳泉与保晋公司平定分公司、阳泉市与平定县的用法，进而在追溯阳泉市创建过程的基础上，跟随阳泉建置复杂多变的历史过程，系统地追述了阳泉市近代煤炭企业创建和发展历程。

近代煤炭企业，系指突破传统手工操作，在一定程度上采用近代机器和科技手段经营的煤炭企业。而这种近代煤炭企业，首先就是由保晋公司创办的。平定既是争矿运动的首发地，也是山西近代煤炭企业的开办地。保晋公司创办初期，设有平定、寿阳、晋城、大同四个分公司，而平定分公司的规模最大、实力最强，是保晋公司的掌上明珠。作者通过对保晋公司"集煤炭生产、销售于一身"的全面论述，深刻地阐明了阳泉发展成为山西最早的近代煤炭基地的历史过程。1916 年，保晋公司总部从太原迁到阳泉后，阳泉又成了平定、寿阳、晋城、大同四个分公司的指挥中心，从而有力地说明了阳泉在山西近代煤炭企业发展史上极其重要的历史地位。在此基础上，该书成功地阐明了阳泉市近代煤炭企业创建和发展的历史过程，承担起了阳泉市学者应该承担的历史重任。

总而言之，《保晋公司研究》是一部开拓创新的力作，很值得关注，是为序。

张海瀛

2014 年 2 月 2 日于太原

张海瀛，山西省社会科学院原副院长，研究员，原中国明史学会副会长，享受国务院特殊津贴专家。

序二

作为一个煤炭资源大省，全国重要的能源基地之一，山西在长期的资源开发利用过程中，凝练并打造了独具特色的"煤业文化"。研究山西煤业发展史，对于山西乃至全国都有十分重要的理论与现实意义。保晋公司作为山西近代最大的民营煤炭生产企业，在世纪之交开始了山西民间商业、金融业资本向工业资本的转型，实现了传统手工开采方式向机械化生产方式的转型，呈现出单一区域分散经营向多区域联营的转型。它开创了山西近代煤业发展史的新纪元，奠定了三晋现代煤业的基本格局，是研究山西近现代煤业发展史不可逾越的一个重要课题。当前，关于保晋公司的研究，尽管不乏有学者予以关注，但迄今为止尚无一部全面、系统的专著问世。经多年潜心研究，太原理工大学阳泉学院王智庆副教授所著《保晋公司研究》一书的问世，在一定程度上弥补了这一缺憾。

通览全书，我认为有以下几个特点：

一、视角独特、以点带面、立意深远

著者从明清晋商谋求转型切入，以山西近代史上最大的民营工矿企业"保晋公司"为基点展开研究，将"明清晋商文化"与"山西煤业文化"进行融合性探讨，既弥补了山西近代煤业史之典型个案研究的不足，又在很大程度上深化了晋商资本走向与发展趋势的研究，以点带面、立意深远。

二、布局合理、结构严谨、条理清楚

著者既关注了基本史实的还原与脉络梳理，又探究了企业内在管理机制，还兼顾了企业文化的挖掘。首先，客观还原了保晋公司真实的历史原貌，对其发展历程、企业性质、管理体制等基本史实进行了较为深入的探究；其次，对保晋公司的"人力资源管理、财务管理、技术管理、安全生产管理"进行了专题性剖析，探讨了保晋公司在企业管理方面的成败得失；最后，提炼出保晋公司八方面的商业品质、历史作用以及对现代企业管理的启示。就框架结构与逻辑体系而言，可谓布局合理、结构严谨、条理清楚。

三、史料充实、立论客观、颇有新意

著者以清末、民国时期的大量史料为依据展开研究，尤其是对一些模糊不清、似是而非乃至颇有争议的问题，提出了自己独到的观点。例如，著者通过史料佐证，认为保晋公司正式成立于清光绪三十四年六月初三（公元1908年7月1日），而非此前学者所认定的1906年冬季或1907年春季；再如，著者通过对台湾中央研究院近代史研究所1960年8月出版的《中国近代史料汇编·矿务档》所收录的《赎回山西盂县、平定州、潞安、泽州与平阳府开矿制铁转运正续各章程合同之合同》与清宣统二年（公元1910年）平定保矿运动组织领导者张士林所撰《石艾乙巳御英保矿纪闻》史料进行比照分析，认为《赎矿合同》的准确签订时间应当为"清光绪三十三年十二月十七日（公元1908年1月20日）"，而非此前学界认为的"清光绪三十三年十二月十八日（公元1908年1月21日）"；另外，著者通过对《保晋公司董事会与善林堂、同德堂合资营业合同》的剖析，认为保晋公司在后期已经开始利用"商誉"等无形资产以及"土地使用权"而开始获利，等等。总之，著者以史料为据，深入剖析，提出了自己独到的见解，颇有新意。

四、动态静态结合、定量印证定性、研究方法多样

著者通过历史学、经济学及管理学等不同学科研究方法的综合运用，不仅在还原保晋公司客观史实的基础上，回答了"是什么"，而且通过探究其内在运行机理相应地解决了"为什么"的问题。例如，对保晋公司的组织机构、管理体制、财务状况、资产构成及技术管理等内容进行研究时，著者既进行静态分析，又分时段进行动态跟踪，前后比照。同时，运用现代财务管理相关理论，依据原始数据对公司财务状况，特别是固定资产的投资结构及变动趋势进行了定量解析，并运用管理学的相关理论，对公司组织及个人绩效管理进行了较为深入的剖析，深化了对该公司治理结构、财务运营状况、人力资源管理研究的力度。

《保晋公司研究》的付梓，在一定程度上有利于深化明清晋商的转型研究，有利于将山西近代煤业史研究进一步引向纵深，有利于读者了解山西省情，进一步激发广大民众的爱乡情怀与创业激情，因而具有较强的现实意义。

尽管书中对山西保矿运动究竟最早产生于何地，原晋抚胡聘之在运动中的历史定位，官、绅、商所起的作用等问题着墨不多，未予专门展开论述，读后仍感意犹未尽。但我认为作为一部学术论著，难免会存在这样或那样的问题，也可能有学者或同仁会提出这样或那样的商榷，这些均属正常现象。

智庆副教授多年来一直潜心于家乡晋东地区的经济史研究，且在《晋东商业文化》出版后又有新作问世，可喜可贺！期望看到他更好更多的成果面世！

是为序！

刘建生

2014 年 2 月 3 日于山西大学养拙斋

刘建生，山西大学晋商学研究所所长，教授，博士生导师。

前　言

　　山西省矿藏资源丰富，人文历史悠久，既是全国重要的能源基地，又是中华文明的主要发祥地之一。著者作为一个地地道道的山西人，对于本省享誉海内外的传统商业文化与煤业文化兴趣颇浓，多年来一直潜心于山西区域经济史研究。在全省上下大力推进经济转型，提倡文化强省的今天，本人作为一个区域经济史研究者，始终致力于"竭一己之力为地方文化事业添砖加瓦"之夙愿，自不敢虚度时日。

　　近十余年，著者主要围绕"晋商学"与"山西煤业史"两个方向展开相应的研究工作，并力求对两方面的交点问题或事项进行融合性研究，本课题即是首次尝试。保晋公司伴随震惊中外的"山西争矿运动"而生，作为山西近代史上最大的民营煤炭企业，力求摒弃传统的手工开采方式，尝试性地运用新式机器进行煤炭资源的机械化开发，开创了山西近代煤业史发展的新纪元，奠定了山西近现代基本的煤业格局，为全国最大的无烟煤基地、"中共第一城"——阳泉市的成功创建进行了必要的人力、物力、财力与文化的积淀，因此，研究山西近代煤业史，保晋公司始终是不可逾越的一个重大课题。同时，保晋公司又是纵横驰骋中国商界五百余年，创造出中外商业史上奇迹，为世人所瞩目的明清封建晋商衰落之际，谋求转型的一个典型缩影，其在一定程度上实现了山西民间商业资本的积聚且向工业资本的转型，助推部分传统封建晋商逐步演变为近代民族资产阶级，其演绎了明清封建晋商最终退台的动人一幕，故而，研究保晋公司可以在较大程度上深化对明清晋商的研究力度。鉴于上述两方面原因，结合个人志趣及数年的前期资料积累，特于2008年底开始着手这项专题研究工作。

　　本书在整个写作过程中，遵循"据史料推导史实、据史实探究机理、据机理提炼品质"的总体思路。首先，分阶段研究保晋公司的"发展历程"、"企业性质与管理体制"等基础性问题，客观梳理与还原保晋公司的真实历史原貌；其次，在整个研究进程的深入阶段，重点研究保晋公司的"人力资源管理"、"财务管理"、"技术管理"与"安全生产管理"；最后，在本项研究的提炼与升华阶段，剖析了保晋公司的"商业品质、历史作用及启示"，以期为当代企业现实运作提供一定的理论借鉴与历史警示。

本课题研究历时五年之久，平心而论，著者业已竭心尽力、力求精美，但鉴于一手史料的匮乏、研究功力的浅薄，特别是作为"山西省哲学社会科学'十二五'规划课题"与"山西省高等学校哲学社会科学立项课题"，结题在即，无法继续补充、完善与雕琢，只能将这部带有缺憾的书稿公开呈现给读者，真诚恳请各位方家、学者、同仁批评指正、不吝赐教。

王智庆

2014 年 2 月 1 日夜于阳泉学院

目　录

第一章 绪 论

山西省既拥有底蕴深厚的文化资源，又拥有丰富的煤铁矿资源，既是文化大省，又是能源大省。明清晋商，称雄中国商界五百余年，创造了中外商业史上的奇迹，堪与世界著名的威尼斯商人和犹太商人相媲美，家喻户晓，享誉至今。同时，作为任何一位有情感的山西人，相信对于本省的煤炭资源都情有独钟，因为它既是广大山西民众长期以来赖以生存的必需品，又是近一个世纪以来，支撑山西区域经济发展的主要收入来源。因此，关注明清晋商、关注山西煤业发展史，适时挖掘并大力宣传晋商文化与山西煤文化，是每位山西人义不容辞的重要使命。保晋公司是山西近代史上最大的民族工业企业，其开山西近代工矿业之先河，是晋商衰落之际谋求转型的一个特例，其演绎了晋商最终退台的动人一幕，集晋商文化与山西煤文化于一身，实有大书一笔之价值。

一、研究保晋公司的学术意义与社会价值①

保晋公司于清光绪三十二年（1906 年）开始筹办，清光绪三十四年（1908 年）正式创办，总部原先设立于山西省太原市海子边，民国五年（1916年）迁至平定县②阳泉火车站附近，直至民国二十六年（1937 年）伴随日军的大规模入侵而被迫破产，其 2/3 的生命历程以平定为轴心进行业务运作。当前，我们研究保晋公司、挖掘保晋文化，学术意义深远、社会价值巨大，值得

---

① 这部分内容在撰著过程中主要参阅了王智庆：《论保晋公司研究的学术意义、社会价值与研究方略》，载《山西高等学校社会科学学报》2012 年第 10 期。

② 现今的山西省阳泉市城区、矿区、郊区、开发区，在 1947 年 5 月 4 日阳泉市创建之前，均隶属于山西省平定县。因此，本著所提及的平定，就地域而言包括现今山西省阳泉市下辖的平定县、阳泉市城区、矿区、郊区及开发区（关于阳泉市的创建时间，目前尚存在争议，有待进一步考证）。

引起政界、经济界、历史界、文化界等相关机构和群体的高度重视。

（一） 研究保晋公司的学术意义

当前，我们研究保晋公司与探讨保晋文化，具有特殊的学术意义，主要体现在如下几方面：

首先，放眼全国，保晋公司研究的深入开展有利于推进与深化传统封建商人向近代商人过渡的转型研究。保晋公司作为一个典型案例，将深化中国近代煤、铁矿史研究的力度。

其次，就山西省而言，保晋公司是传统封建晋商日趋衰落、谋求成功转型的真实写照，是轰轰烈烈历时近三年之久、以"争矿权、保利源、废约自办"为宗旨的山西争矿运动胜利的客观产物。没有明清晋商就没有保晋公司，研究保晋公司其实就是研究明清晋商的归属问题。本课题研究的深入开展，有利于进一步将晋商学及山西近代工矿业史的研究引向纵深。

最后，就阳泉市而言，保晋公司在自创建到衰亡的企业发展历程中，有2/3的时间总部设立于阳泉，为阳泉作为一个地级市的创建进行了必要的人力、物力、财力储备及文化积淀，才促成了1947年阳泉市作为"中共第一城"的成功创建。可见，研究保晋公司对于研究阳泉市这座历史短暂的典型资源型工业化城市具有特别重大与深远的意义。

（二） 挖掘保晋文化的社会价值

保晋文化的深入挖掘，社会价值巨大，具有品牌、指导、启迪、警示、回归五方面的效应。

1. 品牌效应

保晋公司是具有丰富内涵的区域文化品牌。保晋公司作为山西争矿运动的客观产物，是山西民众反帝爱国卫权运动胜利的成果，是称雄中国商界五百余年的封建晋商日趋衰落、谋求成功转型、进行大胆探索的一次伟大尝试，在山西近代区域经济史发展演变过程中，具有特殊的历史意义和社会价值，给后人留下了一笔宝贵的文化遗产。保晋公司是山西省文化产业打造的一块品牌，同时将成为山西省经济学界、历史学界、社会学界研究的热点。保晋公司开山西近代工矿业之先河，促成了山西煤、铁矿业由传统手工业向机器大工业的转型过渡，奠定了山西省基本的煤业格局，在山西近代工业史上具有划时代的里程碑意义。同时，由于保晋公司在2/3的企业发展历程中，总部都设立于阳泉，为中共第一城——阳泉市的创建及后来全国最大无烟煤基地的打造奠定了必要的物质与文化基础。可见，保晋公司在山西省特别是阳泉市是具有丰富内涵的特殊文化品牌。研究保晋文化，能够在一定程度上实现历史文化研究与文化产业经济的双重互动，由无形效应转化为有形效应，由精神效应转化为物质效应。

2. 指导效应

保晋公司作为一个民营企业，在摒弃其时代差异与社会环境变迁影响的前提下，其在公司治理结构、战略管理、生产经营管理、营销管理、技术管理、人力资源管理、财务管理及商业品质等方面的成功经验与失败教训特别值得当代企业家们深思、咀嚼与借鉴。

3. 启迪效应

保晋公司由清末的山西商人创办，探索出了一条成功的转型之路，实现了由传统封建商人向近代商人的成功过渡，从原先纯粹的贱买贵卖传统商业运作行为，向产生整个社会财富增值的近代工矿业投资，走出了一条创新发展之路。保晋公司有许多值得当代人借鉴的精神与品质，例如：爱国性，保晋公司本身就是山西争矿运动的产物，同时保晋公司不收洋股，而且不准将股权转让给洋人，一经发现，不予承认；创新性，保晋公司大力引进高新技术、引进专业人才，并且实现了无限责任制向有限责任制的成功转换；不屈性，保晋公司在逆境中求奋进，在帝国主义、封建军阀的双重压榨下求生存。尽管时过境迁，但保晋文化所特有的启迪效应依然作用巨大、意义深远。

4. 警示效应

保晋公司是山西争矿运动的产物，山西的煤铁矿开采权之所以易主，缘于政界官员在招商引资过程中的疏忽大意及缺乏必要的法律卫权意识。山西争矿运动的胜利实际上是保守性胜利，使山西人民承担了 275 万两白银的额外负担，这一史实给当代政界大规模招商引资以极大的警示作用。

5. 回归效应

我们研究保晋公司、探讨保晋文化，绝不能一味停留于历史与文化层面，其理论研究成果必须进行现实回归，为山西省的文化强省战略和阳泉市的文化强市战略做出应有的贡献，为文化产品（如电影、电视剧、戏曲、小说等）注入灵魂、注入活力，使该项课题研究成果回归社会、回归现实、回归大众，真正实现社会科学理论研究成果向现实经济效应的成功转化。

二、保晋公司研究的现状及发展趋势

目前，有关保晋公司的研究国外无人问津，就国内而言，也很少有专业学者涉足。尽管保晋公司研究已经逐渐引起社会各界不同程度的关注，并不乏一些文史同仁参与其中，但客观上讲，公开面世的学术性研究成果寥寥无几、屈指可数。例如，阳泉市政协学习和文史资料委员会于 2006 年组编的《保晋公司史料及研究》（阳泉文史资料第十三辑）；曹慧明主编的《保晋档案》（太原：山西出版集团·山西人民出版社，2008 年版）；王智庆、李存华合著的《晋东商业文化》（北京：科学出版社，2009 年版）；山西近代矿史研究会、保晋公司纪念馆共同编著的《保矿保晋风云录》（北京：中国时代经济出版社，2009 年版）；魏德卿主编的《山西保矿运动历史研究》（北京：中国时代经济出版社，2010 年版）；再有就是为数不多的数篇论文了，尚未有一部系统的专业学术论著。同时，纵览现有涉足保晋公司的研究成果，绝大部分成果注重时间、地点、人物、企业发展历程、社会影响与作用及人物传记等内容的研究，并没有学者对保晋公司的创建基础、组织机构、管理体制、人力资源管理、财务管理、战略管理、技术管理、经营管理及商业品质等进行专题研究，实事求是地讲，保晋公司的研究仍然停留在表象层面，并没有进行较深层次的挖掘与探究，该项研究有待进一步深入与细化。

如前所述，由于保晋公司具有厚重的学术意义与特有的社会价值，是一块底蕴深厚的特有区域文化品牌，故而必然成为今后山西省各界关注与研究的热点。

三、本著的研究内容、研究思路、研究方法
及创新之处

（一）研究内容

本著在撰写过程中，以保晋公司为研究对象，主要围绕七个子课题开展相应的研究工作，分别为：①发展历程研究；②企业性质与管理体制研究；③人

力资源管理研究；④财务管理研究；⑤技术管理研究；⑥安全生产管理研究；⑦商业品质、历史作用及启示研究。

（二）研究思路

本著在整个研究过程中，遵循"据史料推导史实、据史实探究机理、据机理提炼品质"的总体思路，由简到繁、由易到难、由浅入深，在综合利用大量客观史料的基础上，首先，分阶段研究保晋公司的"发展历程"、"企业性质与管理体制"等基础性问题，客观梳理与还原保晋公司的真实历史原貌；其次，在整个研究进程的深入阶段，重点研究保晋公司的"人力资源管理"、"财务管理"、"技术管理"与"安全生产管理"；最后，在本项研究的提炼与升华阶段，剖析保晋公司的"商业品质、历史作用及启示"，以期为当代企业现实运作提供一定的理论借鉴与历史警示。

（三）研究方法

本著在研究过程中，力求打破学科界限，开展多学科综合交错研究，既运用文献研究法、野外考察法等历史学研究方法，又涉足定量分析法、定性分析法等经济学研究方法，还包括实地研究、调查研究等社会学研究方法，同时利用管理学研究方法对保晋公司的内部管理进行了一定程度的绩效分析。

（四）创新之处

本著的创新之处主要体现在以下三方面：

1. 研究视角的创新

前人在研究保晋公司时，一般都是就保晋而论保晋，很少放眼于整个历史长河，忽视了当时的客观时代背景与社会发展大潮流，没有立足于宏观战略高度研究保晋公司。本著拟以晋商衰败、谋求成功转型为研究切入点，以山西争矿运动为前幕，统筹考虑当时的客观背景而研究保晋公司。

2. 研究范畴的创新

此前学者尽管也有少量有关保晋公司的论述，但研究成果大多局限于保晋人物、发展历程、社会影响及作用等方面，本著则立足于企业性质、管理体制、人力资源管理、财务管理、技术管理、安全生产管理、商业品质、历史启示等方面展开专题研究，在保晋公司的研究范畴上有一定的突破。

3. 研究方法的创新

此前学者对于保晋公司的研究绝大部分都立足于历史学的研究方法，就史而论史，研究成果大都滞留于回答"是什么"的层面。本著则综合运用经济学、管理学、社会学等研究方法，除解决"是什么"的问题外，同时更深层次地探索"为什么"及"怎么做"，力求本项研究成果在还原历史一个本来面貌的基础上，能够对当代企业运营提供一定的借鉴作用，真正体现保晋公司研究的现实意义。

四、深化保晋公司研究的具体方略①

鉴于目前保晋公司研究的客观现状，著者也认同，该项研究工作要想取得重大成果，基本史实的研究必不可少，但是，我们不能一味地就事论事，要想取得突破性进展，必须站在战略的高度，进行宏观审视与总体把握，最终实现历史文化研究与现实经济的双重互动，应当从以下五方面着手改进，最终真正提升研究的效能。

（一）客观准确地界定研究目标

研究保晋公司、挖掘保晋文化是一项系统而复杂的社科工程。社会科学类研究课题，主要包括理论研究与应用研究两大类型，本项课题属于理论研究的范畴，这一点毋庸置疑。但是，著者始终认为，尽管是理论研究课题，但绝不能定位于单纯的学术性研究，其研究成果必须进行现实回归，不能一味地停留于"是什么"、"为什么"层面，其研究目标应当最终定位于指导现实社会经济发展特别是当代企业管理和运作。如前所述，本项研究成果应当真正体现品牌效应、指导效应、启迪效应、警示效应、回归效应等社会价值。当然，我们也应当清晰地认识到，这一目标绝不可能一蹴而就，也不是哪位学者单打独斗便能完成，更不可能单凭几篇文章或几部著作就能将保晋文化具有丰富内涵和深厚底蕴的人文价值全面而系统地展现于世人面前，但是我们的研究定位必须立足高远，同时进行现实回归，只有这样，研究工作才可能更深入、更持久，

---

① 这部分内容在撰著过程中主要参阅了王智庆：《论保晋公司研究的学术意义、社会价值与研究方略》，载《山西高等学校社会科学学报》2012 年第 10 期。

研究成果才可能真正经得起客观史实的检验、广大民众的检验、现实社会的检验和历史的检验。

(二) 全方位、立体化地拓展研究视角

客观上讲，目前学界同仁对于保晋公司的研究，一般都是就保晋公司而论保晋文化，研究视角具有很大的局限性。著者认为，为了深化保晋公司的研究力度，必须进行研究视角的拓展。一方面，应当把保晋公司置身于整个历史长河中研究保晋文化，纵向拓展研究视角，既考究保晋公司创设前的封建晋商、清朝中后期的整个历史发展脉络及宏观社会经济环境，又考究保晋公司销声匿迹后在政治、经济、文化等方面产生的深远影响。另一方面，研究视角应当进行横向拓展，就地域而言，必须跳出阳泉、跳出山西、面向全国、横贯国际进行全方位研究；就人物而言，不能只锁定在保晋公司内部，必须统筹考究政界、商界、学界及海外的众多相关联人物；就行业而言，不能仅仅局限于煤、铁两业，必须考究上游及下游的相关产业特别是运输业；就研究内容而言，不能再一味地停留于保晋人物、发展历程、社会影响及作用等方面，更应当着眼于企业性质、管理体制、人力资源管理、财务管理、技术管理、安全生产管理、商业品质、历史启示等方面，展开系统化的研究。总之，为了全面系统地探究与挖掘保晋文化，我们应当进行全方位、立体化的研究视角拓展。

(三) 研究主体的拓展及其组合方式的转变

当前，保晋公司的研究者、保晋文化的挖掘者主要集中在三类群体，即专业学者（历史学、经济学、管理学、社会学等学科的研究者）、地方文史爱好者、保晋公司后人。其实，著者认为，为了搜寻更多的保晋史料、为了引起社会各界的广泛关注与支持、为了使相关研究成果可以顺利面世、为了使既有成果能够真正在社会上流通、运用、反馈并适时修补与完善，保晋公司的研究主体应当大众化。诚然，要让所有的人来关注并研究保晋公司并不现实，也不可能，但是我们应当在山西省特别是阳泉市形成一种较浓厚的保晋文化研究氛围，通过各种有效载体，宣传、鼓励并吸纳各行各业的保晋文化爱好者参与其中，真正走本域大众化研究的道路。另外，对于保晋公司的研究，尽管参与人数众多，但几乎都是各自为政、单打独斗，缺乏必要的沟通与交流，因此，著者设想并建议，由众多的研究者携手组建"保晋文化研究会"，把分散的学术力量集中起来，合理分工、重点突出并统筹协调，实现由个体研究向群体研究

的转变，适时进行融通与交流，发挥集体的智慧和才能，把保晋公司的研究进一步引向纵深。

（四）拓展研究方法，创新研究方式

实事求是地讲，目前学界同仁对于保晋公司的研究，主要运用历史学研究方法，着眼于基本史实的界定，没有更多地从制度层面、技术层面进行探究，因此，研究成果与现实经济的互动效应较弱，社会影响也较小，客观上讲，这种局面在一定程度上缘于研究方法的单一性与局限性。著者认为，在开展保晋公司专题研究过程中，应力求打破学科界限，开展多学科综合交错研究，既运用文献研究法、野外考察法等历史学研究方法，又运用定量分析法、定性分析法等经济学研究方法，还运用实地研究、调查研究等社会学研究方法，同时利用管理学研究方法对保晋公司的管理体制与运作机理进行相应的绩效分析，特别是在定量分析研究中，可以运用计算机技术等现代化手段进行数据统计与处理，提升研究的效率与准确性。

（五）争取政府与社会的支持，建立与完善研究保障机制

"物质决定意识、经济基础决定上层建筑"，社会科学研究属于意识形态和上层建筑的范畴，各项社会科学研究能否顺利开展并取得高水准的研究成果，除受研究人员思想动态、职业情操和专业技能的影响外，更大程度上取决于以物力与财力为依托的保障机制的建立与完善。著者认为，不管是保晋文化专项研究的开展，还是其他社会科学研究项目的研发，没有资金作保障是寸步难行的。如前所述，之所以许多研究成果停留于表象层面，尽管不乏研究目标定位、研究视角、研究主体、研究方式与方法的原因，但更大程度上归因于研究保障机制的不健全、不完善，研究资金的长期匮乏是制约保晋公司专项研究难以向纵深发展的瓶颈，如果这个问题得不到有效解决，保晋公司研究的进度、深度与广度及成果面世将受到很大制约。为了繁荣社会科学研究事业，为文化强省和强市战略注入灵魂与活力，各级政府及社会各界应当关注、支持社会科学研究工作，进行专题立项研究，建立相应的人力、物力、财力保障机制，由纯粹的专业研究者、民间爱好者分散研究向各级政府机关及大中型企业开展专题立项研究转变。诚然，任何一项专题研究，要想获取政府及社会的支持，必须事先取得一些基础性、前瞻性，同时富有一定社会价值并极具说服力的前期研究成果。目前，关于保晋公司的研究、保晋文化的挖掘，山西省特别

是阳泉市，应当提上议事日程，完善相应的保障机制，以期将该项研究进一步推向纵深。

综上所述，研究保晋公司、挖掘保晋文化，学术意义深远、社会价值巨大，我们应当科学界定研究目标、全面拓展研究视角、扩充研究力量并转变其组合方式、创新研究方式与方法、建立与完善相配套的研究保障机制，为山西省特别是阳泉市的文化强省、强市战略，呈现更多高质量、高水准的社科研究成果。

第二章 保晋公司的发展历程

保晋公司自清光绪三十二年（1906 年）冬季开始筹建，到 1984 年 8 月 20 日财产清理工作的基本结束，历时 78 年之久，大体可将其划分为四个阶段，即：第一阶段为创办期，清光绪三十二年（1906 年）冬季至清光绪三十四年六月初三（1908 年 7 月 1 日）；第二阶段为发展期，清光绪三十四年六月初四（1908 年 7 月 2 日）至民国十九年（1930 年）12 月底；第三阶段为衰落期，自民国二十年（1931 年）1 月至民国二十六年（1937 年）10 月 30 日；第四阶段为破产后的延续发展及财产清理期，自民国二十六年（1937 年）10 月 31 日至 1984 年 8 月 20 日。著者依照时间脉络，将保晋公司的整个发展历程详述如下。

一、保晋公司的创办

（一）保晋公司创办的原因

保晋公司的创办，既有其外在客观原因，又有其内在主观原因，还有其直接导火线，具体分述如下。

1. 保晋公司创办的外在客观原因

保晋公司的创设，是中国近代民族工业发展的一个特例，也是山西近代区域经济史发展的客观产物。

鸦片战争以前，自给自足的自然经济在中国传统封建社会始终占统治地位，尽管明清之际，中国部分区域已经出现了资本主义萌芽，并且有所发展，但是始终无法撼动自然经济的主体地位。伴随外国资本主义的入侵，鸦片战争以后，农村家庭手工业破产，大量农产品逐渐商品化，丝绸、茶叶等产品大量出口，买办商人出现，中国的自然经济逐步解体。同时，19 世纪 60 ～ 90 年代，以恭亲王奕䜣为首，地方官僚曾国藩、李鸿章、张之洞、左宗棠等人积极参与，掀起了一场轰轰烈烈的洋务运动，主张"师夷长技以自强，中学为体、西学为用"，最终达到富国强兵，维护清政府统治的目的，但由于中日甲午战争的惨败及北洋水师的覆灭，洋务运动宣告结束。尽管如此，洋务运动的开展，客观上奠定了中国近代工业的基础，在一定程度上刺激了中国资本主义的发展。同时，由于外国帝国主义军事与经济的双重入侵，促使大量有识之士着手开办近代民族工业。总之，伴随中国自然经济的解体，帝国主义的刺激，洋务运动的诱导，在这种大的客观环境背景下，中国的民族工业开始自发性地崛起，保晋公司的创设即是其中一个特例。

明清两代是我国两千多年封建社会的后期，也是社会经济发生重大变革的关键性时期。明清时期的山西和全国一样，在社会经济发展的同时，由于受传统封建专制主义的压迫，一些新经济因素的发展受到禁锢，呈现出发展迟滞的现象。元末明初，由于山西受战争破坏程度比邻省相对较轻，人口相对稠密。明政府为了尽快恢复生产，从洪武初期便开始推行移民政策，把山西民众有计划地迁移到全国各地。据统计，从洪武六年（1373 年）起，到永乐十四年（1416 年），山西共有较大规模的移民 13 次。[①] 明朝前期山西的大规模移民活动，对当时全国经济的发展产生了较大影响。但是，山西的经济状况特别是农业问题，并没有因为移民活动而得到明显改善，依然成为制约山西区域经济发展的重大障碍。明清时期，特别是入清以后，山西的人口发展较快。尽管政府鼓励开垦荒地，耕地面积也有了较大幅度的增长。但是，由于人口增长速度始终大于耕地面积的增速，所以人均土地面积始终处于下降态势。明清之际，山西的农林牧业，始终受着自然条件的制约。凡气候条件好时，农业就丰收；气候条件差时，农业就歉收，甚至遭遇了多次重大自然灾荒，正如山西人所言，"完全是靠天吃饭"。综观明清时期的山西，基本上是十年九旱，有时连续数年大旱，加上蝗、风、霜、雹灾，以致卖儿鬻女，饿殍遍野，时有发生。山西的手工业原有一定基础，时至明清，山西的制铁、采煤业得到了进一步发展，但在封建专制主义的束缚下，又陷入了徘徊不前和发展迟滞的状态。[②]

山西省煤铁资源丰富，早已闻名于世。清同治九年（1870 年）和同治十一年（1872 年），德国地理学家兼旅行家李希霍芬曾两度来到山西。他在勘

---

① 参见：徐月文：《山西经济开发史》，太原：山西经济出版社，1992 年版，第 222 页。
② 参见：徐月文：《山西经济开发史》，太原：山西经济出版社，1992 年版，第 221～222 页。

察了山西的煤炭资源以后，著书说："丹那教授比较各国煤田与土地总面积的比例说，宾夕法尼亚州是世界第一，该州总面积为 43960 平方哩，包含煤田 20000 平方哩。中国的山西省总面积为 55000 平方哩，若仔细考察的话，则它很有可能夺取宾夕法尼亚州的荣誉，因为后者的煤田比例大大地超过了前者。但这不是中国方面煤田的唯一优点，还有一个优点是开采便利、成本低廉，因而可以大量开采。该省有几处煤矿所出产的无烟煤，其品质明显地堪与宾夕法尼亚州的上等煤媲美，而每吨仅售一先令，所有煤块都大达几立方呎。"① 李希霍芬来华勘探期间，曾在上海发表了《中国旅行报告书》，其叙述了中国若干产煤的省份，尤其是山西省，有煤田约 30000 方英里，煤层厚达几至 30 呎，而全省煤层体系厚达 500 呎，此外还有取之不尽的铁矿。② 清光绪年间平定知州葛士达曾言"晋省煤铁自三代以来，开采已数千百年矣。惟其取之无多，故潜滋暗长，用之无竭；亦惟其利之无厚，故悠远溥博，享之无穷。盖亦天地有心留此，以为直晋千余里民生耕凿火食之资。"③

明清时期，随着社会商品经济的发展，山西的煤炭业有了较大发展。就煤炭产地而言，据《明一统志》载：太原、阳曲、榆次、寿阳、清源、交城、静乐、霍州、吉州、临汾、洪洞、浮山、赵城、汾西、岳阳、翼城、河津、灵石、泽州、阳城等地都产煤，但这个记载并不完全。据咸丰《汾阳县志》卷四载，汾州所需煤炭，原"取给于百里外"，明万历十九年（1591 年）刘衍畴任知州，"捐俸於山麓，开煤窑，阎阖便之，号刘公炭"。大同地方，早在明正统年间（1436～1449 年），煤炭就供居民、军队烧用。明代高平县"独煤甲於天下"，万历三十一年（1603 年）高平唐安里煤窑瓦斯爆炸，发生火灾。万历三十三年（1605 年）泽州有煤窑发生大火，数月不熄。清代山西的煤炭产地，据《清一统志》载，除上述州县外，还有岢岚、临县、神池、五台、代州、繁峙、河曲、辽州等地。雍正《山西通志》卷四七载："山西府州，惟石炭不甚缺。其有缺处，亦以樵山较易於凿窟。"民国初年，曾对山西煤窑进行过一次调查，其中开办于道光二十年（1840 年）前的煤窑有 25 处。④ 明清时期，山西的冶铁生产，无论其规模、产量、技术，都超过了以往任何朝代，

---

① 肯德：《中国铁路发展史》，北京：三联书店，1958 年版，第 118 页。
② 参见：《阳泉煤矿史》编写组：《阳泉煤矿史》，太原：山西人民出版社，1985 年版，第 14 页。
③ 葛士达：《晋省矿务议》，载光绪十八年（1892 年）版《平定州志补》。
④ 参见：徐月文：《山西经济开发史》，太原：山西经济出版社，1992 年版，第 260～261 页。

成为当时中国冶铁生产发达的地区之一。明代山西铁矿产地有 30 个州县，即晋城、长治、壶关、平定、盂县、榆次、孝义、平遥、汾西、临汾、洪洞、翼城、高平、阳城、交城、太原、阳曲、五台、吉县、朔州、山阴、繁峙、右玉、永和、乡宁、稷山、绛县、怀仁、清源、静乐。明人宋应星指出：铁矿有锭铁（块状铁矿）和砂铁之分，山西平阳（临汾）"皆砂铁之薮也。凡砂铁一抛土膜即现其形，取来淘洗，入炉煎炼，熔化之后，与锭铁无二也"。清代，山西铁矿产地又有所增加，如闻喜、解县、隰县、大同、宁武、临县、中阳、赵城、安泽、辽县、和顺、昔阳、保德、灵石、陵川、虞乡等地，也成为铁矿产地。[①] 可见，明清之际，山西的煤铁矿业生产，尽管仍然处于传统手工业时代，但已经具备了一定的发展基础。

尽管山西拥有无与伦比的丰富矿藏资源，但由于地处内陆，风气未开，直至 19 世纪 90 年代初，山西得天独厚的煤铁矿藏资源并未得到大规模开发利用。但是，时至 19 世纪 90 年代，山西的重工业逐步出现了抬头之势，除了客观形势使然外，还缘于山西地方政府政策层面的扶持，这里必须述及一个重要的政治人物胡聘之。关于曾任山西巡抚的胡聘之，褒贬不一，莫衷一是，但是我们绝不能否定其在山西近代区域经济史发展中的重大功勋。"晚清重臣、洋务先锋"湖北天门人胡聘之，曾经游历江南各省，受洋务运动思潮的熏陶，奉行"洋务自强"，主张发展近代工业。清光绪十七年（1891 年），胡聘之出任山西布政使；清光绪十八年（1892 年），胡聘之便上奏朝廷，主张"开发山西石炭和铁矿资源，以兴工业"，同年，胡聘之创设了"太原火柴局"；光绪二十一年（1895 年），胡聘之升任山西巡抚后，依然热衷于山西近代工业的发展，光绪二十三年（1897 年），胡聘之再次上奏朝廷，请求创设山西机器局。光绪二十四年正月初一（1898 年 1 月 22 日），清光绪帝下谕各省："据荣禄奏，各省煤铁矿产以山西、河南、四川、湖南为最，请饬筹款设立制造厂局、渐次扩充、从速开办、以重军需，着就各地方情形认真筹办，总期有备无患，足以仓猝应变。"光绪二十四年（1898 年），胡聘之又倡导并创设了山西通省工艺局。可见，上至光绪帝，下至以胡聘之为首的山西地方政府，都急切盼望大力发展山西的煤铁矿业。

如上所述，山西省既有丰富的矿藏资源亟待开发利用，又有从清中央到地

---

① 参见：徐月文《山西经济开发史》，太原：山西经济出版社，1992 年版，第 263 ~ 264 页。

方政府的政策扶持，还有传统手工业条件下的煤铁矿开采基础，保晋公司顺应山西近代区域经济史发展的必然趋势便应运而生了。

2. 保晋公司创办的内在主观原因

保晋公司的创办，既是山西民众生存与发展的客观内在需求，也是驰骋中国商界五百余年的传统封建晋商日趋衰落、谋求转型的典型案例。

（1）山西民众生存与发展的内在需求。

如前所述，明清之际，山西省的农业发展相对滞后，人均土地占有面积严重不足，"十年九旱"、"靠天吃饭"，尽管明清封建社会仍然奉行"以农为本"的基本国策，但是山西人民的生存问题依然面临着巨大的危机。诚然，明朝前期大规模的官方移民及大批量的山西人背井离乡、外出经商，的确在很大程度上缓解了山西本域生存的压力，但并没有得到实质性解决，守候在山西的劳苦大众，始终在窥探一条除农业之外，适合自身的生存之路。山西传统的手工业，如煤炭业、冶铁业、制盐业、潞绸业、棉织业、制酒业、制醋业、采矿业、陶瓷业、砂器业等，尽管的确有一定的发展基础与技艺，但是由于受封建专制主义的打压与限制，发展相对延缓，单凭上述手工业要解决山西整体民众的生存问题，可谓杯水车薪，无济于事。山西人迫于自身生存压力，尽管风气晚开，但受帝国主义经济入侵的影响与洋务运动的引诱，也逐渐接纳了发展近代重工业的思潮，以图解决就业，谋求生存与发展。

"靠山吃山、靠水吃水"，山西拥有丰富的煤铁矿藏资源。煤炭的传统功能是冬季取暖与日常做饭；铁制品又是主要的农耕与生活用具。因此，煤铁产品，不仅是山西本域人民的生产生活必需品，而且对外也有广阔的市场。鉴于上述原因，山西民众在农业不足以为生的情况下，认同并接纳了一些激进人士创办近代工矿业的理念，适时加入到了开发山西煤铁矿藏资源的队伍之中。

（2）传统封建晋商衰落之际，谋求成功转型的内在需求。

明清两代的山西商人，尽管驰骋中国商界五百余年，创造了中外商业史上的奇迹，但始终具有传统封建商人的特性。他们主要通过贱买贵卖、异地贸易获取地区差价，商业利润主要向土地回流，组织结构松散、排他，呈现出强烈的地域性，社会地位极其低下。客观上讲，明清之际，中国的商品经济虽然有一定的发展，但由于受自然经济的禁锢及"重农抑商"政策的束缚，传统晋商并没有实质性的突破。19世纪60年代，洋务运动拉了中国近代工业化的序幕，但主要是官办军事工业，因而并没有引起晋商的特别关注。时至19世纪末20世纪初，由于帝国主义对中国经济的冲击，传统封建晋商日趋衰落，不得不谋求新的出路。山西丰富的煤铁资源，清末成了帝国主义列强虎视眈眈的一块肥肉，而恰在这时，纵横驰骋商界五百余年，曾一度创造出中国商业史上奇迹的晋商，出于内忧外患，日渐消退下来，一些富有远见的晋商名流、开明绅商力求尝试商业资本向工业资本的成功转换，力图实业救国、救省、救民众，保晋公司正是这种客观外在情势与主观内在需求共同作用下的产物。

　　3. 保晋公司创办的直接导火线

　　山西争矿运动是保晋公司创办的直接导火线。清光绪三十一年（1905 年）二月，① 在三晋大地爆发了一场轰轰烈烈的爱国反帝争矿运动，史称"山西争矿运动"。这场历时近三年之久的爱国卫权运动，尽管主战场在山西，但却波及全国，并且动员了绅、农、工、学、商各界民众，震惊海外，致使大批的海外留学生也以不同的方式参与其中，最终以驱逐洋商，赎回矿权，国人自办，成立"山西商办全省保晋矿务有限公司"（即保晋公司）而宣告结束。"山西争矿运动的胜利，挫败了西方列强掠夺山西宝贵矿产资源的企图，争回了主权，极大地振奋了民族精神……争矿斗争的胜利为日后的辛亥革命作了舆论准备，进行了初步的政治动员……山西省现代意义上的采煤工业就是从争矿运动、成立保晋公司开始的，这一段历史是我们应该继承的宝贵精神财富。"② 保晋公司以"开辟本省利源……兴地利而裕民生"③ 为宗旨，诞生于轰轰烈烈的山西争矿运动之中，"概自争矿以旋，吾晋人士始悉矿产之重要，奔走呼号，努力奋斗，卒将英商福公司攫去之矿权借款赎回，创设保晋矿务公司，集资自办。"④ "保晋公司创设于前清光绪三十二年（1906 年），⑤ 其缘起因晋中士绅激愤于英商福公司，当正太铁路筑至平潭时，根据其与山西商务局所订之专办山西开矿制铁以及转运矿产章程二十条，请英使会照外务部凡潞、泽、

---

　　① 关于山西争矿运动的准确爆发时间，学界并没有明确的界定，但大部分学者都认为是 1905 年 7 月或更晚，著者据其时冯司直撰著的《石艾乙巳御英保矿纪闻序》一文中明确记载的"巳年卯月"，推断其爆发时间应为 1905 年 3 月，即农历二月。

　　② 张成德：《纪念山西争矿运动　继承发扬优良传统》（代序），载中共阳泉市委宣传部：《山西争矿运动史料与研究》，中国文史出版社，2006 年版，（序）第 1～8 页。

　　③ 民国八年（1919 年）10 月 24 日奉部批准并备案之《山西保晋矿务公司章程·第二节　宗旨》，原件现存于山西省阳泉市档案馆（档案编号：B2-001-0001），本著后文脚注中不再标注本份史料收存地点。

　　④ 常旭春、白象锦：《保晋公司报告书稿·绪言》（民国十九年），原件现存于山西省阳泉市档案馆（档案编号：B2-001-0081），本著后文脚注中不再标注本份史料收存地点。

　　⑤ 著者认为，保晋公司并非于清光绪三十二年（1906 年）设立，此时当处于保晋公司的筹备阶段，真正的成立时间应当为清光绪三十四年六月初三（1908 年 7 月 1 日）。有关保晋公司真正成立时间的辨析参见本章"一、保晋公司的创办·（三）保晋公司的成立"，这里不再赘述。

平、盂、平阳各矿，不准他人开采，即土人所开各洞必须封闭之说。于是，群情激愤，力主废约，收回自办。乃由刘懋赏、冯济川禀请山西巡抚创设公司。次年春，经山西京官赵国良等拟具章程，并举渠本翘为总理，呈请农工商部立案。至福公司方面，由山西商务局备银275万两，将潞、泽、平、盂、平阳各地矿厂赎回，所订各章程合同完全作废，赎款由晋省亩捐项下每年尽数拨用，如有不足，先行垫借，所需本息均由亩捐项下摊还。于是，保晋公司完全成立，设总公司于太原（复于民国五年迁至阳泉）。在平定，接收同济、固本二公司；在寿阳，接收寿荣公司；在晋城，接收晋益公司，并在大同购定矿地，从事开采。"① 可见，保晋公司是山西争矿运动中诞生的宠儿。②

总之，保晋公司的创办以震惊中外的山西争矿运动为直接导火线，既是山西民众生存与发展的主观内在需求，也是驰骋中国商界五百余年的传统封建晋商日趋衰落、谋求转型的探索之举，更是山西近代区域经济史发展的客观产物，还是中国近代民族工业发展的一个特例，其不仅开创了山西近代工矿业的新纪元，而且演绎了晋商最终退台的动人一幕。

（二）保晋公司创办的前期筹备工作

保晋公司作为山西近代史上规模最大的煤炭生产企业，必然具有一般企业的最基本特性，必须具备一定的运营资金、组织体系及人员保障、管理制度、运营场所、政策保障，同时，鉴于煤炭类企业的行业特殊性，必须拥有可供开发的矿藏资源。对于上述企业创设的先决条件，保晋公司先人在公司创办前期，就做了精心的筹备工作，现分述如下。

1. 创办资金的筹措与募集

资本是企业创设的必备条件，保晋公司在筹备期间，便进行了资金的筹措与募集。"本公司股本，按章定为库平银300万两，每股5两。分为公股及商股，公股系各县亩捐经官厅发充股本者，商股系绅商各界向本省、外省募集之股。当公司成立伊始，于光绪三十二年（1906年）、三十三年（1907年），先后由官厅领到亩捐20万两，为开办之资，旋即发给股票，分发各县，所谓公股者，即此数也。嗣经当道通饬所属，劝募股份，分绅、学、商、社四大组进

① 《山西保晋矿务公司经营概要·第二章 公司概况》，原件现存于山西省阳泉市档案馆（档案编号：B2-001-0082），本著后文脚注中不再标注本份史料收存地点。
② 参见：王智庆、李存华：《晋东商业文化》，北京：科学出版社，2009年版，第176~181页。

行。原定大县 3 万两，中县 1.5 两，小县 1.2 两，另提出榆次、太谷、祁县、平遥四县特别办理。此外，复由汇兑庄向外募集。"[1]"由公司禀请抚藩宪通饬所属，募集矿股，几经激劝，先后收到库平银 170 余万两。"[2] 为了调动筹股人员的积极性，公司规定"各处经理招股人，如招千股以上，即另送红股五十股，多者递加"[3]。尽管保晋先人们绞尽脑汁，四处奔走呼号，筹措与募集创办资金，但客观情形却事与愿违，"惟当时风气未开，对于新创实业，多抱怀疑，虽经竭力劝募，迄未足额。统计先后所募银两及接收寿荣、晋益等公司股份，连同亩捐，共收股本银 1928806 两 6 钱，填发股票息扣计 385555 股，[4]股东户名 34000 余名"[5]。虽然创办前期筹措到的股本数目有限，但"经营四处煤矿，似可力图进行"[6]。同时，为了保证专款专用，公司要求"所收之股，遵照公司律第七十五条，专为开矿之用，不得挪移"[7]。

2. 组织体系建设与人员的招募

保晋公司筹备初期，"资本微薄、采煤有限，其目的注重于消极的抵制洋商，保守矿产"[8]。当时，尽管"局面极其狭小、规模尤属简陋"，但为了开展正常的生产运营，也进行了相应的组织构建，"当时之组织，公司上级仅设有股东会，初无董事及监察之设置，内部则合总号、分号、窑厂而组成。总号自总、协理以次，设有内事、外事、洋矿师并司帐、书记、杂务等员，分号各设正、副董事及司帐、书记、稽查等员，窑厂各设司事二员。一切组织，多采取汇票庄之形式"[9]。可见，由于保晋公司系由衰落之际的传统封建晋商倡导并筹资组建，因此，其组织体系大体沿用了山西票号的组织构架。至于矿工的招募

---

①⑤⑥　常旭春、白象锦：《保晋公司报告书稿·第二章　本公司股份》（民国十九年）。

②　常旭春、白象锦：《保晋公司报告书稿·第一章　本公司沿革》（民国十九年）。

③　《保晋矿务总公司简章》，载曹慧明：《保晋档案》，太原：山西出版集团·山西人民出版社，2008 年版，第 8~9 页。

④　此处据常旭春、白象锦：《保晋公司报告书稿·第二章　本公司股份》（民国十九年）（原件现存于山西省阳泉市档案馆）记载的股银数与股份数，根据 5 两一股进行折合，存在差异。如果取股本银 1928806.6 两，则折合股份为 1928806.6÷5 = 385761.32（股），而非原史料中记载的 385555 股；如果取股份数 385555 股，则折合股银为 385555×5 = 1927775（两），而非原史料中记载的 1928806.6 两。另据《山西保晋矿务公司经营概要·第二章　公司概况》（原件现存于山西省阳泉市档案馆）记载，股份数为 385550 股，也有出入。因此，有关股银数与股份数有待进一步考证，当然，著者仍取常旭春、白象锦：《保晋公司报告书稿·第二章　本公司股份》（民国十九年）（原件现存于山西省阳泉市档案馆）中记载的原始数据。

⑦　《保晋矿务总公司简章》。

⑧⑨　常旭春、白象锦：《保晋公司报告书稿·第三章　本公司组织》（民国十九年）。

工作，则相对简单，因为山西人多地少、十年九旱，农业剩余劳动力较丰富，而且出于生存与生活的基本需求，许多农村剩余劳动人员已经基本具备了土法开采煤炭的经验与技术。这些为生计所迫，具备简单煤炭开采常识的壮劳力，为保晋公司进行了必要的人力资源储备。

3. 规章制度的建设

为了保证企业的健康有序运营，保晋公司创设初期，就制定了矿藏资源合法占有与开采制度、人力资源管理制度、财务管理制度、安全生产管理制度等一系列较为规范与严格的管理制度。保晋公司对公司经营管理层及下属职员的违规违纪行为作出了严格的处罚规定，"总、协理如侵蚀公司款项，经众股东查有实据者，应立时辞退，并着落赔缴；如抗不肯缴或缴不足数，众股东除禀官究追外，仍按律议罚。以次所用之人，如有此项情弊，总、协理亦照此办理。倘扶同隐饰，应将徇庇者一并议罚……总、协理如将公司款项移作别用，或潜营私利，一经觉察，众股东可从重议罚。以次所用之人，如有此项情事，经总、协理觉察者，亦照此办理……总、协理于月报、年报，报告不实，意图隐骗，及公司人等伪造股票息折、图记，骗取利息，一经发觉，众股东可送官严究，除罚办外，仍治以应得之咎。各分号有此等情弊，总、协理亦照此办理"。① "在事人等，如有舞弊等事，股东均有查察之权，如查有实据，按律罚办。"② "本公司用人办事一以商务为宗，不得丝毫沾染官场气习，亦不沿用各局、所名称。"③ 关于保晋公司矿藏资源合法占有与开采制度的详细内容参见本章 "一、保晋公司的创办·（二）保晋公司创办的前期筹备工作·6. 煤炭资源的合法占有与前期开采" 的相关内容；其他有关保晋公司的人力资源管理制度、财务管理制度、安全生产管理制度的详细论述分别参见 "第四章 保晋公司的人力资源管理"、"第五章 保晋公司的财务管理"、"第七章 保晋公司的安全生产管理" 的相关内容，对于上述内容，这里不再赘述。保晋公司通过有效的制度约定，规范了企业的运作行为，约束了经营管理层及下属员工的不正当企图与不良举动，依章办事、依规运营、依则管理，在一定程度上保障了保晋公司的成功创建与后期的正常运营。

---

① 民国八年（1919 年）10 月 24 日奉部批准并备案之《山西保晋矿务公司章程·第十三节 惩罚》。

② 《保晋矿务总公司简章》。

③ 民国八年（1919 年）10 月 24 日奉部批准并备案之《山西保晋矿务公司章程·第二节 宗旨》。

4. 运营场所的选择

保晋公司正式成立之前，便将指挥总部设立在了山西省府太原，并在煤炭资源丰富的地域提前开凿了许多矿厂；同时，还在国内各重要商埠设立了许多分公司或分销处，为保晋公司的正式创建做了大量的前期准备工作。清光绪三十四年（1908年），保晋公司"设总公司于太原，复在平定接收同济、固本两公司，开凿铁炉沟、庄庄沟、贾地沟、汉河沟、后山沟、先生沟、段家碑、燕子沟等矿。在寿阳接收寿荣公司，在泽州接收晋益公司，在大同购定千金峪、黑沟、树儿洼矿地，聘定外国矿师，购置开矿机器，改用新法，从事采煤。又于阳泉、获鹿、石庄（石家庄）、保定、北京、天津、寿阳、张家口、大同等处，设立分公司，或则专司销售，或则兼办开采，规模粗具，基础渐立"。[1]

5. 争取官僚与政策扶持

保晋公司的创设，除明清传统封建晋商日趋衰落、谋求转型的内在需求外，山西煤铁矿权的一度丧失及争矿运动的爆发是其直接导火线。保晋公司成立的前提条件是，山西煤铁矿权的合法回归。纵观山西争矿运动始末及保晋公司成立的全历程，山西绅商为了收回矿权与成立合法的矿业公司，千方百计争取中央乃至地方官僚的支持，并且得到了部分官僚的认同与协助，最终实现了矿权的回归与保晋公司的合法设立。保晋公司"于前清光绪三十二年（1906年）冬间，由刘君懋赏、冯君济川等禀请山西巡抚恩萩棠创设，开采全省矿产。次年（即清光绪三十三年，公元1907年）春，复经山西京官赵国良等拟具章程，并举渠本翘为总理、王用霖为协理，呈请农工商部奏准立案，公司于是成立。[2] 先后领到亩捐银20万两，以为开办之资。清光绪三十四年（1908年），由公司禀请抚藩宪通饬所属，募集矿股，几经激劝，先后收到库平银170余万两"。[3] "光绪三十三年（1907年）八月，山西按察使丁宝铨奉旨到京，会商福公司开矿事件……晋省力主赎回，经丁臬司随时禀商外部调停其

---

① 常旭春、白象锦：《保晋公司报告书稿·第一章 本公司沿革》（民国十九年）。

② 著者认为，这仅仅是名义上的保晋公司成立，真正的成立时间应当为清光绪三十四年六月初三（1908年7月1日）。有关保晋公司真正成立时间的辨析参见本章"一、保晋公司的创办·（三）保晋公司的成立"，这里不再赘述。

③ 常旭春、白象锦：《保晋公司报告书稿·第一章 本公司沿革》（民国十九年）。另参见《山西保晋矿务公司经营概要·第二章 公司概况》。

间，彼此退让，遂于光绪三十三年十二月十八日（1908年1月21日），[①] 由商务局刘笃敬等，与福公司订定赎回自办合同十二条。"[②] 可见，如果没有恩荫棠、赵国良、丁宝铨等重要官僚人物的许可与大力协助，山西争矿运动是不可能取得胜利的，保晋公司的成立也就更无从谈起。特别值得说明的是，以前史学界认为，胡聘之是山西矿权丧失的罪魁祸首，其实这仅仅是表象，山西矿权的丧失对于胡聘之而言，仅仅是种过失行为，其初衷是借洋人之手开发山西丰富的矿藏资源，只不过让洋人借机钻了空子。当山西矿权丧失，英国人野心暴露之际，胡聘之顿然醒悟，并暗地里积极筹划并参与到了争矿运动之中，为山西争矿运动的胜利做出了不可磨灭的重大贡献。[③]

为了进一步获取清政府的政策支持与庇护，保晋公司竭力完纳各种税费，"各矿纳税，悉遵照矿业条例缴纳……矿产出口，仍照奉准免税案办理……凡关于工程所用各项机器、各种材料，运至开采之地，应照章完纳关税……请领探矿、开矿执照，其照费悉遵条例照缴"。[④] 同时，规定"凡探矿、采矿，均按照条例取具保结"。[⑤] 另外，为了最大限度地拉拢地方官僚支撑保晋公司的正常运营，在董事与监察人的选举方面给予公股股东以特别优越的基本任职资格要求，"董事、监察人，以有2500两以上之股银者，得被选为合格；但公股董

---

① 此处关于山西商务局与英国福公司签订《赎回山西盂县、平定州、潞安、泽州与平阳府开矿制铁转运正续各章程合同之合同》（简称《赎矿合同》）的时间表述有误。《赎矿合同》的准确签订时间应当为"清光绪三十三年十二月十七日（1908年1月20日）"，而非一些学者认为的"清光绪三十三年十二月十八日（1908年1月21日）"。据常旭春、白象锦《保晋公司报告书稿·第一章 本公司沿革·附：争矿赎矿概略》（民国十九年）记载，"于光绪三十三年十二月十八日（1908年1月21日），由商务局刘笃敬等，与福公司订定赎回自办合同十二条"。尽管常旭春与白象锦追忆《赎矿合同》签订于"清光绪三十三年十二月十八日（1908年1月21日）"，但据中央研究院近代史研究所1960年8月出版的《中国近代史料汇编·矿务档》第1596～1598页收录的《赎矿合同》抄件原文记载的签约时间为"大清光绪三十三年十二月十七日（1908年1月20日）"，著者认为这是最具有说服力的原始证据。另据清宣统二年（1910年）张士林《石艾乙巳御英保矿纪闻》（武铭勖手抄本）记载"大吕多宝佛之日，京函：晋矿之权以归于肆日前"。"大吕多宝佛之日"指农历十二月二十一日，即清光绪三十三年十二月二十一日（1908年1月24日），以此前推四日，正好是清光绪三十三年十二月十七日（1908年1月20日）。张士林为山西争矿运动的首倡者与见证者，据其亲撰的《石艾乙巳御英保矿纪闻》记载内容推导的矿权赎回时间应当为清光绪三十三年十二月十七日（1908年1月20日），与《矿务档》所录《赎矿合同》抄件的记录时间完全吻合。据此著者认定，《赎矿合同》的签约时间应当为清光绪三十三年十二月十七日（1908年1月20日）。

② 常旭春、白象锦：《保晋公司报告书稿·第一章 本公司沿革·附：争矿赎矿概略》（民国十九年）。

③ 参见：张士林：《石艾乙巳御英保矿纪闻》，清宣统二年（庚戌年，1910年），武铭勖手抄本。

④⑤ 民国八年（1919年）10月24日奉部批准并备案之《山西保晋矿务公司章程·第九节赋税》。

事、监察人，以有1500两以上之股银者即为合格"。① 鉴于保晋公司当局与各级地方官僚的亲密关系，"公司探矿、开矿，均随时请地方官保护。倘有乡愚妄生浮议，聚众阻挠，或匪徒藉端煽惑，肆意欺陵（凌），均请地方官开导弹压；如有伤毙公司人等情事，地方官应迅予缉凶，从严惩办……本公司所用人等，如因公与他人成讼者，地方官应秉公讯断，从速结理，以免拖累误公"。②

6. 煤炭资源的合法占有与前期开采

保晋公司要进行大规模的煤炭开采，对于煤炭资源的合法占有是必要前提。保晋公司主张"为开辟本省利源起见，期将各种矿产一律开采，以兴地利而裕民生，并提倡地方自办，以辅公司之不及"。③ 同时，保晋同仁也对客观情势进行了认真分析，认为"晋省各种矿产到处皆有，断难同时并举，拟先从矿产最富、开采较易之处入手，一俟基础稳固，即可推及全省"。④ 另外，保晋先人也意识到煤炭开采必须有的放矢，不能盲目行动，"凡勘得何处何种矿产，谨遵矿业条例，先请领探矿执照，如探明确系可采，然后再领采矿执照"。⑤ 只有通过勘探，确信某处的确具有开采价值，才向土地所有者商谈地价，依据一定的规则进行购买。"凡公司购地，皆凭中介绍公平议价，与平人交易无异，绝无勒价强买等事。倘地为公司所必需，而地主抬价居奇者，即请公正绅董，照左右毗连之地，议给相当价值，地主不得再有异议。"⑥保晋公司在煤炭开采过程中，十分尊重资源属地人民的风俗习惯，"凡公司所购之地内有坟墓、庐舍者，务设法绕避不得侵占"。⑦另外，保晋公司也对购地后的一些遗留问题进行了特别规定，"公司购买矿地，如系民地其粮即随地过户，由公司照赋完纳；如系官地，照章纳租"。⑧

特别值得说明的是，保晋公司在清光绪三十四年六月初三（1908年7月1日）正式成立之前，为了与英意福公司争夺山西矿权，同时，为了进行必要的前期物质准备与资金积累，已经事先筹划并开凿了一些矿厂。"平定第一矿厂：即铁炉沟煤矿，于前清光绪三十二年（1906年），即已开凿见煤。"⑨ "平

---

① 民国八年（1919年）10月24日奉部批准并备案之《山西保晋矿务公司章程·第十节　股东会议》。
② 民国八年（1919年）10月24日奉部批准并备案之《山西保晋矿务公司章程·第十一节　保护》。
③ 民国八年（1919年）10月24日奉部批准并备案之《山西保晋矿务公司章程·第二节　宗旨》。
④⑤⑥⑦ 民国八年（1919年）10月24日奉部批准并备案之《山西保晋矿务公司章程·第三节纲要》。
⑧ 民国八年（1919年）10月24日奉部批准并备案之《山西保晋矿务公司章程·第九节　赋税》。
⑨ 常旭春、白象锦：《保晋公司报告书稿·第六章　各矿厂及各分公司大略情形》（民国十九年）。另参见《山西保晋矿务公司经营概要·第四章　采矿》。

定第二矿厂：即燕子沟煤矿，于光绪三十四年（1908 年）曾由英矿师德监明筹划开工。"① "平定第三矿厂：即贾地沟煤矿，于前清光绪三十二年（1906 年）用土法开办，共凿东西两竖坑，至宣统元年（1909 年）二月见煤。"② "平定第四矿厂：即先生沟煤矿，此矿系光绪三十二年（1906 年）九月，由同济公司接收而来，当日早已见煤。"③ "平定第六矿厂：即汉河沟煤矿，本矿亦系于光绪三十二年（1906 年），由同济公司接收，当时并未见煤，由本公司继续开凿，于光绪三十三年（1907 年）十一月始行凿成。"④ 上述矿厂的先期开凿，进行了奠基性的尝试与经验探索，为保晋公司的正式创办进行了必要的人力、物力与技术储备。

（三）保晋公司的成立

保晋公司在内外主客观因素的推动下，通过以山西绅商为领军人的全省民众的积极筹划与精心准备，在各项基础性条件大体具备的前提下，以山西争矿运动为直接导火线，如怀胎十月的婴儿，自然分娩、呱呱坠地，也就顺理成章、不足为奇了。只是有关保晋公司的成立时间，著者认为有必要作进一步的说明。

关于保晋公司成立的准确时间，至今尚无定论。阳泉矿务局《阳泉煤矿史编写组》认为，"保晋公司创办于 1907 年"⑤；《保晋档案》编纂委员会认为，保晋公司创设于 1908 年 7 月 5 日⑥；周立业认为，保晋公司成立于清光绪三十四年（1908 年）六月初三⑦；著者据《山西保晋矿务公司章程》中"公司于前清光绪三十二年（1906 年）开办"⑧ 及《保晋公司报告书稿》中"本公司于前清光绪三十二年（1906 年）冬间，由刘君懋赏、冯君济川等禀请山

①③ 常旭春、白象锦：《保晋公司报告书稿·第六章 各矿厂及各分公司大略情形》（民国十九年）。另参见《山西保晋矿务公司经营概要·第四章 采矿》。

② 常旭春、白象锦：《保晋公司报告书稿·第六章 各矿厂及各分公司大略情形》（民国十九年）。另据《山西保晋矿务公司经营概要·第四章 采矿》记载：平定第三矿厂（即贾地沟煤矿）"于光绪三十三年（1907 年）开办"，与《保晋公司报告书稿·第六章 各矿厂及各分公司大略情形》中的记载有出入，但是可以肯定的是：平定第三矿厂（即贾地沟煤矿）至迟创办于光绪三十三年（1907 年），这一点毋庸置疑。

④ 常旭春、白象锦：《保晋公司报告书稿·第六章 各矿厂及各分公司大略情形》（民国十九年）。

⑤ 《阳泉煤矿史》编写组：《阳泉煤矿史》，太原：山西人民出版社，1985 年版，第 39 页。

⑥ 参见：曹慧明：《保晋档案》，太原：山西出版集团·山西人民出版社，2008 年版，第 1、3 页。

⑦ 周立业：《保晋公司成立时间考》，《阳泉晚报》2008 年 7 月 2 日。

⑧ 民国八年（1919 年）10 月 24 日奉部批准并备案之《山西保晋矿务公司章程·第一节 定名》。

西巡抚恩莸棠创设，开采全省矿产"① 的表述，曾一度认为，保晋公司创设于清光绪三十二年（1906 年），② 然而，随着研究工作的进一步深入，特别是通过对数份史料的反复比照、研究与推导，著者的观点发生了改变，认为周立业关于保晋公司成立时间的界定应当是符合客观史实的，即保晋公司的成立时间应当为清光绪三十四年六月初三（1908 年 7 月 1 日）。

之所以得出如上结论，缘由如下：

首先，在保晋公司成立的时间界定上之所以出现不同的观点，归咎于概念的模糊不清。客观上讲，保晋公司本身是一个企业，那么，要创设一个企业，通常而言，大体流程应当如下：①由发起人提议创设企业并得到参与者的认同，达成共识，协商并筹划企业设立的相关事宜；②进行人力、物力、财力、运营场所的基础性准备工作及规章制度的建设；③向官方递送报告，申请正式注册；④官方审核批准，下达批复文书；⑤企业举行正式挂牌成立仪式。一个企业的真正成立，应当是在具备了企业自身运营所必需的人力、物力、财力、场所及其相应的规章制度，并通过了法定审批手续，方可宣告成立。当然，对于每个企业成立的具体时间，如果在上述基础性条件具备的前提下，企业在一个特定的时日，举行了一个正式挂牌仪式，那么，该企业的成立时间就应当确定为此日。如果企业没有举行正式挂牌仪式，或者无史可考，那么该企业的正式成立时间则应当确定为官方文书批复日。一个企业的成立时间，不应当界定在该企业的发起日或者是申请注册日。清光绪三十二年（1906 年）冬，刘懋赏、冯济川等开明绅商出于"赎矿自办"、"开辟本省利源……兴地利而裕民生"的目的，禀请山西巡抚恩莸棠创设保晋公司，这仅仅是保晋公司创设构想的提出，并没有进行必要的人力、物力、财力准备及制度建设，更没有得到官方的认可，不能将其确定为保晋公司的成立时间。清光绪三十三年（1907年）春，"山西京官赵国良等拟具章程，并举渠本翘为总理、王用霖为协理，呈请农工商部奏准立案"，这表明保晋公司筹备组向清中央政府正式递交了注册申请，能否得到审批，尚在两可之间。因此，我们就不能将保晋公司的成立时间确定为 1907 年春。"清光绪三十四年（1908 年）呈奉农工商部批准并经奏明在案，定名为山西商办全省保晋矿务有限公司"，③ 并且于当年六月初三

① 常旭春、白象锦：《保晋公司报告书稿·第一章　本公司沿革》（民国十九年）。
② 参见：王智庆、李存华：《晋东商业文化》，北京：科学出版社，2009 年版，第 175、181 页。
③ 民国八年（1919 年）10 月 24 日奉部批准并备案之《山西保晋矿务公司章程·第一节　定名》。

（1908 年 7 月 1 日）得到了官方的正式批复，① "部准注册并领到关防"，② 这个时点，是保晋公司的法定注册时间。同时，至今尚未发现反映保晋公司举行正式挂牌仪式的相关史料，更无确切时日，因而，我们只能将保晋公司的成立时间确定在官方批准日。可见，保晋公司于光绪三十二年（1906 年）冬季开始筹备创设，光绪三十三年（1907 年）春季呈奉农工商部奏准立案，清光绪三十四年六月初三（1908 年 7 月 1 日）颁发关防，正式成立。

其次，就山西争矿运动与保晋公司的内在联系与机理推导，保晋公司绝对不可能在光绪三十四年（1908 年）之前，获得清政府官方的正式批文。保晋公司的创设，缘于山西矿权的丧失，当时山西的煤铁矿开采权，一直处于英意福公司与山西地方当局的争议之中。由于山西各界民众的奋力抗争及有识官僚的多方争取与协调，山西商务局与英意福公司于清光绪三十三年十二月十七日（1908 年 1 月 20 日）签订了《赎矿合同》，山西当局拟以 275 万两白银赎回本省的矿产开采权，取得了保守性的胜利，富有争议的山西矿权真正回到了山西人民手中。清光绪三十三年十二月十七日（1908 年 1 月 20 日），是一个标志性的特殊时点，之前由于山西矿权的争议，特别是碍于英国政府的政治压力，清政府是绝对不可能正式批准以"开辟本省利源起见，期将各种矿产一律开采，以兴地利而裕民生，并提倡地方自办"③ 为宗旨的保晋公司成立。当然，这个时点以后，由于山西矿权的真正回归，保晋公司得到清中央政府的正式批准也就理所当然、无可厚非了。

最后，通过对数份一手史料的比照分析，推定：保晋公司的成立时间应当锁定在清光绪三十四年（1908 年）。其一，民国八年（1919 年）10 月 24 日奉部批准并备案之《山西保晋矿务公司章程》的第一条，明文指出"公司于前清光绪三十二年（1906 年）开办，于三十四年（1908 年）呈奉农工商部批准并经奏明在案，定名为山西商办全省保晋矿务有限公司"。④ 可见，据《山西保晋矿务公司章程》记载，光绪三十四年（1908 年），保晋公司由农工商部批准并经奏明在案，尽管没有确切的日期记载，但完全可以推导，保晋公司的法定成立时间为光绪三十四年（1908 年）。其二，据《中国煤矿》（商务印书

---

① 清光绪三十四年六月初三（1908 年 7 月 1 日）《农工商部请颁山西保晋矿务总公司关防具奏奉旨咨呈》，原件现存于中国第一历史档案馆，本著后文脚注中不再标注本份史料收存地点。

② 常旭春、白象锦：《保晋公司报告书稿·本公司大事纪》（民国十九年）。

③ 民国八年（1919 年）10 月 24 日奉部批准并备案之《山西保晋矿务公司章程·第二节　宗旨》。

④ 民国八年（1919 年）10 月 24 日奉部批准并备案之《山西保晋矿务公司章程·第一节　定名》。

馆，民国二十四年版）记载："光绪三十二年，公司（保晋）开办。次年，奏准立案。至福公司方面，经该省官绅向外务部与福公司力争，由商务局与福公司订定赎矿合同十九条，将潞、泽、平、盂、平阳各矿产，完全赎回自办，并由晋省备款275万两偿还福公司，于光绪三十四年先交一半，余分三年还清。所备之款，由晋省亩捐项下，每年尽数拨用。于是保晋矿务公司，遂完全成立。"显而易见，《中国煤矿》的作者认为，赎矿合同的签订是保晋公司完全成立的前提条件，而此项合同签订于清光绪三十三年十二月十七日（1908年1月20日），就此而言，保晋公司的真正成立时间，只可能在这个时点以后，而不可能前置了。其三，据民国十九年（1930年）《保晋公司报告书稿·第一章　本公司沿革》记载："清光绪三十四年（1908年），由公司禀请抚藩宪通饬所属，募集矿股，几经激劝，先后收到库平银170余万两；并设总公司于太原，复在平定接收同济、固本两公司，开凿铁炉沟、庄庄沟、贾地沟、汉河沟、后山沟、先生沟、段家碑、燕子沟等矿。在寿阳接收寿荣公司，在泽州接收晋益公司，在大同购定千金峪、黑沟、树儿洼矿地，聘定外国矿师，购置开矿机器，改用新法，从事采煤。又于阳泉、获鹿、石庄（石家庄）、保定、北京、天津、寿阳、张家口、大同等处，设立分公司，或则专司销售，或则兼办开采，规模粗具，基础渐立。"[1] 可见，保晋公司的股本募集、机构设置及较大规模的矿场开设均发生在光绪三十四年（1908年）以后，而这些又是保晋公司成立的客观前提条件，说明保晋公司的全面成立不可能在1908年以前。其四，据常旭春、白象锦《保晋公司报告书稿·本公司大事纪》（民国十九年）明文记载，光绪三十四年（1908年）"部准注册并领到关防"，[2] 再次佐证了保晋公司的法定批准成立时间应当在光绪三十四年（1908年）。其五，据《山西保晋矿务公司经营概要·第二章　公司概况》记载，"由山西商务局备银275万两，将潞、泽、平、盂、平阳各地矿厂赎回，所订各章程合同完全作废，赎款由晋省亩捐项下每年尽数拨用，如有不足，先行垫借，所需本息均由亩捐项下摊还。于是，保晋公司完全成立，设总公司于太原"。[3] 可见，保晋公司"完全成立"的时点，应当晚于中英赎矿合同的签订时间，而中英赎矿合同签订于清光绪三十三年十二月十七日（1908年1月20日），据此推断，

---

[1]　常旭春、白象锦：《保晋公司报告书稿·第一章　本公司沿革》（民国十九年）。

[2]　常旭春、白象锦：《保晋公司报告书稿·本公司大事纪》（民国十九年）。

[3]　《山西保晋矿务公司经营概要·第二章　公司概况》。

保晋公司的成立时间，只可能在这个时点之后。其六，据清光绪三十四年六月初三（1908 年 7 月 1 日）《农工商部请颁山西保晋矿务总公司关防具奏奉旨咨呈》记载，"本部具奏请颁山西保晋矿务总公司关防一摺，奉旨知道了……贵处钦遵查照可也，颁至咨呈者"。① 这份《咨呈》，客观上说明了保晋公司的正式官方批文时间应当是清光绪三十四年六月初三（1908 年 7 月 1 日）。

综上所述，保晋公司的确切成立时间应当为：清光绪三十四年六月初三（1908 年 7 月 1 日）。

二、保晋公司的中期发展

清光绪三十四年六月初四（1908 年 7 月 2 日）至民国十九年（1930 年）底，历时 22 年半的时间，为保晋公司的中期发展阶段，这一时期又可细分为奠基期、扩充期与呆滞期三个不同的特定历史时段。

（一）奠基期

自清光绪三十四年六月初四（1908 年 7 月 2 日）保晋公司正式创办次日起，至民国五年（1916 年）7 月总理刘笃敬辞职、崔廷献接任总理止，历时 8 年时间，为保晋公司正式成立后的奠基时期。

保晋公司成立后，利用前期募集到的 20 万两公股及 170 余万两商股资本，"在平定接收同济、固本两公司，开凿铁炉沟、庄庄沟、贾地沟、汉河沟、后山沟、先生沟、段家碑、燕子沟等矿。在寿阳接收寿荣公司，在泽州接收晋益公司，在大同购定千金峪、黑沟、树儿洼矿地，聘定外国矿师，购置开矿机器，改用新法，从事采煤。又于阳泉、获鹿、石庄、保定、北京、天津、寿阳、张家口、大同等处，设立分公司，或则专司销售，或则兼办开采，规模粗具，基础渐立"。② 保晋公司在最初创建的这 8 年时间里，构建了基本的组织体系与管理制度，进行了必要的人力、物力、技术及矿藏资源的开发与储备，尝试性地进行了由单纯的传统手工开采方式向手工与机械化结合开采方式的转

---

① 清光绪三十四年六月初三（1908 年 7 月 1 日）《农工商部请颁山西保晋矿务总公司关防具奏奉旨咨呈》。

② 常旭春、白象锦：《保晋公司报告书稿·第一章　本公司沿革》（民国十九年）。

变，为保晋公司的后续发展奠定了基础。

同时，值得关注与思索的是，尽管保晋公司在奠基时期"规模粗具，基础渐立"，但营业效果却不尽如人意，"自开办至民国五年（1916 年）7 月底，计亏银 599900 余两，合洋 879000 余元"，[①]"数岁以来，无日不在风雨飘摇之中"。[②] 究其原因，主要归结为以下四方面：第一，资本外借，基础动摇。宣统元年（1909 年）垫付赎矿款 1179000 余两，订明由"亩捐"项下拨还，但后来的客观情形却事与愿违，"民元改革后，军事初兴，亩捐挪作别用，公司经济异常拮据，各处工程陷于停顿"。[③] 由于"股本借垫"，致使"基础动摇"。[④] 第二，高层管理人员频繁更替，致使公司内部人心涣散，政局不稳。清宣统二年（1910 年），渠本翘赴京供职，董事局将其推为主持总理，另推刘笃敬为坐办总理。清宣统三年（1911 年），复推曾纪纲为协理。当公司"经济异常拮据，各处工程陷于停顿"之际，"渠总理、曾协理坚请辞职"。[⑤]民国五年（1916 年）7 月，刘笃敬以年老力衰为由，竭力辞职，经股东会议决，"公推崔廷献为总理，曾纪纲为协理"。[⑥]第三，交通阻滞、销路不畅。"本公司开办之初，产煤无几，销路未辟。"[⑦]"平定硬煤，当正太铁路未通以前，专恃驴、骡驮往获鹿、正定一带，售给民户燃烧。自正太通车后，乃由火车运至石庄，转装京汉，运往南北各站销售。"[⑧]正太铁路通车前，保晋公司专恃驴、骡等牲畜运煤，外输数量极为有限；正太铁路通车后，尽管情况有所扭转，但由于必须在石家庄中转而输送南北各地，所以费时耗力，运输成本依然相当高昂，故而"销路未辟，销数亦少"。[⑨]第四，技术落后，缺乏人才。"查本公司开办之始，多系接收旧窑，沿用土法开采，虽则酌设机器，而矿业人材缺乏，工程专恃外人，年耗巨金，产额有限。"[⑩]鉴于上述诸方面原因，保晋公司在正式创建后的最初 8 年里，"经济拮据，形成坐困"，[⑪]也就不足为奇了。

（二）扩充期

自民国五年（1916 年）8 月保晋"总公司由太原移至阳泉"[⑫] 起，至民国十二年（1923 年）7 月董事会正式"推定常旭春为正经理"[⑬]止，历时 7 年时

---

①⑦⑧⑨⑩⑪　常旭春、白象锦：《保晋公司报告书稿·第九章　本公司营业状况》（民国十九年）。

②③⑤⑥　常旭春、白象锦：《保晋公司报告书稿·第一章　本公司沿革》（民国十九年）。

④　常旭春、白象锦：《保晋公司报告书稿·绪言》（民国十九年）。

⑫⑬　常旭春、白象锦：《保晋公司报告书稿·本公司大事纪》（民国十九年）。

间，为保晋公司的全面扩充时期。

崔廷献接仟总理后，多措并举，极力扭转保晋公司的不利局面。具体采取的举措有：向官厅清算亩捐，渐将借垫之款收回，接着便添购机器，设置工程，增加产额，竭力整顿；移总公司于阳泉，以期就近统摄；议各矿之分立，俾便分别管理；派专人调查平（定）、盂（县）铁矿，以定开采方针；与正太路局订立奖励远销运煤减价办法，向交通部请准核减京汉运价，竭力推广销路；民国六年（1917年），改定公司组织，分设采煤、制铁、营业三部，开付五年度股息等。由于崔廷献及下属职员的不懈努力，公司营业蒸蒸日上。①"民六（1917年）以后，迭向官厅交涉，垫款逐渐收回，工程分别设置，营业颇有盈余，方期益加淬励，俾臻发达。"②

民国六年（1917年）9月间，保晋公司第一要矿铁炉沟，因与建昌公司毗连，致被山水将窑峝淹没，公司产煤顿以减杀。为切实扭转这种不利局面，保晋同仁便竭力开辟新的矿厂，于娘娘庙积极施工，开凿横坑，不久见煤；平潭垴新开窑峝，亦有成效；民国七年（1918年）春，复试办简子沟、燕子沟两矿，次第兴工；铁厂亦经开办；并勘定大同煤峪口、云岗矿区，以资开采，故而"产量于此恢复，销场不至影响"。③

民国七年（1918年）12月，保晋公司召开了第四次股东大会，修正章程，并改选董事及监察人。民国八年（1919年）2月，与同孚、利生订立合同收回简子沟矿区；同年5月，完成阳泉总厂至铁厂之高线路，同时，与正太路交涉改移干道，铁炉沟厂面展宽30余亩；7月，简子沟矿见煤；9月，燕子沟矿见煤，大同吴官屯开工试探；10月，部准公司修正章程并发给执照；民国八年（1919年）12月15日，保晋公司召开第五次股东会，划分平定矿区为六矿厂，分区开采。民国九年（1920年），收买聚元、聚兴、富华等窑，并设兑换处。民国十年（1921年）7月，第五矿新庄窝窑见煤；同年12月，召开第七次股东会，选定董事13人、监察8人，公推阎锡山为名誉总理。民国十一年（1922年）5月，大同云岗钻孔见煤，煤峪口竖坑见煤；同年10月，崔廷献调任河东道尹，坚请辞职，董事会迭推乔殿森、乔映霞为正经理，均未就职。民国十二年（1923年）7月，董事会正式推定常旭春为正经理。④

①③ 参见：常旭春、白象锦：《保晋公司报告书稿·第一章 本公司沿革》（民国十九年）。

② 常旭春、白象锦：《保晋公司报告书稿·绪言》（民国十九年）。

④ 参见：常旭春、白象锦：《保晋公司报告书稿·本公司大事纪》（民国十九年）。

保晋公司在扩充期内，"公司经济，因亩捐之拨还继续进行，稍为充裕。故工程力事扩充，销路逐渐推广，营业日见起色"。[1]　"民国六年（1917年）以后，亩捐收回，从事建设，产额与年俱增，销场日见推广，苛税未兴，运输通畅，故亏项节次弥补，营业颇有起色。截至民国十三年（1924年）底，除将旧亏完全补清外，尚有盈余……民国六年（1917年）以旋，垫款收回，财力稍裕，遂添购机械，开拓厂面，采煤改用新法，效率[2]力求增进，故产量逐渐加增，祇平定一处，每年可产30余万吨，而销场推广，远及海外，每年销量，亦与产量相埒……民国六年（1917年），因与正太路商定远销减费办法，我煤始克运销汉口。民国七年（1918年），海外分销成立，复推销于日本大阪。民国八年（1919年），及于广东、香港。至是晋煤名声大噪，京津谓之红煤，沪汉名为白煤，佥以煤质优良，争先购用。"[3]　由于垫款的回收、生产工艺的改进、产销量的稳定增长，故"自民国五年（1916年）至民国十三年（1924年）底，逐年结算，有盈无亏，除将旧亏全数补清外，尚余洋10000余元"。[4]

（三）呆滞期

自民国十二年（1923年）7月常旭春正式接任正经理起，至民国十九年（1930年）12月止，历时7年半的时间，为保晋公司发展史上的呆滞期。

保晋公司自民国十三年（1924年）起，由于客观形势所限，出现了徘徊不前的停滞局面。"民国十三年（1924年）内，本公司旧亏完全补清，营业方期发展。不意内乱开始，战祸蔓延，交通梗阻，运输困难。"[5]　"民国十三年（1924年）后，军事频仍，运输阻滞，工作不时停顿，矿工多数遣回，历年产销，渐见减少，销路窒塞，销额亦逊……历受军事影响，交通梗阻，（北）平、（天）津等处既以车缺而难畅销，沪、汉、海外，复因费重渐形绝迹，其所恃以维持销路者，仅在石庄南北附近各地。存煤时有积压，耗损颇属不支。至正太沿线获鹿、大郭村等处，尚可推销。阳泉以西各站，则煤矿甚多，虽近年在太原、榆次等处设立分销，亦仅销售碎末煤，藉免积压，究难望利……民国十四年（1925年）来，内乱迭起，战祸蔓延，工程陷于停顿，交通时被阻

---

① ⑤　常旭春、白象锦：《保晋公司报告书稿·第一章　本公司沿革》（民国十九年）。

②　原史料中，此处空一字，著者依据上下文推断，此处应当漏写了"率"字。

③ ④　常旭春、白象锦：《保晋公司报告书稿·第九章　本公司营业状况》（民国十九年）。

塞，加之捐税繁兴，运费加重，成本愈大，销路愈窄，历年亏损，维持不易。"① "民国十五年（1926 年）战祸又起，铁路之联运取消，运煤之价章加重，工程陷于停顿，金融周转不灵，因将次要矿厂，酌量停办。而石庄、大同两处，迭被②驻军蹂躏，颇受损失。民国十六年（1927 年）间，战云弥漫，运输奇滞，正太中断，职工坐食，营业益为不振。乃军用浩大，捐税繁兴，摊款日钜，统计一年之中，所出各项捐款，竟达十数万元。不得已，与山西省银行订立垫款合同，以资支持危局。民国十七年（1928 年）下半期，军事稍定，而各路车辆奇绌，除负担正当运费外，所有护路费、军事附捐、兵差捐、车皮捐种种名目，更超出运费额数之上，转运尤感不便。境外销路，既日见缩小，自不得不向境内推销，冀免积压。因于民国十七年（1928 年）、民国十八年（1929 年）两年，在太原、榆次创设分销处。惟当地煤价较廉，创办伊始，殊难望利。民国十九年（1930 年）间，战端又起，互数月之久，稍告平静，但驻军太多，诸待给养，晋钞跌落，民生疲敝，本公司之营业，直接间接，均受影响。统计最近七年间，无日不在战祸纷扰之中，勉强支持，幸得过渡。"③ "自民国十四年（1925 年）至民国十九年（1930 年）底，营业疲滞，逐年亏累，截至年终，尚亏洋 24800 余元。"④

需要说明的是，将保晋公司的整个发展历程划分为创办期、发展期、衰落期、破产后的延续发展及财产清理期四大时段，依理而论，在篇幅布局上有关保晋公司中期发展的内容尤为重点，应当详尽论述，而著者却恰恰相反，相较其他三个时段的著述，反而用墨颇少，似有避重就轻之嫌。之所以这样安排，意在避免内容的前后重复与累赘，特意将有关保晋公司中期发展的主体内容进行了项目拆解，渗透性地融入到了本著第三章至第八章中进行阐释，特此说明。

三、保晋公司的衰落

保晋公司与其他任何客观事物一样，其破败并不是一触即发的，而是经历

---

① ④　常旭春、白象锦：《保晋公司报告书稿·第九章　本公司营业状况》（民国十九年）。

②　史料中，原文是"彼"，著者认为可能是笔误，应当为"被"。

③　常旭春、白象锦：《保晋公司报告书稿·第一章　本公司沿革》（民国十九年）。

了一个由量变到质变、由盛转衰的发展演变过程，我们通常称其为"衰落期"。自民国二十年（1931年）1月至民国二十六年（1937年）10月30日为保晋公司日趋衰落并最终破败的时期。这一时期，帝国主义国家正处于危机时期，为了转嫁经济危机，它们在中国境内和中国民族资产阶级争夺市场的斗争日益激烈、尖锐。日本帝国主义已占领我国东北，并准备大举入侵。帝国主义的经济争夺和军事侵略，使中国民族工业的处境每况愈下。中原大战之后，晋钞贬值，保晋公司协理白象锦抓住时机，让大同分公司预售煤炭10万余吨，收到现洋30余万元，另借现洋10余万元，才把借贷山西省银行的欠款全部还清，解除了燃眉之急。金融缓和之后，保晋公司就着手安排了一些矿井建设。随后，又进行了一次改革。这次改革的主要内容有二：一是撤掉各矿厂不称职的厂长，配备有能力的坑务主任，主持矿厂事务；二是取消封建把头制的生产管理形式，代之以"老伙班"的小包干形式。这次改革使保晋公司的经营有所抬头。但是，日本帝国主义发动的侵华战争使保晋公司的主观努力付之东流，市场继续缩小，销路日渐堵塞，亏损又迅速增加。民国二十六年（1937年）7月7日，卢沟桥事变爆发，日本侵略军在华北地区长驱直入，保晋公司的当权者闻风而逃。逃跑时，欠下上百万元的巨债。民国二十六年（1937年）10月30日，日军占领阳泉，保晋公司被日本人无偿占有，结束了自主经营的生命历程。[1]

（一）保晋公司衰落的外在表现形式

保晋公司的衰落可以通过其历年的经营状况窥见一斑。保晋公司在其整个运营过程中，亏损相当惊人，"自开办至民国五年（1916年）七月底，计亏银599900余两，合洋879000余元。自民国五年（1916年）至民国十三年（1924年）底，逐年结算，有盈无亏，除将旧亏全数补清外，尚余洋10000余元。自民国十四年（1925年）至民国十九年（1930年）年底，营业疲滞，逐年亏累，截至年终，尚亏洋24800余元"。[2] 保晋公司发展到后期，亏损严重、负债累累，不得已被迫多次对外举债，现有三张借券，足以说明保晋公司当时的破落状况。民国二十六年（1937年）3月22日，保晋公司向晋丰银号借到

---

① 参见：《阳泉煤矿史》编写组：《阳泉煤矿史》，太原：山西人民出版社，1985年版，第43～44页。

② 常旭春、白象锦：《保晋公司报告书稿·第九章　本公司营业状况》（民国十九年）。

"七钱二分现银元（省币）壹万圆整，双方订明每月每圆按以壹分贰厘行息，期限六个月本利清还。倘不能清还时，由承还保人完全负责。届时，地面金融如何变迁，无论周行何币，仍以原借出现银元（省币）归还"。① 民国二十六年（1937年）4月15日，保晋公司向赵承生堂借款"大洋壹万元整，订明按月壹分叁厘行息，限期六个月归还"。② 民国二十六年（1937年）6月10日，山西阳泉站保晋铁厂向巧生堂借到"法币叁千圆整，言明按月壹分肆厘行息，期限一年为满，每届三个月付息一次"。③ 民国二十六年（1937年），保晋公司在短短两个半月的时间里，仅据现收史料记载就对外举债三次，先是向银号借款，在金融机构告贷无门的情况下，又向民间富户求贷，而且为求生存之计，借款利率一涨再涨，"壹分贰厘→壹分叁厘→壹分肆厘"，其窘迫状况可想而知。

（二）保晋公司衰落的原因探析

保晋公司的日趋衰落乃至最终破产，既有外在客观原因，又有内在原因，还有其直接引爆点。

1. 保晋公司衰落的外在客观原因

保晋公司的衰落，就外在客观原因而言，主要缘于以下几方面：

（1）帝国主义的大肆经济入侵、强取豪夺，使保晋公司倍受蹂躏，举步维艰。

鸦片战争以后，中国由一个封建社会一步步沦为半殖民地半封建社会，各帝国主义国家以种种方式对中国进行疯狂的经济侵略，弱小的中国民族工业自然成为其鱼肉的对象。英意福公司对山西的煤铁矿藏资源蓄谋已久，清光绪二十三年九月三十日（1897年10月25日），福公司就与买空卖空的虚拟晋丰公司议定"独自开办盂（盂县）、平（平定）、泽（泽州）、潞（潞安）诸属矿务"；清光绪二十四年四月初二（1898年5月21日），山西商务局与福公司正式签订了《山西开矿制铁以及转运各色矿产章程》，将山西丰富的煤铁矿资源

---

① 民国二十六年（1937年）3月22日《山西保晋矿务总公司与晋丰银号的借据》，原件现存于山西省阳泉市档案馆，本著后文脚注中不再标注本份史料收存地点。

② 民国二十六年（1937年）4月15日《山西保晋矿务总公司与赵承生堂的借券》，原件现存于山西省阳泉市档案馆，本著后文脚注中不再标注本份史料收存地点。

③ 民国二十六年（1937年）6月10日《山西阳泉站保晋铁厂与巧生堂的借券》，原件现存于山西省阳泉市档案馆，本著后文脚注中不再标注本份史料收存地点。

拱手让于外商福公司，但鉴于中国内部政局的动荡不安，特别是义和团运动的爆发，致使其掠夺山西矿藏的计划并未能真正付诸实施。清光绪三十一年（1905 年）初，福公司鉴于正太铁路已经开始修筑，通车后有利于晋煤外运的客观契机，将侵略的首站选定在正太铁路沿线的平定州。清光绪三十一年（1905 年）3 月，以平定为首发地，震惊中外的山西争矿运动爆发。清光绪三十三年（1907 年）8 月，清政府由于民意难违，电令山西按察使丁宝铨负责与福公司交涉山西赎矿事宜，最终以赔偿白银 275 万两为条件，于清光绪三十三年十二月十七日（1908 年 1 月 20 日），山西商务局与福公司签订了《赎回山西盂县、平定州、潞安、泽州与平阳府开矿制铁转运正续各章程合同之合同》12 条，最终迫使"福公司"放弃了山西的矿产开采权，在索取赔偿费后退出了山西，但是这种胜利是以沉重的经济代价为前提的。[①]

　　清光绪末年正太铁路建成之后，其营业大权即被法帝国主义攫取。当时，法帝国主义对保晋公司规定的运价率是吨公里 3 分 2 厘。这比世界铁路会议制定的《万国煤运率》中规定的吨英里 7 厘高出 5 倍多；比中国普通国有铁路吨公里 7 厘高出 3 倍多。而对同一条铁路线上中德合资经营的井陉煤矿所规定的运价率却是 6.2 厘。以民国七年（1918 年）至民国十一年（1922 年）为例，5 年间，保晋公司经正太路外销煤炭 105 万吨，按当时运价率计算，共支付正太路运费 340 余万元，平均每年 68 万余元，除去回扣，每年净支银洋也在 60 万元以上。若与井陉煤矿享受相同的运价率时，每年就可省去运费 40 余万元。为此，保晋公司据理力争，与法人交涉减价，但法人却以正太路是窄轨、非得改成宽轨后不能减价为理由一口拒绝。在保晋公司遭受昂贵运费沉重打击的同时，法帝国主义控制下的正太铁路却攫取了高额利润。《中国实业志》对该条铁路民国十五年（1926 年）的营业状况有这样的记载："客运货运进款均称平稳，民国十五年达 500 万元。"民国十六年（1927 年）和民国十七年（1928 年），因战乱，正太路进款有所下降；但到民国十八年（1929 年）以后，营业收入又重达 500 万元以上。[②]

　　与保晋公司的处境截然不同，外国煤炭和外商在中国开采的煤炭，却受到了相当优惠的待遇。在帝国主义的强权压力下，清政府和国民政府都实行

---

　　① 参见：王智庆、李存华：《晋东商业文化》，北京：科学出版社，2009 年版，第 215 页。
　　② 参见：《阳泉煤矿史》编写组：《阳泉煤矿史》，太原：山西人民出版社，1985 年版，第 80～81 页。

"抑华商而护洋"的腐朽政策，对外国煤炭实行优惠进口税，鼓励进口。因此，越南煤、印度煤纷纷漂洋过海，充斥中国市场；外资在华开采之煤，如抚顺煤、开滦煤、烟台煤和台湾煤，也倾销于中国主要市场。据《中国近代工业史资料》记载，民国二十年（1931年）行销于上海的各种外煤占上海市场总销量的80%。对保晋公司煤炭威胁最大的是越南煤，法国人开采的越南煤也是无烟煤。国民政府提倡中法亲善，缔结《中法越南商约》，对于法国人开采的越南煤实行特别优惠税，将其吨煤征税率由关金2元9角减为9角。因此，越南无烟煤便源源不断地打入了中国市场，价格高昂的阳泉无烟煤自然无法与之相抗衡，而一度被排斥出了中国市场。①

（2）国民政府及封建军阀多如牛毛的苛捐杂税与肆意侵压，致使保晋公司不堪重负、日渐衰退。

国民政府与封建军阀为了扩充势力范围与加强军备，加大了对民族工业的剥削与掠夺，保晋公司也不例外，沉重的苛捐杂税使其不堪重负，举步维艰，日渐衰退。保晋公司运营前期，曾一度获得了税收豁免，"清宣统元年（1909年）三月间，呈请财政部税务处核准豁免井口等税五年。嗣后历请展免，尚蒙照准"。但后来情况却发生了重大变化，"民国十三年（1924年）4月间免税期满，迭请援案展免，未获准行。故自是②年（1924年）4月起，即照章纳税，计每车出境须纳捐洋2元，嗣又增加5角，而不出境者，仅增收煤厘1元1角7分6厘，此尚国家之正税也。乃自军兴以后，杂税骤增，摊款日钜，自民国十三年（1924年）10月起至民国十九年（1930年）年底止，本公司计出过特种库卷17733.600元，资本登记费14318.203元，兵差垫款20864.800元，临时军费20500.000元，两次防务借款18790.498元，临时铺捐32954.690元，六厘公债37500.000元，六厘借款3881.000元，粮秣捐38333.000元，北伐军费捐款10000.000元，编遣库券5000.000元，平定驻军给养费5000.000元，以上共计224975.791元③。此外自民国十五年（1926年）12月起，省署征收护路费，按正太运价为25%抽收。民国十九年（1930年）7月护路费取消，改征火车货捐，每车定为7元，统计又支付洋316500

---

① 参见：《阳泉煤矿史》编写组：《阳泉煤矿史》，太原：山西人民出版社，1985年版，第83～84页。

② 此处，据原史料记载为"四"，但著者通过上下文分析，可能为笔误，应当为"是"字。

③ 此处，原始史料记载为"224975.791元"，而将上述各项加总为"224875.791元"，比原始史料记载的汇总数"224975.791元"少100元，两项不符。

余元。而平定学款，每车 1 元 3 角，兵差捐每车 1 元，以及省外之获鹿捐、警捐等项尚未计算在内"。[①] 在军阀割据、各自为政的年代，关卡无处不设，捐税无处不收。保晋公司所产之煤由石家庄转运之后，路经各处，仍然必须捐款。以石家庄到丰台为例，虽然两地相距并不太远，但途中还要征收军事捐、保太捐[②]、验票费、印花税等，吨煤复征税捐又达 1 元 6 分。客观上讲，保晋公司煤炭的生产成本并不算高，吨煤生产成本约 2 元，但由于高昂的运费与繁杂的捐税，致使最终售价无法让人接受。如民国二十三年（1934 年），阳泉煤每运 1 吨到上海，就需要运费、捐税 18 元以上，而上海市场的煤价也不过 17～18 元。可见，保晋公司的煤炭运往上海销售，不但不能盈利，反而加重了亏损。[③]

另外，个别煤矿以封建军阀或地方官僚为靠山，与保晋公司在煤炭行业内部形成了不公平竞争局面，致使保晋公司始终处于相对劣势。如阳泉地区除保晋公司外，还有另一家规模较大的煤矿——建昌煤矿公司，该公司为陕西督军陆建章的儿子陆绍文开办，凭借其强大的政治后台，俨然成为阳泉煤矿中的霸主，对保晋公司的正常业务开展进行打压与威胁。建昌煤矿公司的煤窑开凿于保晋公司平定第一矿厂与第二矿厂之间，两个公司的矿区毗连，因此冲突时起。民国六年（1917 年）9 月，因建昌公司争挖坑道，致山水涌入保晋公司第一矿厂铁炉沟矿坑内，该矿厂被淹停工。[④] 更为甚者，建昌公司人员还在井下拿木棒打伤保晋公司矿工多人，双方为此惊动官方、诉诸法律，但没有任何处理结果，保晋公司只能忍气吞声。[⑤]

再者，保晋公司所遭受的封建军阀的直接强行掠夺也是屡见不鲜的。民国十三年（1924 年），第二次直奉战争爆发，驻守在石家庄的国民三军将保晋公司石家庄分公司所存之煤强行出售，自收现金达 15000 多元。民国十九年（1930 年），中原大战，阎锡山、冯玉祥失败，阎锡山将数十万军队引入山西境内。阳泉驻军太多，都向保晋公司伸手筹款要粮，使保晋公司遭到意外损失不小。民国二十五年（1936 年），阎锡山打着免除竞争的旗号，干着敲诈勒索的勾当，他在阳泉建立平定煤矿公司，对阳泉煤炭实行"分采合销"。名曰"分采合销"，实则贱买贵卖，吨煤平均诈取利润 5 角之多。辛亥革命爆发后，

---

① 常旭春、白象锦：《保晋公司报告书稿·第九章　本公司营业状况》（民国十九年）。
② 原史料记载为"保大捐"，著者根据语境推断，可能是笔误，应当为"保太捐"。
③ 参见：《阳泉煤矿史》编写组：《阳泉煤矿史》，太原：山西人民出版社，1985 年版，第 83 页。
④ 参见：常旭春、白象锦：《保晋公司报告书稿·本公司大事纪》（民国十九年）。
⑤ 参见：《阳泉煤矿史》编写组：《阳泉煤矿史》，太原：山西人民出版社，1985 年版，第 84 页。

阎锡山就把赎矿时作为向保晋公司借款抵押的亩捐收入截留，用于军费开支。这笔赎矿代垫款，"直至民国九年（1920）5月，始行陆续收回，而所欠利息70余万元，经省长指定，作为报效地方公益之款"。①欠款的延期收回及巨额利息费用的无端丧失，使保晋公司陷入了经济异常紧张的旋涡，有苦难言。

（3）战乱不断、时局不靖，保晋公司的外围发展环境严重恶化。

民国时期，军阀混战，社会动荡，严重影响了民族工商业的发展，使保晋公司的外围发展环境日益恶化，发展举步维艰。此起彼伏的战乱，致使交通梗阻，运输奇滞，保晋公司营业不振、亏损严重。"民国十三年（1924年）内，本公司旧亏完全补清，营业方期发展。不意内乱开始，战祸蔓延，交通梗阻，运输困难。民国十五年（1926年）战祸又起，铁路之联运取消，运煤之价章加重，工程陷于停顿，金融周转不灵，因将次要矿厂酌量停办，而石庄、大同两处，叠被驻军蹂躏，颇受损失。民国十六年（1927年）间，战云弥漫，运输奇滞，正太中断，职工坐食，营业益为不振……民国十九年（1930年）间，战端又起，互数月之久，稍告平静，但驻军太多，诸待给养，晋钞跌落，民生疲敝，本公司之营业，直接间接，均受影响。统计最近七年间，无日不在战祸纷扰之中，勉强支持，幸得过渡。"②"本公司自民国十四年（1925年）举行常会后，数年以来，干戈扰攘，时局纠纷，交通梗阻，运销奇滞，工程则时行停顿，营业则愈见阽危，加以捐税繁兴，摊款日钜，金融周转愈感拮据。"③由于连年的动荡与战乱，致使保晋公司的发展空间严重受阻，外围环境日益恶化，亏损激增，逐步走向了衰亡的命运。

（4）超乎寻常的高昂运输费用，遏制了保晋公司的发展。

"路矿两政，相为辅车，矿藉路以运输，路赖矿以维系。平定硬煤，富甲全国，煤质之佳，誉溢中外，然所赖以运销外省者，仅恃正太路之窄轨，而运费之奇重，为中国各路所未有。"④"山西距海口太远，无舟楫航行之便，故平定硬煤之运输，以正太路为咽喉，平汉路为躯干，而正太、平汉车不同轨，一卸一装，损失已钜。"⑤"查原章硬煤运价，每吨每公里洋3分2厘……民国五年（1916年）以来，崔前总理，迭请减轻，至民国七年（1918年）始将普通

---

① 常旭春、白象锦：《保晋公司报告书稿·第二章 本公司股份》（民国十九年）。

② 常旭春、白象锦：《保晋公司报告书稿·第一章 本公司沿革》（民国十九年）。

③ 民国十八年（1929年）3月，《山西保晋矿务公司第十一次股东常会营业报告》，原件现存于山西省阳泉市档案馆（档案编号：B2-001-0007），本著后文脚注中不再标注本份史料收存地点。

④⑤ 常旭春、白象锦：《保晋公司报告书稿·第九章 本公司营业状况》（民国十九年）。

运价减为吨（公）里3分，联运京汉以外者，将底价定为吨（公）里2分9厘，并按里数之远近分为八等，按20吨车，给予3元3角以至16元之减价。民国九年（1920年）二三月间，崔前总理迭向交通部及该路局竭力交涉，待至民国九年（1920年）5月1日，始将普通运价改为吨（公）里2分6厘，联运底价改为吨（公）里2分5厘，而奖励远销之八等减价仍旧施行。似此运价较各路仍属奇重，计由阳泉运至石庄121公里，按每吨每公里洋2分5厘计，每20吨车共需洋60元5角，而公费、杂费尚不在内。若与普通国有各路平常运价比较，则吨（公）里运价以7厘为标准，是由阳泉至石庄每20吨车，仅需洋16元9角4分，以彼例此，每车20吨运价竟多43元有余，每吨仅（竟）多出洋2元有余。再与井陉矿务局运价比较，该矿运价以每吨每英里1分核收，即每吨每公里运价为6.21477厘，计由南河头至石庄共44公里，每吨仅需运价洋2角7分3.45厘；正丰矿运价，按每吨每公里8厘核收，计由南张村至石庄共57公里，每吨仅需运价洋4角5分6厘。依此计算，若我公司硬煤与井陉矿运价享受同等待遇，则每20吨车，纳运价19元3角6分，[①]亦可由阳泉运至石庄矣。今竟以高压手段，苛酷办法，而强令缴纳运费60元5角，犹侈然语人曰，此为最低之运价，非俟改建宽轨，不能再减，何其待井陉、正丰之厚，而待保晋如是之苛耶。同是煤矿，在同一铁路之内，而运价悬殊，若是之钜，此等不平等之待遇，恐任何人断难忍受也。况此项硬煤销路，以正太为枢纽，若运价如此之奇重，实为晋煤发展之一大障碍，欲期晋煤发展，舍将正太运费特别减轻外，别无他法……至于平汉路运价原章亦重，虽经邮传部改定联运价核减一次，然较各大矿核减之数，仍属过重。至民国六年（1917年），迭向交通部请求核减，始由交通部饬知京汉路局，比照福中、正丰两公司，特定晋煤整列车为每吨每公里6.825厘，计由石庄至天津或北京，每车20吨较前运价可省17元有余，晋煤畅销，赖有此耳。乃自民国十五年（1926年）以来，交通破产，平汉运价忽改四十九款，忽改三十二款，甚至加收极重之军事附捐。今军事附捐虽已取消，而三十二款之运价，亦足以遏止远销，而制晋煤出口之死命。"[②]

---

①　据井陉矿运价：吨公里运价为6.21477厘计算，阳泉至石庄121公里，每车20吨，则每车由阳泉至石庄的运费为15.0397434元。而此处史料记载为19.36元，比实际计算数据偏大4.3202566元，增加的这部分可能是包括了额外的公费与杂费。

②　常旭春、白象锦：《保晋公司报告书稿·第九章　本公司营业状况》（民国十九年）。

如上所述，保晋公司的煤炭主要通过正太铁路对外输送，而正太铁路当时为法国帝国主义所把控，运费高昂，"原章硬煤运价，每吨每公里洋 3 分 2 厘"，经过不停的请求，虽然几经减降，但依然相当高昂，"待至民国九年（1920 年）5 月 1 日，始将普通运价改为吨（公）里 2 分 6 厘，联运底价改为吨（公）里 2 分 5 厘"。但当时普通国有铁路的平常运价仅为"吨公里 7 厘"，即使同样通过正太铁路外输煤炭，费用也大相径庭。中德合资的井陉矿与正丰矿，其煤炭也主要通过正太铁路外输，但其运价分别为"每吨每公里运价为 6.21477 厘"与"每吨每公里 8 厘"，这样的不公平待遇，使保晋公司成本骤增，明显丧失了市场竞争力。

正太铁路收归国有以后，在保晋公司的一再请求下，才于民国二十三年（1934 年）7 月将运价率改为吨公里大块硬煤 2 分，碎末煤 1 分 8 厘。但因同时取消了回扣，实际仍与吨公里 2 分 5 厘相近，运输费用并没有实质性降低。对此，全国各界舆论纷纷，替保晋公司鸣不平，《中国实业》、《申报周刊》、《中华实业月刊》等，都公开发文建议给保晋公司降低运价，享受与井陉煤同等的待遇，以保国煤、救商难。但是，南京政府铁道部却以"山西煤业不振，全在经营不善，与运价无关"的理由严词拒绝。在保晋公司继续遭受昂贵运费沉重打击的同时，南京政府经营的正太铁路却大发横财。自民国二十一年（1932 年）至民国二十四年（1935 年），4 年期间，正太路平均年营业收入额为 583 万余元，盈利高达 205 万~317 万余元。① 沉重的运输成本，如同加在保晋公司身上的枷锁，极大程度地遏制了保晋公司的发展。

2. 保晋公司衰落的内在原因

保晋公司之所以最终衰落，除上述各种外在客观原因外，还缘于创办者的阶级局限性、资本的短缺、人才的匮乏及技术的滞后等诸多内在因素的制约。

（1）富有民族资产阶级特性的保晋公司创办者，其与生俱来的自私性、保守性、软弱性与妥协性，是保晋公司最终败落的致命内因。

传统封建晋商在清朝中后期，鉴于内忧外患，日渐衰退下来，他们当中那些富有远见卓识的杰出人物，认识到要想获取巨额商业利润，要想把事业做大做强，必须实现由传统手工业向机械大工业的转变，实现由商业资本向工业资本的转变，故而他们力图投资于近代新式工矿业，逐步演变为具有民族资产阶

---

① 参见：《阳泉煤矿史》编写组：《阳泉煤矿史》，太原：山西人民出版社，1985 年版，第 81 ~ 82 页。

级特性的近代商人。保晋公司的创办者正是这些杰出近代晋商的代表人物，他们基于山西丰富的煤铁矿资源优势，逐步把视角转向了近代工矿业，力图实业救国。保晋公司是山西近代最大的民族工业，开山西近代工矿业之先河，是明清封建晋商衰落之际谋求转型的一个特例，演绎了晋商最终退台的动人一幕，其破败是近代化转型过程中晋商衰落的直接印证。客观上讲，保晋公司的创办者是由传统封建晋商中的部分精英演变而来，具有民族资产阶级特性，但其与生俱来的自私性、保守性、软弱性与妥协性，致使保晋公司始终畏缩不前，难期有大的发展。如前所述，保晋公司是山西争矿运动过程中诞生的宠儿，但是我们稍加思索便会产生这样的疑问，山西的煤铁资源是我们自己的，为什么还要用一个"赎"字，也就是说反过来拿钱从别人手中买呢？也许有人会说，估计是外国人给我们投资了，我们应当对其有所回报吧！但是史实却并非如此，在清光绪二十四年（1898 年）签订的章程里，英意福公司有对山西商务局承担借款 1000 万两白银的义务，但 10 年期间却分文未借；这期间，福公司也未真正投资在山西开过一处煤矿，说明福公司并没为山西的矿业发展做过什么贡献，而最终山西人却拿出了 275 万两白银以示谢意，说明这场斗争其实胜利的并不彻底，其领衔人物表现出了极大的厌战性与妥协性，民族资产阶级的软弱性得到了深刻体现。

"赎矿之款，原恃各县亩捐拨用"，但后来情况却发生了变化，"迨至宣统元年（1909 年），山西大吏因亩捐收数年仅 30 余万两，不敷按批交付赎款之用，欲向商家借垫款项，利息多在 1 分以上"，保晋公司也慷慨解囊，"将所集股本暂时借用 1179305 两 9 钱 3 分，即照本公司股息 8 厘之数出息"。这一客观史实，一方面反映了中国民族资产阶级的爱国热情，在国难当头之际有巨大的牺牲精神；另一方面也反映了其在强权面前的软弱性与管理上的盲目性，本身这项借款别的商家利息多在 1 分以上，而保晋公司却只要 8 厘，而最终的结果是连这基本的 8 厘利息也打了水漂，"所欠利息 70 余万元，经省长指定，作为报效地方公益之款"。[1] 同时，保晋公司代垫赎矿款与"本公司所收之股……专为开矿之用，不得挪移"[2] 的初衷明显背离，企业发展导向有失偏颇。保晋公司对帝国主义和封建军阀的欺压和掠夺怨言满腹，却又敢怒而不敢言；为了维持自身的生存，它必须忍气吞声，摇尾乞怜；为了拉大旗作虎皮，

---

[1] 常旭春、白象锦：《保晋公司报告书稿·第二章 本公司股份》（民国十九年）。
[2] 《保晋矿务总公司简章》。

民国十年（1921 年）12 月，保晋公司召开第 7 次股东会时，特意聘请了一些有势力的人当名誉董事，"公推阎锡山为名誉总理"。①

另外，我们从保晋公司历任高层管理人员的频繁更迭，可以透视出其在危局面前的自私自利性。"清光绪三十三年（1907 年）春……举渠本翘为总理、王用霖为协理……清宣统二年（1910 年），渠总理赴京供职，董事局推为主持总理，另推刘笃敬为坐办总理。清宣统三年（1911 年），复推曾纪纲为协理……公司经济异常拮据，各处工程陷于停顿，渠总理、曾协理坚请辞职……民国五年（1916 年）七月，刘总理以年老力衰，力请辞卸，经股东会议决，公推崔廷献为总理、曾纪纲为协理……民国十一年（1922 年）十月，崔总理调任河东道尹，坚请辞职，董事会选推乔殿森、乔映霞为正经理，均未就职，另推董事常旭春为正经理。"② 可见，保晋公司的高层管理人员，要么是因为公司的窘迫局面而辞职，要么是因为升迁从政而辞职，要么是根本不予出面任职，凡此种种，保晋公司高层管理人员在危局、职位、利益面前的自私自利性得以充分的凸显。

保晋公司规定董事、监察人的基本任职前提是必须"有 2500 两以上之股银者"，但对于公股持有者的任职资格要求却大打折扣，"公股董事、监察人，以有 1500 两以上之股银者即为合格"。③ 可见，保晋公司存在股东权利运用的差别对待，其官本位倾向得以彰显。

通过上述客观事例，可以清晰地发现，具有民族资产阶级特性的保晋公司创办者，其自私性、保守性、软弱性及妥协性表现得淋漓尽致，成为保晋公司败落的致命内因。

（2）运营资本的先天不足及后续补济的严重短缺，成为制约保晋公司发展的瓶颈。

保晋公司的运营资本先天不足，"除亩捐外，拟再集资本 300 万两，每股 5 两，计 60 万股"。④ "本公司股本，按章定为库平银 300 万两，每股 5 两……当公司成立伊始，于光绪三十二年（1906 年）、三十三年（1907 年），先后由官厅领到亩捐 20 万两，为开办之资，旋即发给股票，分发各县，所谓公股者，

---

① 常旭春、白象锦：《保晋公司报告书稿·本公司大事纪》（民国十九年）。
② 常旭春、白象锦：《保晋公司报告书稿·第一章 本公司沿革》（民国十九年）。
③ 民国八年（1919 年）10 月 24 日奉部批准并备案之《山西保晋矿务公司章程·第十节 股东会议》。
④ 民国八年（1919 年）10 月 24 日奉部批准并备案之《山西保晋矿务公司章程·第五节 股分》。

即此数也。嗣经当道通饬所属，劝募股份，分绅、学、商、社四大组进行……虽经竭力劝募，迄未足额。统计先后所募银两及接收寿荣、晋益等公司股份，连同亩捐，共收股本银 1928806 两 6 钱……民国九年（1920 年），股东会议决，继续招募，期足 300 万两之数。"①"清光绪三十四年（1908 年），由公司禀请抚藩宪通饬所属，募集矿股，几经激劝，先后收到库平银 170 余万两。"②可见，保晋公司创办资金的筹措状况并不乐观，勉强筹集到原定计划的一半多资金。当然，如果能够将筹措到的这部分资金合理运用，则"经营四处煤矿，似可力图进行"，关键是宣统元年（1909 年），山西省地方政府由于赎矿之款不能按时拨付给英商，故而"向本公司将所集股本暂时借用 1179305 两 9 钱 3 分"，③这样一来，保晋公司的可用资金已经所剩无几，难以周转了。

保晋公司代垫的这笔巨额赎矿款，商定"照本公司股息 8 厘之数出息……指定亩捐为交还本息的款，有奏案及赎矿合同为保证，约计 3 年内，本息即可完全收回"。④但后来的客观情形却大大出乎意料，"民元改革后，军事初兴，亩捐挪作别用"，款项难以按既定期限收回，"公司经济异常拮据，各处工程陷于停顿"。⑤这项巨款，原定民国元年（1912 年）就可以收回本息，但直至民国九年（1920）5 月，才收回本金，"而所欠利息 70 余万元，经省长指定，作为报效地方公益之款"。⑥"民国十六年（1927 年）间……不得已，与山西省银行订立垫款合同，以资支持危局。"⑦资金是企业正常运作的血液与养分，保晋公司先天营养不足且后继乏力，资金问题成为制约保晋公司后续发展的瓶颈。

（3）人才的匮乏与技术的滞后，成为保晋公司发展的桎梏。

保晋公司作为一个煤炭类生产企业，为了最大限度地提升生产效率，"旧用土法办理，现已采用新法极力扩张"，⑧要实现由传统的手工煤炭开采方式向新式开采方式的成功转型，必须引进新设备、采取新工艺，并聘请专业技术人员进行业务指导。"本公司创设之初……为资本、人才所限，未足与新式的矿业相提并论也。是以局面极其狭小，规模尤属简陋"，尽管如此，"总号自总、协理以次，设有内事、外事、洋矿师并司帐、书记、杂务等员"。⑨可见，

①③④⑥ 常旭春、白象锦：《保晋公司报告书稿·第二章 本公司股份》（民国十九年）。

②⑤⑦ 常旭春、白象锦：《保晋公司报告书稿·第一章 本公司沿革》（民国十九年）。

⑧ 民国八年（1919 年）10 月 24 日奉部批准并备案之《山西保晋矿务公司章程·第三节 纲要》。

⑨ 常旭春、白象锦：《保晋公司报告书稿·第三章 本公司组织》（民国十九年）。

保晋公司创办初期，尽管生产规模狭小、组织体系简单，但是基于国内矿业人才匮乏的客观现状，不得不聘请国外的矿业专家充任矿师，进行业务指导，"光绪三十三年（1907年），聘定英国人德鉴明、高克宁二人为矿师；光绪三十四年（1908年），续聘英国人阿特来、马丁二人充任矿师；宣统三年（1911年），续聘德国人贝哈格为顾问矿师，并聘德人赛斐尔为矿师"，① 外国矿师成了保晋公司组织体系中一个重要的有机组成部分。清光绪三十四年（1908年），保晋公司"聘定外国矿师，购置开矿机器，改用新法，从事采煤"。② 同时，保晋公司所需的大量生产设备，国内均无销售，大多数情况也通过进口予以解决，"使用的西罗哥式鼓风机、铁厂安设的架空索道等大型设备就是以巨价从美国和日本购来的"。③ 保晋公司创办前期的煤炭开采，主要依托进口设备，并依赖于外国矿师的业务指导，整个矿业运作处于十分被动的局面。如"平定第二矿厂：即燕子沟煤矿，于光绪三十四年（1908年）曾由英矿师德鉴明筹划开工"，由于事故频发，"嗣请德国矿师贝哈格及中矿师邝荣光，先后到矿勘验"。④ 可见，无论是矿井的勘探与设计，还是突发事故的应急处理，保晋公司对洋矿师均有极大的依赖性。自民国二年（1913年）以后，尽管保晋公司不再续聘外国矿师，而由国人充任矿师，也试图采用新式原动力与新的生产工艺进行煤炭开采，但客观效果并不尽如人意。"综观其30年的生产史，它仍然突不破手工开采的框子。在某些环节，生产是以机器和手工相结合进行的；而最主要的采煤环节，则是纯粹的手工生产。各矿厂普遍安装了蒸汽锅炉，除了用它带动绞车完成矿井提升外，还可带动水泵抽水，带动发电机发电。电力也开始使用，但很有限，只能用来照明和排水。以手工生产和机器生产相结合，而以手工生产为主；（兼）以蒸汽与电力为动力，而以蒸汽为主，这就构成了保晋公司阳泉矿厂生产技术的最显著的特点。"⑤ 由于保晋公司的生产方式始终以手工为主、机器为辅，原动力始终以蒸汽为主、电力为辅，实际上并没有走出传统煤炭开采的老路，因此，生产效率低下。综上所述，人才的匮乏与技术的滞后，成为保晋公司发展的桎梏，在极大程度上束缚了保晋公司生产效率的提升与业务的拓展。

---

① 常旭春、白象锦：《保晋公司报告书稿·本公司大事纪》（民国十九年）。
② 常旭春、白象锦：《保晋公司报告书稿·第一章 本公司沿革》（民国十九年）。
③ 《阳泉煤矿史》编写组：《阳泉煤矿史》，太原：山西人民出版社，1985年版，第86页。
④ 常旭春、白象锦：《保晋公司报告书稿·第六章 各矿厂及各分公司大略情形》（民国十九年）。
⑤ 《阳泉煤矿史》编写组：《阳泉煤矿史》，太原：山西人民出版社，1985年版，第64~65页。

3. 保晋公司最终破产的引爆点

如前所述，由于帝国主义大肆的经济入侵、强取豪夺，国民政府及封建军阀多如牛毛的苛捐杂税及肆意侵压，超乎寻常的高昂运输费用，外围发展环境的严重恶化，加之保晋公司创办者与生俱来的自私性、保守性、软弱性与妥协性，运营资本的先天不足及后续补济的严重短缺，人才的匮乏与技术的滞后，保晋公司的衰败已经势不可当、在所难免，但由于保晋先人们的苦心维系，依然垂死挣扎、苟延残喘、勉强为生。保晋公司的彻底破产，是以日军占领阳泉为最终引爆点。民国二十六年（1937 年）7 月 7 日，抗日战争全面爆发。此后，日军长驱直入，迅速占领华北大部分地区，保晋公司当政者望风而逃，遗留下的矿厂及大部分设备无人接管。民国二十六年（1937 年）10 月 30 日，日军占领阳泉，保晋公司的遗留财物被日本人无偿占有，并开始了掠夺式开采。有关日方对于阳泉煤炭资源的占有企图、掠夺机构及其组织管理、掳掠行径等详细介绍，参见本章"四、破产后的保晋公司及其财产清理·（一）抗日战争时期，日本人对保晋公司及阳泉煤炭资源的掠夺"的相关内容，这儿不再赘述。

四、破产后的保晋公司及其财产清理

由于抗日战争的全面爆发，特别是日军侵占阳泉，保晋公司的真正生命历程基本结束，但名义上的"保晋"却贯穿于抗日战争与解放战争两个时期，直至新中国成立后，人民政府才逐步完成了对保晋公司的财产清理，"保晋"历史才彻底宣告终结。为了还原保晋公司一个完整的概貌，对抗日战争时期、解放战争时期及新中国成立后直至保晋公司财产清查结束期间，有关保晋公司的延续发展分述如下：

（一）抗日战争时期，日本人对保晋公司及阳泉煤炭资源的掠夺

民国二十六年（1937 年）7 月 7 日，以"卢沟桥事变"为标志性事件，抗日战争全面爆发。民国二十六年（1937 年）10 月 30 日，日军占领阳泉，保晋公司的遗留财物被日本人无偿占有，并开始了掠夺式开采，直至民国三十四年（1945 年）8 月 15 日，日本宣告无条件投降，在这 8 年时间里，日本人对阳泉的煤炭资源进行了大规模的掳掠。兹就日方的掠夺企图、掠夺机构及组织管理、掳掠行径、煤炭销售及盈利状况等分述如下。

1. 日方对中国特别是山西省阳泉地区的煤炭资源垂涎三尺，觊觎已久

从中日甲午战争到日俄战争，日本完成了由资本主义到帝国主义的过渡。日本是帝国主义列强中资源最贫乏的国家，因此，大肆对外掠夺矿产资源是其最重要的战略目标。日本帝国主义对于中国，特别是山西的煤炭资源觊觎已久。日本侵略中国经济的大本营——"满铁"（即南满铁道株式会社）就把阳泉煤炭列为其重点掠夺对象。同时，"满铁"还和兴中公司、华北调查局等调查机关，对阳泉煤矿进行过炭质适应、运输问题和矿山权利等多方面的联合调查。经过详细调查，日本人认为阳泉的无烟煤是化工生产的高级原料。如果用它代替从越南进口的同种煤，每年就可省去外汇 2000 万日元。[①] "七七事变"前，一名叫木村增太郎的日本人在他公开发表的文章《华北煤炭及铁矿资源的开发问题》中就这样说过："煤炭由山东省出产的也有相当数量，但是无论如何要算山西省最多。山西省不但是中国的宝库，而且也是东洋的宝库，就是说它是世界的宝库，我想也是不算过言。山西省在世界专家们看起来也是大家所认为惊奇的处所。这个地方今后将[②]成为日本的势力范围。在同一地域，生产铁与煤炭，可以说是得天独厚，不用说要善用着这里的物产。"[③] 民国二十七年（1938 年）10 月，日本政府在东京召开了日伪经济会议，决定迅速开发华北和内蒙古的矿产资源。同时，日本华北驻屯军当局根据本国政府决定，拟定了开发华北资源的 4 年计划。日军占领下的阳泉煤矿亦即山西军管理第四工厂也拟定了民国二十七年（1938 年）至民国三十年（1941 年）的 4 年开采计划，计划民国三十年（1941 年）年产量达到 120 万吨，并设想在 50 年内使产量逐步增到 850 万吨，然后保持在这个水平。民国三十一年（1942 年），华北开发股份有限公司的煤炭年产量已达到 800 万吨。它在当年制订了 5 年开采计划，准备在民国三十六年（1947 年）使年产量达到 3000 万吨，并将其中的 1/3 运往日本。同年（1942 年），阳泉采炭所在安排自己的远景规划时，为了更大规模抢掠当地的煤炭资源，提出要解决运输问题，在桃河南岸安装运煤大皮带，在桃河北岸铺设运煤铁路专线，使煤炭年产量在当前已达到百万吨的基础上，迅速增加到 220 万吨。[④] 尽管上述企图由于日军的战败而并未完全实

① 参见：《阳泉煤矿史》编写组：《阳泉煤矿史》，太原：山西人民出版社，1985 年版，第 110 页。
② 原出处为"使"字，但据著者推断，此处应当为"将"字。
③ 木村增太郎：《华北煤炭及铁矿资源的开发问题》，载《日本开发华北企图·日本动态》（王干一译），转引自《阳泉煤矿史》编写组：《阳泉煤矿史》，太原：山西人民出版社，1985 年版，第 110 页。
④ 参见：《阳泉煤矿史》编写组：《阳泉煤矿史》，太原：山西人民出版社，1985 年版，第 114～115 页。

现，但足以看出日方对山西特别是阳泉煤炭资源的垂涎之心由来已久。

2. 日方组建的煤炭资源掠夺机构及其组织管理①

（1）日方赖以掳掠阳泉煤炭资源的专设机构。

日本帝国主义为了掠夺中国矿产资源，在中国设立了许多公司，其中直接掠夺阳泉煤炭资源的有两个公司，即兴中公司和华北开发股份有限公司。

日本的大陆政策，在经济方面原是以"满铁"为中心的。但随着日军势力向华北渗透，"满铁"已不能满足资源掠夺的需要，于是，民国二十四年（1935 年）12 月，日本政府就决定由"满铁"出资 1000 万日元，成立兴中公司。名义上以"满铁"为调查机关，兴中公司为实行机关，但实际上，兴中公司是"满铁"的子公司。兴中公司组建后，便借助日军势力，插足华北，从事重要资源的榨取。兴中公司受日本军部委托，经营与管理众多掠夺到的中国民族工业企业，成为日本的国策公司。

由于华北地域宽广，而且资源相当丰富，而兴中公司却资本相对薄弱，不能满足日本帝国主义的强大欲望，于是日本政府便酝酿成立更大的垄断公司——华北开发股份有限公司。华北开发股份有限公司也是日本的国策公司，该公司设立的目的十分清楚，照其所说：一是"确立中日提携的永久基础"；二是"充裕日本国防资源，以补充日本的经济力，得强大的伸展"。华北开发股份有限公司开办资本 3.5 亿日元，民国二十七年（1938 年）正式运营。民国二十九年（1940 年），兴中公司移归华北开发股份有限公司，兴中公司也随之消失。华北开发股份有限公司除经营兴中公司的若干业务外，还经营其他业务。在山西，华北开发股份有限公司和日本大仓矿业财阀折半出资，组合了自己的子公司——山西煤矿矿业所，疯狂掠夺阳泉、寿阳和富家滩等地的煤炭资源。

（2）日军占领下的阳泉煤矿的组织与管理。

民国二十六年（1937 年）10 月 30 日，日军占领阳泉，保晋公司的当政者望风而逃，仅剩下 29 名职员和 130 名工人，尽管遗留的设备和财产完好无损，但无法正常运营，生产陷于停顿。民国二十六年（1937 年）11 月 10 日，日军指派藤泽萨宣、野上见次和票子厚等 7 名日本人组成接受管理委员会，正式劫夺了保晋公司和建昌公司。同时，日本人清楚地知道，中国民众的抗日情绪高涨，由他们亲自出面组织生产，肯定不能达到既定目标，于是，在日军阳

---

① 这部分内容在撰著过程中主要参阅了《阳泉煤矿史》编写组：《阳泉煤矿史》，太原：山西人民出版社，1985 年版，第 111～114 页。

泉兵站支部长岩本中佐的策划下,于民国二十六年(1937 年)11 月 17 日临时拼凑了一个"阳泉保晋公司管理委员会"。该委员会由 7 人组成,原保晋公司铁厂厂长赵铮任委员长,薛东藩任副委员长。阳泉保晋公司管理委员会成立的第二天,日军在接受人员中留下一人作联络员,其余人均撤离阳泉,又去别处活动。这时,中国民族资本经营的保晋公司和建昌公司变成了殖民地性质的煤矿企业,完全在日本人的掌控下运营。在日军盘踞阳泉的近 8 年时间里,阳泉煤矿的组织管理伴随主管部门的变化而发生过两次较大的变化,历经"军管理时期"和"华北开发股份有限公司时期"两个时段。

1)军管理时期。民国二十七年(1938 年)3 月 15 日,日军将劫夺的保晋公司和建昌公司改为山西军管理第四工厂,并委托兴中公司管理。山西军管理第四工厂将原保晋公司的第一、二、三、四矿厂,改称为第一、二、三、四分所,将建昌公司改称为第五分所。山西军管理第四工厂下设采煤、工务、计划和总务四系。其中,采煤系下辖五个分所,并奉命临时兼管寿阳石门子采炭所。工务系管理机电、机械和土木。计划系管理计划、测量和监查。总务系管理庶务、经理、材料、销售、物资分配和其他附属事项。山西军管理第四工厂在起步伊始,有日本职员 14 名,华人职员 86 名,累计在职人员 100 人。

2)华北开发股份有限公司时期。民国二十九年(1940 年)12 月,随着兴中公司移归华北开发股份有限公司,山西军管理第四工厂改为阳泉采炭所,由华北开发股份有限公司和大仓矿业公司合资经营下的山西煤矿矿业所管辖。阳泉采炭所将原一至五分所改为一至五坑。采炭所下设采煤、经理、劳务、工务和矿务五课,以及医院和矿警大队。采煤课下辖三个采煤系和运输系,三个采煤系管理五个坑;经理课下辖庶务、会计和材料三系;劳务课下辖劳务和福利两系;工务课下辖机电和土建两系;矿务课下辖管理和开凿两系。阳泉采炭所共有日本职员 152 人、华人职员 261 人、大小把头 150 人、矿警保安人员 211 人,累计在职人员 774 人,这一时期的从业人员比军管理时期增长了 674%。民国三十二年(1943 年)2 月,山西煤矿矿业所改称为山西炭矿股份有限公司,阳泉采炭所的机构也随之发生了一些变化。采炭所下设庶务、人事、业务、经理、资料、计划、采炭、保安、设计、运输、管理、总务、矿务和保卫等 14 课及各矿、医院和卫生所。华北开发股份有限公司时期,阳泉采炭所又新开了一些煤矿,各煤矿又由坑改为矿,各矿管一至两坑。一矿简子坑、铁炉坑,二矿燕子坑,三矿善邻坑,四矿共荣坑,五矿蔡洼坑,六矿东亚坑。矿坑长负责管理各矿,其管辖机电系、采炭系、劳务系、测量系和材料系,各煤矿有大把头 1 人，大把头管着若干小把头，小把头具体管理与监督工人劳作。

华北开发股份有限公司时期，煤矿生产工人大体包括包工与里工两类。

包工主要有采煤工、掘进工和装运工等，通常情况下，包工根据作业量的多少，实行计件工资制。日方对包工的管理实行把头制，劳务系将使用包工的权力交给大把头。大把头确定"号头"亦即煤岔，然后交给若干小把头，由小把头具体雇用和监督工人进行生产。那些被雇用的工人只服从小把头支配，并不与煤矿发生直接联系，他们的录用和解雇由小把头决定，他们的工资由小把头支付，他们的食用由小把头控制下的米面柜供给，他们是小把头的附属物。

里工主要有运搬工、机械工、电工、木工和杂工等，通常情况下，里工根据工人劳作时间的长短，实行计时工作制，按日发给工资。里工的工资，由劳务系直接发放，与把头没有瓜葛。

总之，日本人统治期间，阳泉地区的煤矿实行计时与计件两种工资支付方式。计时又分月计时和日计时，职员实行月计时，以职位大小按月发给工资；工人中，里工实行日计时，按日发给工资。包工则实行计件工资制。

3. 日本人掳掠阳泉煤炭资源的具体行径①

日军在占领阳泉后，将保晋公司无偿占为己有，为了大肆开发阳泉丰富的煤炭资源，不断追加投资，添置设备，改造正太铁路，新建发电厂，更新技术，开凿新矿井，使阳泉地区的煤炭产量提高到了前所未有的程度。

（1）追加投资。为了掠夺阳泉煤炭资源，日寇不得不加大对阳泉矿业的投资。军管时期，兴中公司对阳泉煤矿和寿阳石门子煤矿的投资额为 29.9 万日元。华北开发股份有限公司时期，华北开发股份有限公司和大仓矿业公司又向山西煤矿矿业所所属的阳泉、寿阳、轩岗和富家滩等煤矿投资 1300 万日元。至民国三十年（1941 年），阳泉采炭所的资产总额达到 630 余万日元，除去劫夺保晋公司、建昌公司的固定资产额 248 万日元，其余都是在日军占领阳泉后的几年时间里追加的。可见，民国二十六年（1937 年）至民国三十年（1941 年），日本人累计在阳泉追加煤炭开发投资 382 余万日元，增长了 154.03%。

（2）添置设备。为了实现既定的经济目标，日寇把对阳泉煤矿的投资大量用于购置设备上。民国三十一年（1942 年），阳泉煤矿新添的无极绳电绞车和小型电绞车等机械设备增加到 638 台，总功率达 1700 马力；电水泵 36 台，

---

①　这部分内容在撰著过程中主要参阅了《阳泉煤矿史》编写组：《阳泉煤矿史》，太原：山西人民出版社，1985 年版，第 114～118 页。

·47·

总功率达 1270 马力；各种电动机 121 台，总功率达 3080 马力；变压器 114 台，总容量达 1419 千伏安；各种机床 40 余部。

（3）改造正太铁路。旧有正太铁路原为窄轨，无法满足日寇对外输出阳泉煤炭的客观需求，故决定对其动手改造。日本人首先将正太路阳泉东段的弯道和坡度进行了重点改造；同时，对阳泉西段的铁路也进行了适度改造。路面改造之后，将窄轨换成宽轨，到民国二十八年（1939 年）10 月 1 日，工程告竣。这一工程的完结，既提高了正太铁路的运输能力，又消除了石家庄换车装卸的麻烦，从而为日寇掠夺阳泉煤炭资源铺平了道路。

（4）新建发电厂。民国二十八年（1939 年）至民国三十年（1941 年），日寇为了加快掠夺阳泉煤炭资源的步伐，又于阳泉蔡洼建设了发电厂。该厂占地面积 69.5 亩。建厂初期，安装了一台瑞士 BBC 厂制造的汽轮发电机组，容量为 650 千瓦。民国三十一年（1942 年）至民国三十二年（1943 年），又安装了一台英国 BTH 厂制造的发电机组，容量为 2500 千瓦。新机组安装之后，年最高输出电量达 230 万度。发电厂的建立，为日寇掠夺阳泉煤炭准备了充分的动力条件。

（5）更新技术。日军占领阳泉之后，生产技术较保晋公司运营时期有了极大改观，主要体现在以下两方面：一是采煤方法由过去的变形房柱法过渡为残柱法，尤其是发展到后来的高落式残柱法，采用爆破落煤，使阳泉煤矿的产量得到了极大程度的提升；二是原动力以蒸汽为主，逐渐向以电力为主过渡。爆破落煤和电力逐步代替蒸汽，形成了日寇占领阳泉期间煤炭生产的主要特点。

（6）开凿新矿井。为了大量掠夺阳泉煤炭，日寇在原有矿井的基础上，又重新开凿了东亚坑、小南坑、大南坑、善邻坑和共荣坑 5 处矿井。其中，共荣坑和小南坑投产使用。新开矿井之后，日寇又改变了过去只开丈八煤的传统采法，连七尺煤也一起开采起来。新开矿井的投产使用和七尺煤的开采，使阳泉煤矿的生产能力又有所提高。

4. 煤炭销售及盈利状况①

日本占领并控制阳泉煤矿的近 8 年时间里，阳泉地区各矿平均日产量总计为 1000 吨，最高日产量为 1680 吨。民国二十九年（1940 年）底，日寇为了加

---

① 这部分内容在撰著过程中主要参阅了《阳泉煤矿史》编写组：《阳泉煤矿史》，太原：山西人民出版社，1985 年版，第 116、126～127 页；阳泉保晋矿务公司清理小组：《阳泉保晋矿务公司清理小组工作汇报》（1957 年 10 月 29 日）。

强对煤炭的控制和计划，成立了资本为 2000 万日元的煤炭专门销售机构——华北煤炭贩卖公司，决定由该公司统一经销华北地区所生产的煤炭，阳泉所产的煤炭自然归其经销。在日寇占领阳泉煤矿的近 8 年时间里，一共生产煤炭480 余万吨，除掠往日本 200 万吨外，其余的都在中国销售，主要销售于北京、天津、保定、济南、石家庄及东北和华南等地，也有少量碎煤销售于太原。在当时的客观生产条件下，尽管煤炭产销量并不少，但从账面上反映却是连年亏损，其实，这种亏损仅仅是表象，实则不然。华北开发股份有限公司是日本的国策公司，它经营业务的目标主要是为了推行国策，而不是在于单纯盈利，只要在大局上符合日本政府的要求，就算完成了自己的使命。我们以民国三十年（1941 年）为例，当年日寇在阳泉生产煤炭 75.7 万吨，除去生产成本，亏损额达 86 万日元；然而，负责经销的华北煤炭贩卖公司却是低价收购、高价销售的。这一年，阳泉所产之煤约一半运往日本，一半销售中国，运往日本的省去本国外汇 2000 万日元；销于中国的，每吨获销售利润 6 日元，总额达 220 万日元。早在华北煤炭贩卖公司成立时，华北开发股份有限公司就向它投资 580 万日元。由此可见，阳泉煤矿的亏损，可以在华北开发股份有限公司对华北煤炭贩卖公司投资的盈利中得到补偿，而华北煤炭贩卖公司却因贩卖煤炭，为日本政府攫取了巨额的商业利润。

最后，需要特别说明的一点是，日军占领阳泉后，对于阳泉煤炭资源的开发与掠夺，不仅限于原有保晋公司的遗留财物及其资源，也包括建昌公司及其他一些民营煤炭企业，但是通过对这一特定历史时期阳泉煤炭开发史的简要阐释，毕竟可以在一定程度上透视保晋公司破产后的走向与脉络，直至解放后的财产清算结束，而不至于出现历史的中断。

（二）解放战争时期，阎锡山对保晋公司遗物及阳泉煤炭资源的掠夺①

民国三十四年（1945 年）8 月 15 日，日本宣布无条件投降，中国人民历时 8 年之久的抗日战争取得了终结性胜利，但此时盘踞在山西的封建军阀阎锡山却凭借自身的特殊区位优势，从日本人手里接管了保晋公司遗留下来的大量

---

①　这部分内容在撰著过程中主要参阅了《阳泉煤矿史》编写组：《阳泉煤矿史》，太原：山西人民出版社，1985 年版，第 157～169 页；阳泉保晋矿务公司清理小组：《阳泉保晋矿务公司清理小组工作汇报》（1957 年 10 月 29 日）。

设备与财物，对阳泉地区的煤炭资源进行了开采与掳掠。兹就解放战争时期，阎锡山接管阳泉矿业的过程、阳泉煤矿的组织与管理情形、生产与销售状况、保晋公司外地分支机构或分公司的运营状况等分述如下。

1. 阎锡山采用阳奉阴违的两面手法，规避了以蒋介石为首的国民党中央政府的瓜分企图，欺瞒与打压了保晋同人，冠冕堂皇地从日本人手里接管了阳泉矿业

早在日本人入侵山西之前，阎锡山就利用山西地方公款开办了许多企业。同时，阎锡山为了抵制蒋介石以中央名义接管这些企业，因而成立了山西人民公营事业督理委员会，为这些企业挂上了山西人民公产的牌子，自任该委员会的首席督理，统一管理这些企业。抗日战争胜利后，阎锡山以山西人民公营事业督理委员会的名义，宣布为了便于统一管理阳泉、寿阳等地的煤铁各矿和阳泉制铁厂及电气事业等，决定设立阳泉矿务局。民国三十四年（1945年）9月26日，阎锡山委派梁上椿等人到达阳泉，从日寇手里接管了保晋煤矿、保晋铁厂和日本人建立的发电厂等企业，成立了阳泉矿务局，[①] 任命梁上椿为经理。

阎锡山无偿劫夺保晋公司的卑劣行径，自然激起了保晋公司在晋同人的竭力反对，他们要求恢复保晋公司，并于民国三十五年（1946年）3月在《复兴日报》连续刊登启事，声言召集原有董事、监察等人，共商恢复煤矿事业，还向山西人民公营事业督理委员会递上报告，申请恢复保晋公司。阎锡山面对保晋同人要求恢复保晋公司的呼声，使用两面手法，阳奉阴违。阎锡山清楚地知道，"七七事变"前夕，保晋公司的首脑人物大多逃往香港等地，要想召集到符合规定人数的原有董事、监察可能性并不大。于是，他一方面采取欺骗手段，在《复兴日报》上公开报道，声称阎锡山已令梁上椿召集保晋公司在晋的董事、监察，恢复合法董事会，着手接收保晋公司的矿产事业。另一方面，又对积极活动准备恢复保晋公司的人员进行打击。在阳泉矿务局任职的保晋公司旧有人员，如兰桂芬、常耀祖和赵铎等人，均因筹划恢复保晋公司而被除名。同时，阎锡山又以梁上椿办事不力，没有成功恢复与组建保晋公司为理

---

① 阎锡山于民国三十四年（1945年）9月26日，从日本人手里接管阳泉矿业时，设立的阳泉矿务局，是其掳掠阳泉地区矿藏资源的一个专设机构，与新中国成立后，人民政府于1950年1月7日成立的阳泉矿务局有着本质的区别，不能予以混淆，现在阳煤集团（前身为阳泉矿务局）将1950年1月7日作为了建企纪念日。

由，对梁上椿做出了降职处理，由经理降为副经理。其实，这种处理仅仅是表面文章，是为了形式上做给保晋同人看的，如此一来，恢复保晋公司也就永远没有可能了。

另外，蒋介石为了与阎锡山争夺山西阳泉和大同等地的民族企业，也委派经济部委员谢树英等人来到太原，与阎锡山进行交涉。为此，阎锡山针锋相对、随机应变，改组了公营事业董事会，把阳泉矿务局和晋北矿务局等企业划归了山西民营事业董事会管辖，进而为这些企业挂上了民营的招牌，抵制了蒋介石的瓜分企图。

总之，阎锡山通过一系列绞尽脑汁的阴谋策划，终于将阳泉煤矿抢到了自己手中。这样，民族资本经营的保晋公司在经过日寇8年的掳掠之后，又变成了阎锡山的官僚资本主义企业。

2. 阎锡山统治下，阳泉煤矿的组织与管理情形

阎锡山掌控下的阳泉矿务局下设总务、会计和营业三部，管辖阳泉各矿厂、铁厂和电厂。阳泉矿厂总部设在二矿，矿厂设矿长、副矿长，总管矿厂和各煤矿；矿厂下设矿长办公室、技术办公室、惠工股、事务股、土建股、机电股、材料股、燕子坑坑务股、先生沟坑坑务股、小南坑坑务股、铁炉沟坑坑务股和大赛鱼坑坑务股；各股设股长1名，各坑务股设主任1名，负责管理各坑口事务，主任以下又设总监工、监工和包头若干人。阳泉矿务局的首脑人物几乎都是阎锡山的亲属、幕僚和心腹，此外，阳泉矿厂还留用了20余名日本技术人员，分别担任矿师、副矿师和技师，原日寇阳泉采炭所所长池田也被阎锡山委以矿师。

阎锡山统治下的阳泉煤矿，采掘和运搬等主要生产环节，实行"大包干"制。但是，这一时期的包工形式和日寇占领时期的包干方式却是有所差异的，过去是大把头向矿方包工，然后再分给小把头；现在则取消了大把头，由包头直接向矿方包工，看好煤岔，自行雇用工人，组织生产。每个煤岔需用工人20~50人不等，分两班作业。包头又用两个"二头"，各领一个班；包头不干活，"二头"和矿工一起劳动。

当时，支付给矿工的工资依然包括计件工资和计时工资两种形式。通常情况下，采掘工和运搬工依照作业量的多寡实行计件工资制。一般而言，掘进工和采煤工的工资是混合在一起的，月末，矿方对于各煤岔进行验收，根据产煤数量和掘进尺数，发给包头总工资，再由包头向下发放给掘进工与采煤工。矿方对所产煤炭实行分等论价，共分三个等级，即100斤以上为"大炭"，60~

100 斤为"中炭"，10～60 斤为"碎炭"，每个等级定有不同的单价。运搬工以车数记件，按照规定单价，发给包头总工资，然后由包头向下发放到工人手中。电工、绞车司机和其他杂工实行计时工资制。

工人工资原是以钞票形式支付，但因阎锡山统治时期物价猛涨，钞票贬值严重，有时简直和废纸差不多，所以就改为以小米为标准，折合计资。矿方规定的作业单价以小米为标准，工人开资也以小米为标准，当时规定：生产每吨大炭付小米 18 斤，中炭付小米 12 斤，碎炭付小米 9 斤。成人采掘工平均日工资在 12 斤左右，采掘童工日工资在 5 斤左右；里工日工资在 4.5～8 斤。

3. 阎锡山统治下，阳泉煤矿的生产与销售状况

阳泉煤矿经过日本人的掠夺性开采，资源惨遭破坏，井巷严重失修。日寇投降后，长时间停工、停产，使一矿简子坑和五矿蔡洼坑被水淹没；三矿贾地沟坑自然发火，毒气熏人，整个阳泉矿区的生产条件十分恶劣。阎锡山接管阳泉煤矿后，由于正太路两侧均被解放区控制，很难招募到矿工，一直处于停歇状态，出现了空前的萧条局面。民国三十五年（1946 年）2 月以后，随着阎锡山军队不断向南北解放区蚕食侵扰，阳泉煤矿才召集到一些工人。从民国三十五年（1946 年）4 月起，燕子坑、先生沟坑和小南坑相继恢复生产，当月，即民国三十五年（1946 年）4 月，勉强生产煤炭 8000 余吨。从民国三十五年（1946 年）5 月至年底，又生产 16 万吨。翌年，即民国三十六年（1947 年）1～4 月又生产煤炭 6.6 万余吨。在前后 13 个月的时间里，总共生产煤炭 23.4 万吨。民国三十五年（1946 年）生产的煤炭，铁路用 14 万吨，军用 1 万吨，阳泉矿务局和西北实业公司用 1 万吨。民国三十五年（1946 年），阳泉矿务局外销民用煤炭 31.4 万吨，全部为营业部控制下的民营小煤窑所产。这一时期，采煤方法与日寇占领时期相比又有所不同，很少使用爆破落煤，而使用保晋公司原有的变形房柱法，以手工掘进开凿破方煤柱为主要取煤手段，当然，个别采区也偶尔使用高落式残柱采煤法。

阎锡山统治下的阳泉煤矿，从业矿工人数始终没有保障，总计各矿人数一直徘徊在 2000 人左右，日产煤 500～700 吨。其中，燕子沟坑矿工 700 名，日产量 300 吨左右；先生沟坑矿工 600 名，日产量 200 吨左右；小南坑矿工 300 名，日产量 100 吨左右。时至民国三十六年（1947 年）春，阳泉矿区以外均被解放区控制，职员懒散，矿工怠工，生产秩序一片混乱。

4. 解放战争时期，保晋公司外地分支机构或分公司的运营状况

解放战争时期，保晋公司已经名存实亡，其总部完全在阎锡山的操控下运

营，没有任何自主经营权，至于这段时期，保晋公司外地分支机构或分公司的运营状况，由于史料的匮乏，我们难以进行准确的估量与客观的描述，但是可以断定的是：这一时期，保晋公司在个别地域的分支机构或分公司依然在以"保晋公司"的名义进行煤业运作，现举例说明。据民国三十五年（1946年）11月1日，《保晋公司董事会与善林堂、同德堂合资营业合同》记载："保晋公司董事会（以下简称甲方），善林堂、同德堂（以下简称乙方），经甲乙两方同意，共同出资经营煤业，订定办事条款如左，自签订之日起，双方各应遵守，不得违背。（一）地址：石家庄道岔街门牌一号。（二）名义：仍用"石家庄保晋分公司"名义另立新公司，每月由新公司交付甲方租金60万元，由营业项下开支。（三）资本：资本总额定为国币4000万元，甲方将其石家庄东厂不动产之滋息作资本2000万元，乙方投入现行国币2000万元。（四）人事：设立正、副经理各一人，由甲方聘用；职员若干人，由正、副经理遴用，报甲方备查。（五）开支：经常开支暂定为300万元，职员用薪津制，雇员、工役用工食制，在实际开支增多时，应先分报备查。（六）分利：每年除一切开支外，纯利以十成计算，资方（指甲乙两方）六成，人力四成。资方由甲、乙两方各半分用，人力四成之分配由正、副经理决定。但有亏损时，甲方概不负责。（七）营业报告：每月月终小结一次，由正、副经理将营业状况造具表册，分报甲、乙两方备查。（八）决算期：自开始营业之日起，每逢6月、12月，各总结算一次，如有盈余即提出，按第六条之规定分配，但本年11月至年底为筹备期，不另结算，并入民国三十六年（1947年）上期总结。（九）营业期限：自民国三十六年（1947年）1月1日起，定为一年。期满，经双方同意，得延长之。如甲方有将加入滋息之不动产及名义收回自营时，乙方不得有异议；但乙方同时另立名义营业时，甲方在原有地址，应予乙方以优先之部份租用权。（十）本合同一样两份，甲乙两方各执一份。（十一）本合同如有未尽事宜，得由双方同意修改之。"① 据此不难发现，解放战争时期，保晋公司在异地的一些分支机构或分公司，依然在以"保晋公司"的名义，凭借旧有资产或设备进行涉煤商业运作，以期在一定程度上获利或延续发展。这一客观史实，应当引起我们的关注。

---

① 民国三十五年（1946年）11月1日，《保晋公司董事会与善林堂、同德堂合资营业合同》，原件现存于山西省阳泉市档案馆（档案编号：B2-001-0011），本著后文脚注中不再标注本份史料收存地点。

（三）新中国成立后，人民政府对保晋公司的财产清理

保晋公司在抗日战争全面爆发后，曾被日本人无偿占有并进行了掠夺式开采，后又被阎锡山变相经营，这两段时期，当政者都没有对保晋公司的股权、债权与债务等客观财务状况进行盘点与清理。山西省阳泉市于民国三十六年（1947年）5月2日解放后，保晋公司除被阎锡山拆除并运走的大量机器与设备外，遗留在阳泉的大部分财物被人民政府接管，但"一、二、五矿被水淹没，老三矿内部着火，当下未能恢复（生产）"，[①] 为了解决当地民用燃料及众多失业矿工的生存问题，人民政府于1949年6月，恢复了四矿及三矿二坑的生产，同时在1950年1月7日成立了阳泉矿务局。[②] 但直至1957年6月，在阳泉解放后的10年间，人民政府也并未对保晋公司的遗留财物及股权、债权、债务进行清理。

1951年1月5日，中央人民政府政务院颁发了《企业中公股公产清理办法》，保晋公司原有股东及债权人，出于维护自身正当权益的内在需求，依据中央出台的清理政策，不断向各级政府机构反映问题，请求政府给予合理的答复与公允的处理。山西省人民委员会为了保护国家财产，尊重私人合法权益，最大限度地维护社会稳定，特根据中央的指示责成阳泉市人民委员会对保晋公司的财物及股权、债权、债务状况进行清理。1957年7月10日在山西省及阳泉市人民委员会的领导下，由阳泉市市长亲自主持并吸收阳泉矿务局、阳泉钢铁厂以及阳泉市公产处的有关人员共同组成了保晋矿务公司清理小组，开始对保晋公司的财产及财务状况进行清理。[③]保晋矿务公司清理小组对于保晋公司的财产、财务清理工作自1957年7月开始，时断时续，历时27年之久，直至1984年8月才基本结束。

下面拟对保晋公司财产、财务清理的原则、清理范围、组织机构及制度、清理办法、清理进程、清理结果、清理结束后的遗留问题等做一简要说明，以期对保晋公司最终走向与归属有一个轮廓性的了解与把握。

1. 清理原则[④]

保晋矿务公司清理小组对于保晋公司的财物、产权、股权、债权及债务清

---

① 阳泉保晋矿务公司清理小组：《阳泉保晋矿务公司清理小组工作汇报》（1957年10月29日）。

②③ 参见：阳泉保晋矿务公司清理小组：《阳泉保晋矿务公司清理小组工作汇报》（1957年10月29日）。

④ 这部分内容在撰著过程中主要参阅了保晋矿务公司清理小组：《保晋矿务公司股权、产权清理工作计划（草稿）——（内部文件）》（1957年7月31日）；山西省阳泉市财政局：《保晋矿务公司财经清理小组关于对前阳泉保晋矿务公司股份、债务清理情况的报告》（1984年8月20日）。

理，依照企业破产程序予以处理，本着"实事求是、公平合理、从宽处理、尽量了结"的总体原则，在具体的执行过程中，依据下列规则办理：

（1）股权、债务的登记及审定，由于原始资料特别是账册归集极不完整，对其股权、债务的审定一律以原始股票及借据为凭。

（2）凡属无下落及合法证件之股份由政府责成主管部门代管；凡有下落，有合法证件及股票之私股股东，经清理核实股权、股份后，按定息办法处理。

（3）持有保晋矿务公司之股票及借据之人，必须持有身份证明、股权证明或债权证明，方可予以清理。

（4）保晋公司各分公司及各分支机构发生的债务，由于其都是独立的经济核算实体，因此，这些债务应当由各分公司及各分支机构独立负担，不在清理范围之列。

（5）由于股票、借据的转让或出售，而股权人或债权人有变动者，只要有明确与合法的书面证明，便予以登记清理。

（6）凡敌伪、战犯、汉奸、官僚资本、反革命分子以及其他宣布没收财产分子的股权，一律列入公股，依法没收，不再进行登记与清理。

（7）敌伪政府摧毁、拆除、破坏或投资新建、战争时期散失的财物，不在清理之列。

（8）确定清理期限，股权登记在清理时期随时登记，逾期不予受理。在第三次清理中，必须有前两次清理中的登记手续，否则不予清理。

2. 清理范围

保晋公司的财产清理，以解放后人民政府接管时，确有使用价值的财产为限，在日伪及阎锡山当政时期或在解放战争中损失或毁坏之资产一律不在清理之列。债权、债务必须持有有效证据方予登记清理。股权清理方面，凡持有原保晋矿务公司的股票及有效证件的私股股东（或股东之合法继承人）皆准予登记清理。①

3. 清理工作的组织机构及制度②

为了科学、公正、准确地对保晋公司的遗留财物及其财务状况进行全面清

---

① 参见：保晋矿务公司清理小组：《保晋矿务公司股权、产权清理工作计划（草稿）——（内部文件）》（1957年7月31日）。

② 这部分内容在撰著过程中主要参阅了保晋矿务公司清理小组：《保晋矿务公司股权、产权清理工作计划（草稿）——（内部文件）》（1957年7月31日）；阳泉保晋矿务公司清理小组：《阳泉保晋矿务公司清理小组工作汇报》（1957年10月29日）；山西省阳泉市革命委员会：《关于原保晋公司财产清理小组支付股息等费由有关单位交拨的通知》（1981年4月17日）；山西省阳泉市财政局：《保晋矿务公司财经清理小组关于对前阳泉保晋矿务公司股份、债务清理情况的报告》（1984年8月20日）。

理，1957年7月10日，在山西省及阳泉市人民委员会的领导下，由保晋公司遗留财物的三家接管单位，即阳泉矿务局、阳泉钢铁厂及阳泉市公产处抽调专人共同组成了"保晋矿务公司清理小组"，办公地址设于阳泉矿务局。该小组设组长1名、副组长1名、干事3~5人，其主要职能是：负责办理审查、登记、分析、整理资料及其他具体事宜，专门负责清理原阳泉保晋矿务公司的资产、股权、债权、债务。为了保证清理工作的顺利进行，要求各有关企业须在厂长或矿长的直接领导下，以财务部门为主，组成各自的财产清点小组，负责本单位的财产清点初估工作。

保晋矿务公司清理小组成立后，在山西省阳泉市人民委员会的直接领导下，与山西省公产公股清理委员会取得直接联系，制定了相应的清理方案。该小组制定有严格的工作制度：①小组之干事中，须责成1人在正、副组长领导下，负责日常小组事务工作及请示、汇报工作。②干事请假在3天以内者，须经组长或副组长批准，3天以上者须经市长办公室批准。③小组每周开会一次，研究与检查工作。④每半月向阳泉市人民委员会书面汇报工作一次，每段工作结束后亦须作出书面报告，凡重大或带有政策性的问题，均须请示报告，不得擅自处理。

保晋矿务公司清理小组在工作期间发生的各项办公费用（包括房租、工资、差旅费、医药费、日常办公费），最初仅由阳泉矿务局与阳泉钢铁厂负担；但在最后一期（即1980年5月至1984年8月，保晋公司的第三次财产、财务清理）的清理工作中，清理小组所发生的各项办公费用，先由小组成员所属各单位先行借垫，累计发生6900元，然后由阳泉矿务局、阳泉钢铁厂、阳泉市房管局三家单位平均分摊，每单位摊销2300元。

4. 清理办法

保晋公司清理小组在整个清理过程中的总体工作思路是：首先整理归集原始记录资料，同时登记私人股权、债权，而后清理其他原有财产，并逐步进行清还结算。在对保晋公司财物进行估价时，首先通过对原保晋公司老职员进行个别访问，并召开座谈会，进行相应的调查与了解，在摸清了解放后接管时旧有财产一些基本概况的基础上，聘请有关矿建、土建、机械、电气等技术人员和保晋公司原有职员组成了财产清点估价小组，到现场采取工人介绍情况与技术人员鉴定估价相结合的方法，按现值边清边估，清理办法分别有以下三种情况：①敌伪政府扩建、改建、拆除后，利用拆除的旧料全部或一部分另行建造装备好的，以回忆过去未改建前的情况估价；②解放后，国家投资在原有财产的基础上进行了扩建、改建、大修的，以现值减去投资修理费用后的差额，为原财产的现值；③完全残破，已不堪使用的财产，以残值计算，但有的已超过使用年限，而目前仍能使用者，则根据具体情况，予以估价。①

5. 清理进程

保晋公司的整个清理进程，自 1957 年 7 月起至 1984 年 8 月止，历时 27 年之久，但时有中断，大体包括以下三个期间：第一次清理为 1957 年 7 月至 1958 年 8 月，由于大炼钢铁而被迫停止下来；第二次清理为 1962 年 5 月至 1964 年 5 月，对保晋公司包括房屋、机器、坑道等在内的财产全部进行了估价；第三次清理为 1980 年 5 月至 1984 年 8 月，对保晋公司的财产、股权、债权与债务进行了最终估价与处理，结束了此项清理工作。

6. 清理结果②

保晋公司所属财产，经过三次清理，完成了最终的估价工作。第一次于 1958 年 8 月③，全部作价 1050391 元，经研究作价太高，计划重估，因大炼钢铁而被迫停滞下来。第二次是于 1962 年 5 月在第一次估价的基础上进行的，重估价值为 655607 元。重估后，经有关单位领导研究，根据实际情况，仍然偏高，为此于 1963 年开始再行复估，重新逐项大量清点估价，历时 10 个月，完成了全部清理工作，财产全部估价 406355.98 元，其中：房屋 25178.12 平方公尺，估价 277688.26 元，机器作价 61042.00 元，坑道作价 37792.72 元，其他财物作价 29833.00 元。上述财产矿务局使用 179698.98 元，占总值的 44.22%；阳泉钢铁厂使用 90550.00 元，占总值的 22.28%；市公产处使用

---

① 参见：山西省阳泉市财政局：《保晋矿务公司财经清理小组关于对前阳泉保晋矿务公司股份、债务清理情况的报告》(1984 年 8 月 20 日)。

② 这部分内容在撰著过程中主要参阅了山西省财政厅：《关于对阳泉市原保晋矿务公司遗留问题应予处理的批复》(1980 年 12 月 3 日)；山西省阳泉市革命委员会：《关于原保晋公司财产清理小组支付股息等费由有关单位交拨的通知》(1981 年 4 月 17 日)；山西省阳泉市财政局：《保晋矿务公司财经清理小组关于对前阳泉保晋矿务公司股份、债务清理情况的报告》(1984 年 8 月 20 日)。

③ 根据山西省阳泉市财政局《保晋矿务公司财经清理小组关于对前阳泉保晋矿务公司股份、债务清理情况的报告》(1984 年 8 月 20 日)记载，此处为 1957 年 8 月，但著者推断此处应当为 1958 年 8 月，原因有三：其一，保晋公司第一次财产估价的结果应当在财产清理结束时才可能明确，1957 年 8 月保晋公司第一次财产清理工作才刚刚起步，尚处于清理方案草拟阶段，根本不可能有评估结果；其二，我国大炼钢铁是在 1958 年而非 1957 年，不会因为大炼钢铁而影响到 1957 年的保晋公司财产清理工作；其三，保晋公司第一次清理工作的结束，恰恰是在 1958 年 8 月，这时公布评估结果正是理所应当，从时间推导上完全吻合。基于以上三点原因，著者认为原文件中的 1957 年 8 月应当是笔误或印刷失误，实际应当为 1958 年 8 月。

136107.00 元，占总值的 33.50% 。

保晋公司股权、债权、债务的清理结果是，该公司原有股金足银 1928806.60 两（民国五年折合银 2863640.60 元），共 385550 股，股东 34000 余户，其中公股 40693 股，占总股数的 10.55%；私股 344857 股，占总股数的 89.45%。从登报声明之日起截至第三次清理工作结束，申请登记清理股权的共有 56554 股，其中手续完备、合乎清理规定者 30086 股，手续不完备者 19560 股，另外应属于公股者 6908 股；申请登记的债务 252250 元，其中：经审查应予发还的 160500 元，属于退回的 27750 元，应没收归公的 6000 元，不属于清理范围的 58000 元。关于债权，原平记煤矿欠款 3574 元，后已收回。

保晋公司清理小组对股金及债务发还的处理，主要根据山西省公股公产清理委员会的指示及精神，按照财产现值作价，股权、债权、债务以及登记审查结果进行合理计算：（财产总值+债权−债务）÷原有全部股份=每股现值人民币 0.622 元。对于未进行登记清理的私股，作为国家暂行代管。付息期限，可照国家对待公私合营中发付给定息、年限的规定执行。私股股金从清理之日起，按年息 5 厘定息。1957 年 10 月至 1966 年 9 月底为付私人定息期限。

保晋公司的付息工作自 1980 年 8 月开始，遵照山西省财政厅于 1980 年 12 月 3 日下发的《关于对阳泉市原保晋矿务公司遗留问题应予处理的批复》中的规定执行。私股登记手续完整的 30086 股，应付定息 18713 元，发至 1966 年 9 月底，先付 50%，即 9356 元；手续完整的私人债务 81500 元，同样发至 1966 年 9 月底，按规定 5% 付息，计付息 40750 元。保晋公司清理小组计算的应付股息和债务共为 98690 元，此款应由阳泉矿务局、阳泉钢铁厂、阳泉市公产处三个单位按接受财产的比例交拨，其中：阳泉矿务局 44.22%，拨 43641 元；阳泉钢铁厂 22.28%，拨 21988 元；阳泉市公产处（阳泉市房管局）33.50%，拨 33061 元，各单位均从当年实现的利润中支付。从 1981 年 4 月始，直至保晋公司第三次清理工作结束，付出的债务定息计 8 户，共 40750 元；股份定息付出计 22 户，8407 股，计 2614.57 元，两项合计 43364.57 元。

7. 清理结束后的遗留问题

1984 年 8 月 20 日，山西省阳泉市财政局在《保晋矿务公司财经清理小组关于对前阳泉保晋矿务公司股份、债务清理情况的报告》中明确指出"这项工作的清理已经结束，多数利息和股金已经清理，故我们意见，以后也不再重复此项工作了。所有的原始资料及清理账册全部移交财政局管理"。尽管此项清理工作形式上已经宣告结束，但仍然存在一些遗留问题，如部分问题尚未最终定案，有待进一步解决与处理；有些应履行的手续还未终结，需要照例履行；同时，随着时势的变迁，特别是时至当前，我们不难发现，当时清理工作的终结其实并不圆满，特别令人遗憾的是，对于保晋公司遗留财产的估价，仅由相关技术人员与保晋公司原有老职员参与，并没有私股代表参与，更没有事先经得私股所有者同意，其公允性的确值得质疑。

第三章　保晋公司的企业性质与管理体制

任何一个企业的生产方式、产权归属、企业类型、行业特性、营业范围及管理体制，均与其自身的长足发展相辅相成、密不可分。本章兹对保晋公司的企业性质与管理体制进行相应的阐释，以便读者对保晋公司有一个比较深刻的认识与理解。

一、保晋公司的企业性质

保晋公司是山西近代史上一个典型的民族资本主义企业，是一个具有股份有限公司特性，集煤炭生产、销售于一身的近代民营工矿企业。下面从生产方式、所有制形式、企业类型、行业特性、营业范围五个不同维度就保晋公司的企业性质分述如下。

（一）就生产方式而言，保晋公司是一个民族资本主义企业

保晋公司作为山西近代史上最大的民族工矿企业，具有典型的民族资本主义特性。首先，保晋公司的创办者是谋求转型的传统封建晋商，在保晋公司创办后，他们逐渐由传统封建商人逐步转化为民族资产阶级。其次，保晋公司创设的初衷是"抵制洋商、保守矿产"，[1] 同时在资金筹集过程中，"惟收华股，不收洋股。附股者如私将股票售于外人，经本公司查知或经他人转告，立将所入之股注销不认"。[2] "凡矿线以内之地，不准私行卖与外人及外州县人，诚恐

---

[1]　常旭春、白象锦：《保晋公司报告书稿·第三章　本公司组织》（民国十九年）。
[2]　《保晋矿务总公司简章》。

搅入洋股，致起交涉，地方受害。"① 再次，保晋公司力求突破传统的手工煤炭开采方式而实现机器化生产。最后，保晋公司存在大量的雇用劳动关系，客观上讲，股东对"职员"或"矿工"具有一定程度的剥削性。

（二）就所有制形式而言，保晋公司是一个以民间资本为主体、官方参与投资的民营企业

19 世纪 60 年代起，伴随洋务运动的深入开展，中国境内陆续兴办了许多近代企业，就其所有制形式考究，大体包括官办、官督商办、官商合办、商办四种类型。前三种类型的企业，其经营管理之权，操之于"官"，与封建政权联系紧密，主要服务于封建统治的内在需求。据《山西省志》（《中国分省全志·第十七卷》）记载："关于该公司的组织，根据章程第一条规定，属于商办性质，声明不请拨官款，但实际上仍依地方官员为奥援，可称为官督商办。甚至该公司招募股分时，亦由布政使下令各州县设法鼓励官民应募认股，而州县为招募股分也确实采取了一切手段。"从本质上讲，保晋公司应当定性为民营企业。但是，在对保晋公司进行企业定性的过程中，有两个客观现实问题是不容忽视、值得关注、有待商榷的。

1. 保晋公司有地方政府参股现象

保晋公司的股本分为两种不同的类型，即公股与商股。"公股系各县亩捐经官厅发充股本者，商股系绅商各界向本省、外省募集之股。"② 但纵观保晋公司整个发展历程，仅仅收到 20 万两亩捐收入充作公股，如果以常旭春、白象锦《保晋公司报告书稿·第二章 本公司股份》（民国十九年）中记载的实收全部股本银"1928806 两 6 钱"为基数计算，则公股仅仅占 10.37%，民间资本占绝对主体。此外，就保晋公司的整个实际运营过程而言，并没有发现官方直接参与甚至操控日常生产与运营的事例。可见，尽管保晋公司的确存在官方所收亩捐充作公股的客观情形，但政府并没有拥有企业的经营权和控制权，"本公司既为商办，其入股者，无论何人，均认为股东，一律看待"，③ 故官方参股，并不影响保晋公司的民营特性。

---

① 民国三年二月初二（1914 年 2 月 26 日），《保晋公司与平定各村社续订按地入股合同》，原件现存于山西省阳泉市档案馆（档案编号：B2-001-0006），本著后文脚注中不再标注本份史料收存地点。

② 常旭春、白象锦：《保晋公司报告书稿·第二章 本公司股份》（民国十九年）。

③ 《保晋矿务总公司简章》。

2. 保晋公司自筹办伊始，直至最终破败，都与官方发生着千丝万缕的联系

保晋公司以山西争矿运动为直接导火线，在赵尔巽、张曾敭、赵国良、丁宝铨、胡聘之等官僚的周旋与协助下，方使矿权得以收回，企业得以创办。同时，保晋公司在整个发展历程中，始终处于清政府、封建军阀及帝国主义的制约与压榨中，没有宽松的外部发展环境，缺乏自主竞争能力，对于各级官僚有极强的依附性。此外，保晋公司的核心执政者，不乏"弃商从政"的典型案例，"清宣统二年（1910 年），渠总理（渠本翘）赴京供职"，"民国十一年（1922 年）10 月，崔总理（崔廷献）调任河东道尹，坚请辞职"。① 可见，即使对于保晋公司的当政者而言，在政治权利与商界领袖的权衡比较中，断然选择了政治特权而放弃了保晋公司掌门人的地位。上述客观史实，折射出保晋公司在创建与发展过程中，不可避免地与官方发生着诸多内在牵连，但是"本公司用人办事一以商务为宗，不得丝毫沾染官场气习，亦不沿用各局、所名称"。② "本公司既以商务为宗，则所用号友自宜多用商人……并无论何人，公司均按商人看待。"③ 因此，尽管我们不能忽视保晋公司部分高层管理人员追逐权势的"官本位"倾向，但其并不影响保晋公司"以商务为宗"的主流特性。

（三）就企业类型而言，保晋公司是一个股份有限公司

《保晋矿务总公司简章》中明文指出："本公司名为股分（份）有限公司。"④ 可见，保晋公司实际上是一个具有股份有限公司特质的企业，其必然具有如下四个特性：①公司的资本总额平分为金额相等的股份，"公司除亩捐外，拟再集资本 300 万两，每股 5 两，计 60 万股，均收库平足色，不得参差"。⑤ ②股东以其所认购股份对公司承担有限责任，"本公司既名为有限公司，即有亏折，绝不向股东追移"。⑥③公司以其全部资产对公司债务承担责任。④每一股有一表决权，股东以其持有的股份，享受权利，承担义务。"民国九年（1920 年）12 月 15 日，保晋公司召开第六次股东会，议修章程"，⑦

---

① 常旭春、白象锦：《保晋公司报告书稿·第一章　本公司沿革》（民国十九年）。
② 民国八年（1919 年）10 月 24 日奉部批准并备案之《山西保晋矿务公司章程·第二节　宗旨》。
③ 民国八年（1919 年）10 月 24 日奉部批准并备案之《山西保晋矿务公司章程·第四节　职任》。
④⑥ 《保晋矿务总公司简章》。
⑤ 民国八年（1919 年）10 月 24 日奉部批准并备案之《山西保晋矿务公司章程·第五节　股分》。
⑦ 常旭春、白象锦：《保晋公司报告书稿·本公司大事纪》（民国十九年）。

"股权改为一股到会"。① 保晋公司股份有限公司的自我企业定位，突破了传统封建晋商企业运作实行有限责任制的内在机制束缚，实现了传统封建晋商向近代商人过渡的企业体制转型。

保晋公司之前，传统封建晋商所创设的商号，大部分都实行无限责任制，这种企业内在机制的缺陷相当明显，具体表现为：①企业债务的无限延伸。无限责任制下企业债务的延伸具体表现为横向延伸与纵向延伸两方面。横向延伸指空间上的无限延伸，即一旦某一商号倒闭，则投资者所拥有的其他商号必须无条件垫赔，即出资人创办的众多商号之间有连带债务责任；纵向延伸指时间上的无限延伸，也就是通常上所说的"父债子还"，在出资人所创办商号的企业债务没有彻底清还之前，其家族成员及子孙后代始终背负偿还债务的义务。②企业内部管理权限在一定程度上的模糊性与混乱性。晋商商号在无限责任制条件下，尽管也实行"经理负责制"，将所有权与经营权进行有效分离，但由于出资人责任的无限性，客观上也就不可避免地要干预企业的内在运作，商号的重大决策与高层管理权限归属出现了不同程度的模糊性与混乱性。③企业融资渠道的狭隘性。晋商商号在无限责任制条件下，其运营资本的筹措仅仅依赖为数有限的财东投资或向债权人告贷，由于可筹资金的有限性，其商号规模、业务范围与运营区域均受到不同程度的制约与影响。④企业资本缺乏稳定性与持久性。晋商所创办的无限责任制商号，其股本可以自由退出，如蔚泰厚票号契约中有这样的规定："倘有东家抽本……俱照年总结账，按股清楚账目"。可见，由于股本的自由进出，无限责任制下的晋商商号，其资本供给缺乏稳定性及持久性的基本保障。晋商企业资本的无限责任制，在清康乾盛世之际，由于国泰民安，市场竞争不甚激烈，市场风险不大，而且资本家凭借其雄厚的资本实力，也有能力抵御市场风险，故实行无限责任制。但无限责任制的上述种种缺陷，在商品经济进一步发展、市场竞争更加激烈的嘉庆、道光年间日渐凸显。鸦片战争以后，由于外国资本主义的大举入侵，使中国市场成为西方市场的一个重要组成部分，市场竞争空前激烈，优胜劣汰市场竞争规律的作用亦更加明显，工商业、金融业受到严重冲击，许多企业纷纷破产倒闭，甚至出现企业倒闭连带出资人家破人亡的现象。在无限责任制固有缺陷充分暴露的情况下，绝大部分山西商人依然封闭保守，没有及时把无限责任制改为有限责任

---

① 常旭春、白象锦：《保晋公司报告书稿·第一章　本公司沿革》（民国十九年）。又见：《山西保晋矿务公司经营概要·第二章　公司概况》。

制，以致最终惨遭失败。

保晋公司推行股份有限责任制，与之前传统晋商商号实行的无限责任制相较，其优越性表现为：①股东责任的有限性。股东以其出资额或所持股份为限对公司承担有限责任，股东责任与公司责任相互分离。股东对公司负责，不对公司债权人负责；公司的责任属于公司责任，原则上不能向股东进行追索。因此，客观上避免了由于企业经营不善而致使股东变卖家产、卖儿鬻女、家破人亡的情形。②企业内部治理结构的明晰性。保晋公司实行有限责任制，明确界定了企业内部各责任主体的责、权、利，在极大程度上排除了家族因素的无端干扰及个人的独断专行行为。保晋公司设有股东会、董事会、监察人员及高层管理人员来协调、规范企业的运作，明确划分了上述各行为主体的权利、责任和利益。股东将自己的资产交由公司董事会托管；公司董事会是公司的最高决策机构，拥有对高层管理人员的聘用、奖惩以及解雇权；高层管理人员受雇于董事会并组成在董事会领导下的执行机构，在董事会的授权范围内经营与管理企业。这样一来，保晋公司内部形成了既合理分工又相互制约的企业内在运作机制，企业内部管理绩效得到了大幅度提升。③融资渠道得到进一步拓展。保晋公司能够向社会公开发行股票、募集资本，突破了传统条件下单纯的负债融资方式，融资渠道得到了进一步拓展。④企业资本的稳定性与持久性。保晋公司的股权只能转让，但不允许收资撤股，"所入之股，按公司通例，只准转售、不准提取，尤须将承售之人姓名、住址报明，本公司查系无讹，另行换给股票息褶，以昭详慎"，① 这样在一定程度上保障了企业运营资本的稳定性与持久性。

保晋公司在企业特性方面上述优越性的彰显，理当归属于保晋公司法人地位的真正确立。法人是相对于自然人而言的。自然人是以生命为存在特征的个人，我们现实生活中的每个人都是自然人；法人是具有民事权利能力和民事行为能力，依法独立享有民事权利和承担民事义务的组织，是社会组织在法律上的人格化。客观上讲，法人的设立必须同时满足四个条件：①依法设立。法人资格不是自封的，也不是生而有之的"天赋人权"，而是由法律赋予的，法人必须符合法律规定和依照法定程序而成立。法人成立的合法包括实体合法和程序合法。②拥有必要的货币资金和实物财产。货币资金和实物财产是法人以自

---

① 《保晋矿务总公司简章》。

己的名义进行民间活动并对其行为后果独立承担责任的物质基础和经济保障。③拥有自己的名称、组织机构和特定业务活动场所。④能够独立承担民事责任。法人作为独立的民事主体，对自己从事各项活动的后果，能够凭借自己独立支配的财产承担相应的民事责任，而法人的设立人、成员以及工作人员则并不需要对此承担连带责任。保晋公司的创设，完全符合上述四个条件。首先，保晋公司于"清光绪三十四年（1908 年）呈奉农工商部批准并经奏明在案，定名为山西商办全省保晋矿务有限公司"，① 并且于当年六月初三（1908 年 7 月 1 日）得到了官方的正式批复，② "部准注册并领到关防"，③ 可见，保晋公司按照法定程序创办（详细内容参见本著"第二章　保晋公司的发展历程·一、保晋公司的创办·（三）保晋公司的成立"的相关内容）。其次，保晋公司创办之前，进行了相应的资金筹措与募集（详细内容参见本著"第二章保晋公司的发展历程·一、保晋公司的创办·（二）保晋公司创办的前期筹备工作·1. 创办资金的筹措与募集"的相关内容）。再次，保晋公司拥有自己的名称、组织机构和特定业务活动场所。保晋公司"于前清光绪三十二年（1906 年）开办，于三十四年（1908 年）呈奉农工商部批准并经奏明在案，定名为山西商办全省保晋矿务有限公司"。④同时，保晋公司组建有自己特定的组织机构，详见本著本章"二、保晋公司的管理体制"的相关内容。另外，保晋公司还开辟了自身特定的业务活动场所（参见本著"第二章　保晋公司的发展历程·一、保晋公司的创办·（二）保晋公司创办的前期筹备工作·4. 运营场所的选择"的相关内容）。最后，保晋公司完全以自身名义公开发行股票或对外举债，说明其能够独立承担民事责任。如民国二十六年（1937 年）3 月 22 日《山西保晋矿务总公司与晋丰银号的借据》（原件现存于山西省阳泉市档案馆）与民国二十六年（1937 年）4 月 15 日《山西保晋矿务总公司与赵承生堂的借券》（原件现存于山西省阳泉市档案馆），两份借款合同的落款人均为：山西保晋矿务总公司；民国二十六年（1937 年）6 月 10 日《山西阳泉站保晋铁厂与巧生堂的借券》（原件现存于山西省阳泉市档案馆），其落款人为：山西阳泉站保晋铁厂。综上所述，完全可以确认，保晋公司自正

---

① ④　民国八年（1919 年）10 月 24 日奉部批准并备案之《山西保晋矿务公司章程·第一节　定名》。

② 　清光绪三十四年六月初三（1908 年 7 月 1 日）《农工商部请颁山西保晋矿务总公司关防具奏奉旨咨呈》。

③ 　常旭春、白象锦：《保晋公司报告书稿·本公司大事纪》（民国十九年）。

式创立之日起，就已经具备了法人地位与资格。

保晋公司由于推行有限责任制，法人地位得以真正确立，在极大程度上减少与转移了股东所面临的风险，从体制上有利于最大限度地吸收社会性投资；同时，由于责任的有限性，投资风险的分散化和可预见性使投资者可以减小风险防范的力度及资金投入，从而降低了企业自身的管理成本。正因为如此，保晋公司有限责任制的推行，实现了传统封建晋商向近代商人转型的体制性突破。

（四）就行业特性而言，保晋公司是一个煤炭类生产企业

保晋公司作为煤炭类生产企业，是以天然矿藏资源为劳动对象的，与其他企业相比，具有以下特点：①矿井建设周期长、所需投资额巨大。②矿山地质条件复杂，生产过程中不可预见的因素很多。由于地下赋存的岩层和煤层比较复杂，因此随着采掘工作面向两翼、向深部发展，必然带来一系列复杂的情况，如岩层、煤层、顶底板、水、火、瓦斯、煤尘、地压和地温的变化等，这些因素对于正常生产都有较大影响。③煤炭企业生产的劳动对象是非再生矿藏资源，属于资源导向型企业，井田开拓方式、回采方式、采煤方法等的选择都要考虑到资源的赋存条件，企业管理也必须注重资源的合理利用，努力提高资源回收率。煤炭生产企业劳动对象的特殊性，客观上要求其在生产管理过程中，必须统筹计划、合理布局，最大限度提升资源利用率。④煤炭类生产企业的准备工作周期长、工程量大。任何一个煤炭企业，为了保障矿工的安全及生产的有序推进，必须做好生产前的准备工作，包括开凿与维护开拓巷道、掘进巷道、准备巷道和回采巷道，安装机电运输设备以及建立通风安全系统等，这些工作耗时长且后续维护工作量大。⑤煤炭生产企业除个别露天矿外，绝大部分矿井都是地下作业，工作地点狭窄，场面难以大规模拓展。⑥煤炭生产过程中所消耗的材料，并不构成产品（煤炭）的实体。⑦煤炭类生产企业时常面临水、火、瓦斯等因素的意外侵蚀，属高危行业，安全是煤炭类企业正常运行的前提与基础。

（五）就营业范围而言，保晋公司集煤炭生产、销售于一身

在关于"保晋公司企业性质"的著述中，是否将保晋公司"以营业范围为视角，集煤炭生产、销售于一身"的特性归入其企业性质予以单独说明，著者经过了再三徘徊与反复思量。因为将其列入唯恐招致学界同仁的质疑与非

问，但考虑到保晋公司在整个生命历程中，因销售而牵涉出的运输问题始终是制约保晋公司发展的关键性因素，故而将其在企业性质中单列说明，以便读者对保晋公司有一个更深入的了解与把握。

煤炭类工矿企业，就其营业范围而言，大体分为两类：一是煤炭企业只负责煤炭资源的开采与生产，而对于销售业务则交由专设的煤炭销售机构或企业负责营销。如抗日战争时期，日本人就在中国内地成立了专门的煤炭销售机构——华北煤炭贩卖公司，由该公司强行统一经销华北地区各煤炭企业所生产的煤炭，而当时华北地区的各个煤炭生产企业也就只需要考虑生产问题而无权涉足销售业务了。又如当前随着专业化分工的进一步深化，许多主要的煤炭生产基地都相继成立了专门的煤炭销售机构或企业——煤运公司，凭借其信息优势、流通优势、运能优势、市场优势专门负责本区域煤炭产品的对外销售工作，而煤炭生产企业则专注于安全生产管理与煤炭开采工作。二是煤炭企业集生产与销售为一身，保晋公司就属于这一类型的煤炭生产企业。由于煤炭资源在地域上分布的不均衡性，保晋公司所产煤炭大量输往外省乃至国外，这样煤炭销售就成了最大的制约性因素。保晋公司作为山西近代最大的煤炭生产企业，煤质堪称一流，产品质量没有问题，但运输问题却始终成为牵制保晋公司发展的障碍性因素，因为保晋公司总部阳泉各矿厂所产之煤主要通过正太铁路对外销售，而正太铁路则先后为法国帝国主义与国民政府所把控，运费极其高昂，成为保晋公司的致命喉结。有鉴于此，"保晋公司集煤炭生产、销售于一身"的特性应当值得引起学界同仁的重视。

二、保晋公司的管理体制

企业的管理体制是指企业生产经营活动的管理机制、管理机构与管理制度的总称。下面分别从管理机制、组织构架和管理制度三方面，对保晋公司的管理体制进行相应的阐释与分析。

（一）保晋公司的管理机制

企业管理机制是指企业在管理活动中，人、财、物、信息、技术等各种内在管理要素在相互有机组合的过程中，发挥作用的过程和方式。任何一个企业，为了提升自身的核心竞争力，为了应对复杂多变的国内国际市场变幻，必须建立科学、规范、有效的管理机制。客观上讲，企业管理主要包括硬件与软件两方面的建设与管理。企业硬件涉及采购、生产、营销、技术、财务等环节，直接关乎企业生存的底线——利润线；企业软件涉及企业愿景、发展战略、企业文化、团队建设等方面，主要制约并影响着企业发展的上线——企业寿命。无论是企业硬件的建设与管理，还是企业软件的建设与管理，人力资源要素均是最积极、最活跃的因素。同时，在企业运作与实践管理过程中形成了责、权、利三种最基本的生产关系要素，企业内部不同主体的职责权限划分，直接影响着企业的直接经济收益与可持续发展。

保晋公司作为典型的股份有限公司，推行"董事会领导下的经理负责制"，就管理机制而言，分了三个层面进行管理，即主权机关、领导机关、执行机关。主权机关为股东会，是保晋公司的最高权力机关，其直接代表与体现着投资人的集体愿意，有关保晋公司股东会的会期、职责及历次常会召开情况等内容参见本章"二、保晋公司的管理体制·（三）保晋公司的管理制度·1. 股东会议制度"的相关内容。领导机关为董事会，其成员由股东会推选产生，董事会是股东会议闭会期间企业生产运营管理中重大业务事项的决策机构，有关保晋公司董事会成员的任职资格、职数设置、任期、董事会职责等内容参见本章"二、保晋公司的管理体制·（三）保晋公司的管理制度·2. 董事会决策制度"的相关内容。执行机关为公司，公司由总公司、分公司、分销处、矿厂而组成，实行层次型管理，负责保晋公司的日常生产与业务运营管理。可见，保晋公司在管理机制上，实现了所有权与经营权的有效分离，而且组织建设相对完善。

同时，保晋公司为了加强内部管理，降低企业内耗，规范与约束企业内部各级各类职员的行为，预防与制止企业内部的违规违纪现象，保障企业的正常运营及可持续发展，特专设"监察人"，随时对公司的账目、财产、业务运营情况进行监督与监察，有关保晋公司监察人员的任职资格、职数设置、任期、职责等内容参见本章"二、保晋公司的管理体制·（三）保晋公司的管理制度·6. 监督监察制度"的相关内容，这里不再赘述。

（二）保晋公司的组织构架

保晋公司的整个组织构架，伴随企业规模、业务消长及外在客观情势的变迁而进行了相应的动态调整，经历了一个由简到繁、日臻完善的发展演变过程。下面分四个时段动态说明保晋公司组织机构的设置状况。

1. 清光绪三十四年六月初三（1908 年 7 月 1 日）至清宣统二年（1910年）9 月

保晋公司自清光绪三十四年六月初三（1908 年 7 月 1 日）正式创办，直至清宣统二年（1910 年）9 月，在创办初期的 2 年多时间里，保晋公司的组织机构比较单一。其间，"资本微薄，采煤有限，其目的注重于消极的抵制洋商，保守矿产。至于积极的方面，则为资本、人才所限，未足与新式的矿业相提并论也。是以局面极其狭小，规模尤属简陋。按当时之组织，公司上级仅设有股东会，初无董事及监察之设置，内部则合总号、分号、窑厂而组成。总号自总、协理以次，设有内事、外事、洋矿师并司帐、书记、杂务等员，分号各设正、副董事及司帐、书记、稽查等员，窑厂各设司事 2 员。一切组织，多采取汇票庄之形式"。①

这一时期，保晋公司的组织系统如图 3-1 所示：

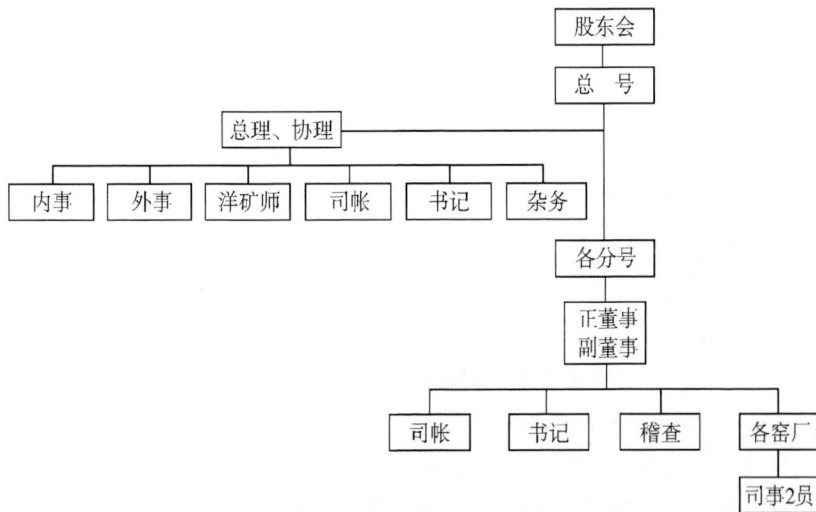

图 3-1　保晋公司的组织系统②

[清光绪三十四年六月初三（1908 年 7 月 1 日）至宣统二年（1910 年）9 月]

---

① 常旭春、白象锦：《保晋公司报告书稿·第三章　本公司组织》（民国十九年）。

② 需要说明的是，保晋公司创办初期，并没有董事会的设置，因此也就不可能有董事会的成员，即真正意义上的"董事"存在，但是当时在保晋公司组织机构的设置中，各分号都设有"正董事"与"副董事"，著者认为，"董事"在这里并非实际意义上的董事会组成人员，而是保晋公司各分号的"正经理"与"副经理"的另一种不同表述方式。

2. 清宣统二年（1910 年）10 月至民国九年（1920 年）12 月 14 日

自清宣统二年（1910 年）10 月保晋公司第 1 次股东会议召开，直至民国九年（1920 年）12 月 14 日，在这 10 年多的时间里，保晋公司的组织机构历经了数次变动与调整。清宣统二年（1910 年）10 月，保晋公司组织召开了第 1 次股东会议，"始有董事局之设立，以董事 11 人组织之，并置查帐员 4 人。寻董事局改为董事会，① 董事减为 7 人，复改查帐员为监察人，人数仍旧（依然为原来的 4 人）。嗣后章程屡经修订，业务逐渐扩充，是以组织亦随之迭变。惟其间各部分之旋设旋撤，职名之屡次更改，迄未确定"。② 因此，这一时期，保晋公司的组织机构实难进行准确的描述与考量。

这一时期，保晋公司大体的组织系统如图 3-2 所示：

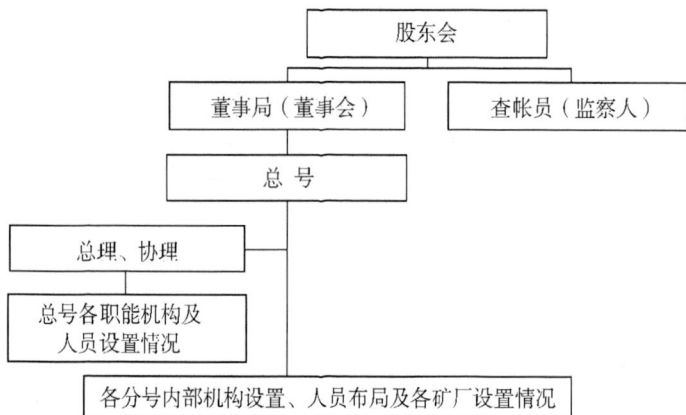

图 3-2 保晋公司的组织系统③

[清宣统二年（1910 年）10 月至民国九年（1920 年）12 月 14 日]

3. 民国九年（1920 年）12 月 15 日至民国十九年（1930 年）12 月

民国九年（1920 年）12 月 15 日，保晋公司组织召开了第 6 次股东会议，

---

① 民国五年（1916 年）4 月，保晋公司召开第 2 次股东会议时，将董事局改为董事会，议决规则 9 条。参见常旭春、白象锦：《保晋公司报告书稿·本公司大事纪》（民国十九年）。

② 常旭春、白象锦：《保晋公司报告书稿·第三章 本公司组织》（民国十九年）。

③ 需要说明的是，由于这一时期，保晋公司的组织机构不断动态变动，而且名称也不断更改，因此，著者只能绘制一个大体的组织框架，而对于"总号各职能机构及人员设置情况"及"各分号内部机构设置、人员布局及各矿厂设置情况"只能概述性的一笔带过，而无法详述。

议修章程，组建了较完善的组织机构，一直到民国十九年（1930 年），这 10
年间，保晋公司的组织机构都没有什么大的变动，比较平稳。这一时期，保晋
公司的组织构架"以股份有限公司为准，可分为主权机关、领导机关、执行
机关三种。主权机关为股东会，每年举行 1 次，凡附股者均可与会。领导机关
为董事会，由股东会选出 13 人组织之，每月 15 日举行常会 1 次；并监察 8
人，每年查核公司账目 1 次。执行机关为公司，公司系合总公司、分公司、分
销处、矿厂而组成之。总公司设于阳泉，分公司设于寿阳、大同、晋城者，开
采煤矿兼办营业；设于石庄、保定、北平者，则专事销售。分销处有三，设于
榆次、太原、寿阳等处。矿厂计分为六，设于铁炉沟者为第一矿厂，设于燕子
沟者为第二矿厂，设于贾地沟者为第三矿厂，设于先生沟者为第四矿厂，设于
平潭垴者为第五矿厂（于民国九年被水淹没已废），设于汉河沟者为第六矿
厂。总公司自正、副经理以次，设总稽核、总务处、营业会计两课及文书、股
票、庶务、材料、测绘、修械、供给、收发等股。分公司各设分经理或增设分
副经理。采煤兼营业之分公司，分设事务、坑务两课，并营业、会计、庶务、
收发、测绘、机械、转运等股。营业分公司，分设营业、会计、庶务、收发等
股。矿厂组织，自厂长以下，除无营业股外，所属部分，与采煤分公司同"。①
董事会"每 3 年改选 1 次……监察每年改选 1 次，每届年度查核账目 1 次，惟
闻股东会以人数过多，自民国十三年（1924 年）后，召集时每以不足法定人
数流会，故董事、监察亦多年未曾改选"。②

　　这一时期，保晋公司的组织系统③如图 3-3 所示：

---

① 常旭春、白象锦：《保晋公司报告书稿·第三章　本公司组织》（民国十九年）。

② 《山西保晋矿务公司经营概要·第二章　公司概况》。

③ 需要说明的是，有关保晋公司组织机构设置的描述，在常旭春、白象锦：《保晋公司报告书
稿·第三章　本公司组织》（民国十九年）与《山西保晋矿务公司经营概要·第二章　公司概况》两
份史料中均有述及，而且在保晋公司内部职能机构的描述中两份史料内容有一定出入。通过对两份史
料的比对与分析，发现前者以时间脉络从动态角度对保晋公司的组织机构予以描述，而后者则是静态
的说明。著者认为，前者既为保晋公司当时的总理常旭春与协理白象锦所述，而且又从动态角度予以
说明，较为可信，故以此为据编制了"民国九年（1920 年）12 月 15 日至民国十九年（1930 年 12
月）"保晋公司的组织系统图，而对于《山西保晋矿务公司经营概要·第二章　公司概况》的表述，
则仅仅作为常识性参考。

股东会（主权机关）

董事会（领导机关）

监察人

总公司（执行机关）

正经理 副经理

总稽核

总务处 营业课 会计课

文书、股票、庶务、材料、测绘、修械、供给、收发各股

"开采煤矿并兼办营业"之分公司

"专事销售"之分公司

分销处

矿厂

寿阳分公司　大同分公司　晋城分公司　石庄分公司　保定分公司　北平分公司

榆次分销处　太原分销处　寿阳分销处

第一矿厂（铁炉沟）　第二矿厂（燕子沟）　第三矿厂（贾地沟）　第四矿厂（先生沟）　第五矿厂（平潭垴）　第六矿厂（汉河沟）

分经理 分副经理（寿阳、大同、晋城、石庄、保定、北平分公司）

厂长（第一至第六矿厂）

事务课 坑务课（寿阳、大同、晋城分公司）

营业、会计、庶务、收发各股（石庄、保定、北平分公司）

营业、会计、庶务、收发、测绘、机械、转运各股（寿阳、大同、晋城分公司）

会计、庶务、收发、测绘、机械、转运各股（第一至第六矿厂）

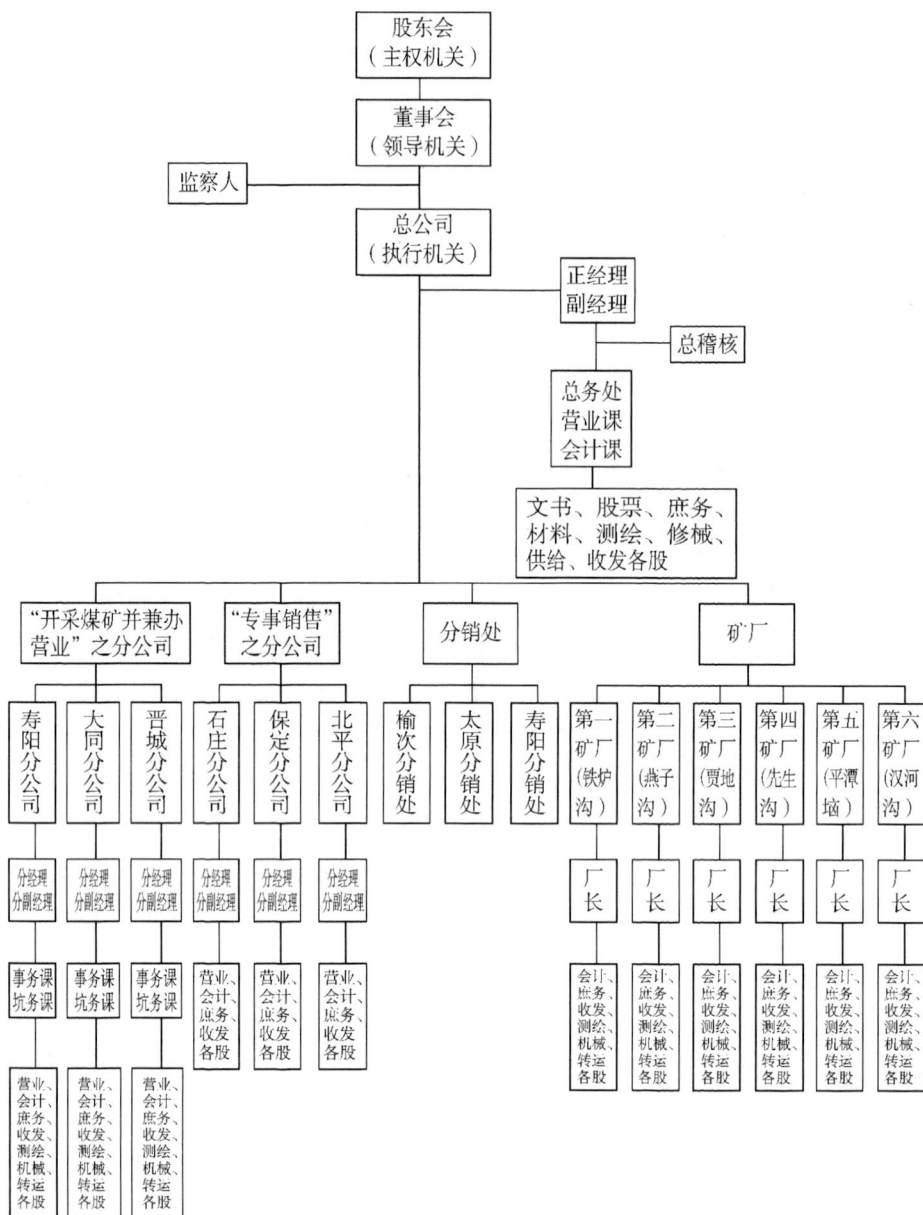

图 3-3　保晋公司的组织系统①
[民国九年（1920年）12月15日至民国十九年（1930年）12月]

---

① 需要说明的是，由于原始史料表述的模糊性，著者无法准确绘制各职能机构层次图，只能统而述之，有意明确并予以细化，但又顾虑没有原始史料支撑而出现偏颇，故只能统而绘之，是为一大缺憾。

4. 民国二十年（1931 年）1 月至民国二十六年（1937 年）10 月 30 日

如前所述，保晋公司的组织机构在截止民国十九年（1930 年）底之前的 10 年内，都没有较大程度的变动与调整，但是"惟此项组织，行之有年，不无窒碍"，因此，保晋公司拟计划对原有的组织机构进行相应的调整，"除正、副经理以上为章程所规定，各矿厂、各分公司尚可仍旧外，拟将总公司之总务处改为总务科，并加设工程科，分别性质，厘定各项章则，标明职权统系，总期事权统一，系统划然，脉络贯通，而收指臂相关之效"。[①]

这一时期，保晋公司"股东会、董事会、监察人员及总公司、分公司、各矿厂之正经理与副经理"依据保晋公司章程规定设置，与之前情形相比没有大的变动，可参见"民国九年（1920 年）12 月 15 日至民国十九年（1930 年）12 月"的组织系统。对于这一时期各分公司、各矿厂下属机构的设置及人员的配备，由于原始史料的匮乏，著者无法进行相应的描述。其时，保晋公司总公司的内部组织结构可能[②]如图 3-4 所示：

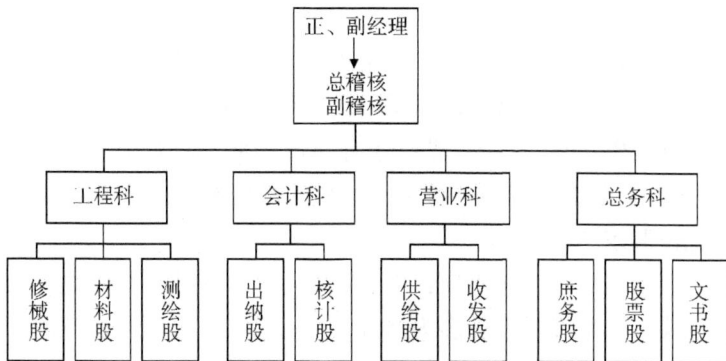

图 3-4 保晋公司总公司的内部组织结构[③]
［民国二十年（1931 年）1 月至民国二十六年（1937 年）10 月 30 日］

---

① 常旭春、白象锦：《保晋公司报告书稿·第十章 本公司将来进行计划》（民国十九年）。
② 据著者现收史料，并没有对保晋公司民国二十年（1931 年）以后的组织机构进行相应的说明，著者又不敢进行任何臆断，故只能依据常旭春、白象锦《保晋公司报告书稿·第十章 本公司将来进行计划》中述及的内容为凭。但需要说明的是，保晋公司在后来组织机构改革时，如果完全依照既定计划进行改革，则民国二十年（1931 年）以后保晋公司总公司真正的组织机构设置就如图 3-4 所示；但如果保晋公司后期实际的组织机构改革与原计划不符，则就不一定为图 3-4 所示情形。
③ 常旭春、白象锦：《保晋公司报告书稿·第十章 本公司将来进行计划》（民国十九年）。

如上所述，著者分四个时段对保晋公司的组织构架进行了相应的阐释，并绘制了不同时期的组织系统图，但依然需要说明的是，这仅仅是对保晋公司组织结构演变的一个总体思路与轮廓性描述，在每个时段乃至特定时点，其组织机构设置肯定有动态变动与微调，由于史料的匮乏，著者无法进行更详尽的阐释，是为不足，特此说明。

（三）保晋公司的管理制度

保晋公司除在既定管理机制的基础上建立了特定的组织构架外，还制定了一系列管理制度，如股东会议制度、董事会决策制度、日常运营管理制度、人力资源管理制度、财务管理制度、监督监察制度等。

1. 股东会议制度①

股东会是保晋公司的主权机关，保晋公司股东会分常会、临时会两种，常会于每年度结账后举行，临时会逢有特别重大事件时举行，均由董事会、总理、协理召集，应于1个月前通知。

保晋公司股东常会的主要议项为：①报告上年营业情形及结算账略；②分配利益或筹补亏损；③提议公司进行事项；④选举董事、监察人。需要说明的是，保晋公司在董事、监察人的推举过程中分公股与商股区别对待，对于商股持有者，必须投资2500两以上股银才有当选资格，但对于公股持有者，只需投入1500两以上股银便有当选董事、监察人的资格。对于董事及监察人应得的薪酬，也由股东会议定。

凡股东会议未经议决之事项，得由股东会委托董事会议决之。凡会议以多数赞成为可决，选举以得票较多为当选。保晋公司召开股东会议时，应由股东公推主席，所议各事由书记记录列册，会毕交公司存查。凡拥有保晋公司股银1500两以上者，有一议决权；多者递加，但一股东不得过20权。股东因事不能到会时，得委托代表，但须出具嘱托书，于开会前陈明公司。

保晋公司自清宣统二年（1910年）至民国十八年（1929年）止，20年期间，累计召开的11次股东会议如表3-1所示。

---

① 这部分内容在撰著过程中主要参阅了民国八年（1919年）10月24日奉部批准并备案之《山西保晋矿务公司章程·第十节　股东会议》。

表 3–1 保晋公司第 1~11 次股东会议

序号	时间	会议名称	会 议 内 容
1	清宣统二年（1910 年）10 月	第 1 次股东会	组织董事局，同时公推渠本翘为主持总理，刘笃敬为坐办总理
2	民国五年（1916 年）4 月	第 2 次股东会	公推崔廷献为协理，董事局改为董事会，议决规则九条
3	民国六年（1917 年）11 月	第 3 次股东会	改选董事，并议决设立铁厂
4	民国七年（1918 年）12 月	第 4 次股东会	修正章程，并改选董事及监察人
5	民国八年（1919 年）12 月 15 日	第 5 次股东会	划分平定矿区为六矿厂，分区开采，任温承让为第一矿厂长，王骧兼第二矿厂长
6	民国九年（1920 年）12 月 15 日	第 6 次股东会	议修章程
7	民国十年（1921 年）12 月	第 7 次股东会	选定董事 13 人，监察 8 人，公推阎锡山为名誉总理，赵戴文、杨兆泰、陈受中、南桂馨、张际清、李祝三为名誉董事
8	民国十一年（1922 年）12 月	第 8 次股东会	没有会议内容记载
9	民国十二年（1923 年）12 月 15 日	第 9 次股东会	没有会议内容记载
10	民国十四年（1925 年）7 月 10 日	第 10 次股东会	曾纪纲副经理请求辞职
11	民国十八年（1929 年）3 月	第 11 次股东会	没有会议内容记载，但有关保晋公司当时的营业状况，可参见《山西保晋矿务公司第十一次股东常会营业报告》（民国十八年 3 月，原件现存于山西省阳泉市档案馆）

资料来源：根据常旭春、白象锦《保晋公司报告书稿·本公司大事纪》（民国十九年）的相关内容编制。

2. 董事会决策制度

董事会是保晋公司的领导机关，董事会成员（董事）由股东常会选举产生，但其必须是保晋公司股东，而且对于其股本持有数也有相应的规定，对于私股股东"以有 2500 两以上之股银者，得被选为合格"，而对于公股股东则只需要持有"1500 两以上之股银者即为合格"。[①] 保晋公司最初成立伊始只设置有股东会，并没有设置董事。清宣统二年（1910 年）10 月，保晋公司组

---

① 民国八年（1919 年）10 月 24 日奉部批准并备案之《山西保晋矿务公司章程·第十节 股东会议》。

织召开了第 1 次股东会议，组建了由 11 名董事组成的董事局。民国五年（1916 年）4 月，保晋公司召开第 2 次股东会议时，将董事局改为董事会，同时将董事人数减少 4 人，即董事会由 7 名董事组成。民国六年（1917 年）11 月保晋公司第 3 次股东会与民国七年（1918 年）12 月保晋公司第 4 次股东会都对董事进行了改选。民国十年（1921 年）12 月，保晋公司召开第 7 次股东会时，董事会的规模有了较大程度的拓展，董事增至 13 人，另外，公推阎锡山为名誉总理，赵戴文、杨兆泰、陈受中、南桂馨、张际清、李祝三为名誉董事。"（由于）股东会以人数过多，自民国十三年（1924 年）后，召集时每以不足法定人数流会，故董事、监察亦多年未曾改选。"①

保晋公司由股东会选任董事，"组织董事会，决议公司重要事项……董事、监察人如被举后不能到职，得派一人代理，但须出具委托书，经董事会认可；其有辞职者，须由董事会议决，如准辞职，以候补人递补之……董事三年一任"。② 保晋公司董事会，原则上"每月 15 日举行常会一次"。③ 主任董事负责主持保晋公司董事会的相关事务。

董事会的主要职责有：①推举总理与协理；②议定总理、协理的薪酬；③制定奖金发放规则；④召集召开股东会；⑤议决股东会未经议决的重要事项；等等。

保晋公司董事会的首要职责是作为领导机关任免执行机关的最高领导层，即总理与协理。如清宣统三年（1911 年），"董事局公推曾纪纲为协理，续聘德国人贝哈格为顾问矿师，并聘德人赛斐尔为矿师"；民国五年（1916 年）7 月，"刘（笃敬）总理辞职，董事会推定崔廷献为总理，曾纪纲为协理"；民国十一年（1922 年）12 月，"董事公推乔殿森为正经理"；民国十二年（1923 年）1 月，"董事会另推乔映霞为正经理，未到任前，推定主任董事常旭春代理"；民国十七年（1928 年）12 月，"董事会公推白象锦为副经理"。④

保晋公司董事会对于股东会没有议决的重要事项，拥有议决权。如民国十三年（1924 年）10 月，"董事会议决结账年度，改定为 1 月至 12 月"；民国十四年（1925 年）4 月，"董事会议决铁厂开生铁炉"。⑤

值得注意的是，保晋公司的董事原则上 3 年一个任期，但在董事会的实际

---

① ③ 《山西保晋矿务公司经营概要·第二章 公司概况》。
② 民国八年（1919 年）10 月 24 日奉部批准并备案之《山西保晋矿务公司章程·第四节 职任》。
④ ⑤ 常旭春、白象锦：《保晋公司报告书稿·本公司大事纪》（民国十九年）。

运营中，则因内外局势不断变迁而并没有严格遵循每 3 年改选一届董事的原则。如民国五年（1916 年）、民国六年（1917 年）、民国七年（1918 年）连续 3 年召开的保晋公司第 2 ~ 4 次股东会不间断地每年都对董事进行了改选。又如自清宣统二年（1910 年）10 月保晋公司第 1 次股东会议召开，直至民国五年（1916 年）4 月保晋公司召开第 2 次股东会议，6 年间，保晋公司董事会成员一直没有改选；同时，"（由于）股东会以人数过多，自民国十三年（1924年）后，召集时每以不足法定人数流会，故董事、监察亦多年未曾改选"。①

另外，关于保晋公司董事会的董事职数也是时多时少，不断增减变动。清宣统二年（1910 年）10 月，第 1 次股东会议时，最初由 11 名董事组建成立了董事局；民国五年（1916 年）4 月，第 2 次股东会议时，董事减至 7 名；民国十年（1921 年）12 月，第 7 次股东会时，董事增至 13 人，另外还增设了 6 名名誉董事。保晋公司董事会规模的这一动态变动，应当引起我们的关注。

为了使读者对保晋公司董事会的实际运作情况有一个更为直观的了解与深刻的把握，特将《大同矿业公司董事会民国二十三年（1934 年）第一次常会会议纪录》附录于此，以飨读者。

《大同矿业公司董事会民国二十三年（1934 年）第一次常会会议纪录》②

时间：民国二十三年（1934 年）3 月 31 日上午 10 时

地址：本会会议室

出席董事：陈敬棠　　梁航标　　白象锦　　梁上椿　　樊象离

缺席董事：阎百川　　徐一清

列席：续廷

主席：陈敬棠

决议事项：

（一）经理梁航标报告公司民国二十二年（1933 年）全年营业情形，并送营业报告书表，请核阅案。

---

① 《山西保晋矿务公司经营概要·第二章　公司概况》。

② 民国二十三年（1934 年）3 月 31 日：《大同矿业公司董事会民国二十三年第一次常会会议纪录》，原件现存于山西省阳泉市档案馆（档案编号：B2-001-0012），本著后文脚注中不再标注本份史料收存地点。

决议：营业报告书表分送各董事。

（二）公司自开办至民国二十二年（1933 年）底，纯盈壹拾叁万陆千肆百贰拾叁元叁角肆分（136423.34 元），应如何分配，请公决案。（经理梁航标提）

决议：遵照公司合同规定，公积二成，共洋贰万柒千元（27000 元）外；甲方四成，共洋五万肆千元（54000 元）；乙方四成，共洋五万肆千元（54000 元）；其余壹千肆百贰拾叁元叁角肆分（1423.34 元）转入下年。所有甲、乙两方之红利，定于民国二十三年（1934 年）4 月 15 日分发。

（三）公司自移津后，改变对外营业方针，办理直接售煤销路，颇觉顺利，业务日渐繁多，酌夺情形，似应添设副理一人，以资赞助，可否，请公决案。

决议：通过，并将经理、协理薪水一同重行改定为第一、第二、第三三级，分列如下：

（1）经理薪水：第一级五百元（500 元）；第二级肆百五拾元（450 元）；第三级肆百元（400 元）。（现仍支第三级肆百元）

（2）协理薪水：第一级肆百元（400 元）；第二级叁百陆拾元（360 元）；第三级叁百贰拾元（320 元）。

（3）副理薪水：第一级叁百贰拾元（320 元）；第二级贰百捌拾元（280 元）；第三级贰百肆拾元（240 元）。

（四）协理梁上椿，应支某级薪，请公决。（经理梁航标提）

决议：协理梁上椿支第二级薪，每月叁百陆拾元（360 元），因兼矿务局职务，暂不支薪，每月津贴壹百贰拾元（120 元）。

（五）大同乡村师范经费，每月捌百五拾元（850 元），教育捐不敷时，拟由公司借垫，可否，请公决。（经理梁航标提）

决议：准由公司酌量借垫。

（六）公司兼任员司，拟停发薪水，一律改支津贴，可否，请公决案。（经理梁航标提）

决议：公司兼任员司一律改支津贴。

（七）公司分红办法可否规定，请公决。（董事樊象离提）

决议：暂缓。

（八）公司与协兴煤矿公司交涉，尚未澈底（彻底）解决，应如何办理，请公决。（经理梁航标提）

决议：俟请示总座后，再行办理。

（九）公司营业今后能否再有进步，当视运输状况如何，将来由公司对运

输方面随时设法，以期营业发达，可否，请公决。（经理梁航标提）

决议：通过。

（十）从本届常会后，公司每到月终，将营业情形报告董事会，可否，请公决。（主席陈敬棠提）

决议：照办。

（十一）本会民国二十二年（1933 年）全年各项开支清册请核阅。（主席陈敬棠提）

决议：存案。

3. 日常运营管理制度

保晋公司在日常运营过程中，制定了相应的管理制度。首先，在选取矿区时，保晋公司决策者认为"晋省各种矿产到处皆有，断难同时并举，拟先从矿产最富、开采较易之处入手，一俟基础稳固，即可推及全省"。① 因此，保晋公司最初主要在煤炭资源相对丰富的阳泉、大同、晋城、寿阳四处着力开发煤炭资源。其次，在矿地购买过程中，保晋公司在遵循当地民风民俗的基础上，力求公平议价，"凡公司所购之地内有坟墓、庐舍者，务设法绕避不得侵占"，"凡公司购地，皆凭中介绍公平议价，与平人交易无异，绝无勒价强买等事。倘地为公司所必需，而地主抬价居奇者，即请公正绅董，照左右毗连之地，议给相当价值，地主不得再有异议"。②再次，保晋公司严格遵循当时的矿业条例，先行申请执照，方可进行探矿与采矿，"凡勘得何处何种矿产，谨遵矿业条例，先请领探矿执照，如探明确系可采，然后再领采矿执照"。③另外，保晋公司在日常业务处理过程中，"公司总、分号来往，概用图记、信函，其派赴各分号人员赴号时，亦只持信函为凭"。④同时，为了真正做到有章可循，保晋公司制定并颁布了《保晋矿务总公司简章》、《山西保晋矿务公司章程》、《保晋公司矿工服务细则》、《保晋公司矿工抚恤规则》、《保晋公司坑内保安规则》、《保晋公司矿警规则》、《保晋公司管理火药规则》等一系列制度与细则。需要说明的是，保晋公司在物资采购、煤炭生产、销售市场开拓、安全管理等方面，始终竭力降低生产成本、提升煤炭产量、不断开拓销售市场，力求大幅提升经济效益，故而相应的运行规则与管理制度伴随时势的变迁而不断进行相

---

①②③④　民国八年（1919 年）10 月 24 日奉部批准并备案之《山西保晋矿务公司章程·第三节纲要》。

应的动态调整。

4. 人力资源管理制度

保晋公司在职员录用、薪酬设计、工种设置及日常管理、福利待遇等方面均进行了较明确的规定。

"总、协理由董事会推举，总理执行公司全体事务，协理协助之。"① 保晋公司一般职员的录用，民国十九年（1930年）以前，"除重要者由正、副经理商承董事会聘用外，其余均系函荐"，② 但是必须有人作保，"所用号友自宜多用商人，一依晋商向例，须取有确实铺保，如有侵挪款项及窃资逃走等事，惟原保是问"。③但是客观上讲，函荐方式在实践运作过程中却出现了种种弊端，"其人之能力，既不得而知，品行又无从稽考，只凭一纸介绍，格于情面，遂即录用，殊非正当之道，难免滥竽之人"，④因此，据常旭春、白象锦《保晋公司报告书稿·第十章　本公司将来进行计划》记载，自民国二十年（1931年）以后，"对于普通职员，改用考试制度，凡有荐举职员者，必须用函件通知公司，先行登记，遇有需用人材之时，由公司定期召集，分别考试，如能合格，再行录用"。⑤

保晋公司对于职员的薪酬，实行分级分层管理，"董事、监察人应得之报酬，由股东会议定；总、协理应支之薪水，由董事会规定。至总、协理以次各号友，均由总、协理酌定……自总、协理以次，除支薪水外，并给奖励金。其奖励金规则由董事会另定之"。⑥

保晋公司各矿工人，就工种而言，"大别之可分为：采煤、运煤、司机、提水、其他五种"；就工作形式而言，"大致分为日工、月工、包工及临时包工四项。凡修路、通风、提水、挂钩、撒钩、推车、抬煤、上油、点灯等工，均属日工。采煤、运煤等工，均属包工。司机及领工并各处差役，均属月工。凡遇特别建筑，或坑内外特别工程，如开凿石洞、开辟厂面等，均属临时包工"；就作息时间而言，"各项工人工作时间，按当地习惯，每日分为昼、夜两班，每人工作十小时，上班下班均由锅炉房放汽笛为号"。⑦

保晋公司除按规定支付给工人正常薪酬外，对于假期、住屋、物品供给、

---

①③　民国八年（1919年）10月24日奉部批准并备案之《山西保晋矿务公司章程·第四节　职任》。

②④⑤　常旭春、白象锦：《保晋公司报告书稿·第十章　本公司将来进行计划》（民国十九年）。

⑥　民国八年（1919年）10月24日奉部批准并备案之《山西保晋矿务公司章程·第七节　薪俸》。

⑦　常旭春、白象锦：《保晋公司报告书稿·第八章　工人》（民国十九年）。

医药、抚恤、烧炭等具有一定福利性质的待遇，也进行了明确的规定，"假期：工人除每日工作完毕休息外，依当地习惯，每月于旧历朔、望两日及春、夏、秋、冬四节，各休息一日。旧历十二月十八日以后，工人多数回籍，虽各矿规定旧历正月初六开工，而遵者甚少，必须二月初二后，矿工方能全来；住屋：工人于每日工毕，除附近有家者，各归舍食宿外，其外籍工人，皆住于各矿特备之宿舍，由公司供给火、电、炕①、席等物，不收租费；物品供给：工人所需食用物品，均由各矿预备，取价应以市价为标准，月终结算由工资内扣除；医药：各矿备有各种药品，专供职工领用，不取药资，复延用医生之，以便随时疗治之疾病，其有肢体受伤或罹重病者，则送往平定友爱医院或附近医院诊治，药资亦由公司支付；抚恤：凡有因工受伤，酌给假日，并予调治，因而死亡者，每名给予恤金；烧炭：工人下班时，得由厂内挑取碎炭一筐，不取价款，但以自烧为限"。②

5. 财务管理制度

保晋公司在股金筹集、账簿设置、利息支付、赋税缴纳、财务报告、利润分配等方面形成了一套较为系统而完善的财务管理制度。

第一，保晋公司在股金筹集过程中，"惟收华股，不收洋股；附股者如私将股票售于外人，经本公司查知或经他人转告，立将所入之股注销不认"。③"所附之股，照公司通例只准转售不准提取，尤须将承售之人姓名、住址报明，本公司查系无讹，另行填给股票息折，以昭详慎。""本公司所领亩捐及所集股分，均存本省殷实商号，陆续提用，不得挪存零星小铺，以昭慎重。"④同时，保晋公司股金"专为开矿之用，不得挪移"。⑤

第二，保晋公司总号、分号及各窑峒均设置有特定的账簿。"公司总号应置股东姓名册二本（一登亩捐公股，一登附股者姓名、住址）、各职员姓名册二本、众股东决议事由册一本、每年报销底册一本、总收账一本、总支账一本、收条底账一本、股票底账一本、借贷账一本、正流水一本、草流水一本、现存银钱账一本、来往浮记账一本、日用杂使账一本、各处出矿总账一本、各处存销各矿总账一本、各处存银钱账一本、各处机器账一本、各处矿地册一

---

① 原史料中记载，此处为"坑"字，但据著者根据上下文推断，此处可能为笔误，应当为"炕"字。

② 常旭春、白象锦：《保晋公司报告书稿·第八章　工人》（民国十九年）。

③⑤ 《保晋矿务总公司简章》。

④ 民国八年（1919 年）10 月 24 日奉部批准并备案之《山西保晋矿务公司章程·第五节　股分》。

本、各处峒口册一本……各分号置收支总账各一本、正草流水各一本、来往浮记账一本、日用杂使账一本、每日出矿数目账一本、每日售矿数目账一本、现存银钱账一本、工人花名册一本、各种机器家具账一本……每峒置工人花名册一本、本峒每日出矿数目账一本、支发工资吃食账各一本。"①

第三，保晋公司制定了严格的利息支付制度，"本公司给付利息，定期登报通知……凡付利息，先期一月登报通知，届期凭票折支付……凡付利息时，公司将票验明并与底册存根核对无讹，即行支给，每次付利若干，均于息折上详细注明……如有将折票遗失者，照第三十七条办理（即股票息折收条如有遗失，准其报明，本公司取具妥实铺保，补行发给其遗失之折票收条，无论中外何项人等拾得，均一律作废），② 如查系伪票，即将持票之人送官究治，科以应得之罪，一面登报通知原领票之人……如届期未来取利息，即登报催促，展限一个月支付，倘期满仍未来取，即归下期发给"。③

第四，保晋公司严格按照当时政府的相关规定完纳各种赋税，"公司购买矿地，如系民地，其粮即随地过户，由公司照赋完纳；如系官地，照章纳租……各矿纳税，悉遵照矿业条例缴纳……矿产出口，仍照奉准免税案办理……凡关于工程所用各项机器、各种材料，运至开采之地，应照章完纳关税……请领探矿、开矿执照，其照费悉遵条例照缴"。④

第五，保晋公司实行财务月报、年报制度，"各分号每月终将存销各矿及现存银钱数目并号中开支各款缮具详细清折，报明总公司汇核列表，每月报告董事会一次，谓之月报；本公司每年结帐一次，每届年度之终，俟各分号月报齐后，汇编帐略，谓之年报"。⑤

第六，保晋公司在利润分配时，规定"每年结帐，将应支各款一律开除，谓之净利"。⑥ "本公司所得净利，分为二十成。先提二成为公积，其余十八成按股分配……本公司所提公积，专为弥补资本损失，维持股利平匀之用。"⑦

最后，有必要说明的是，尽管保晋公司的财务管理制度表面看似完善，客

---

① 民国八年（1919年）10月24日奉部批准并备案之《山西保晋矿务公司章程·第八节　簿记》。

②⑦ 民国八年（1919年）10月24日奉部批准并备案之《山西保晋矿务公司章程·第五节　股分》。

③ 民国八年（1919年）10月24日奉部批准并备案之《山西保晋矿务公司章程·第六节　付息》。

④ 民国八年（1919年）10月24日奉部批准并备案之《山西保晋矿务公司章程·第九节　赋税》。

⑤⑥ 民国八年（1919年）10月24日奉部批准并备案之《山西保晋矿务公司章程·第三节　纲要》。

观上却存在着致命的缺陷，即缺乏必要的财务风险预警机制，最具代表性的事例是，股金本为开矿专用，但却在清宣统元年（1909 年），以股本 1179305 两 9 钱 3 分代垫赎矿款，尽管在一定程度上彰显了保晋公司的民族大义精神，但却客观上反映了其财务管理的混乱性与无序性。

6. 监督监察制度

保晋公司为了保障企业财产物资的安全完整及正常有序运营，专设监察人员，对公司内部的财产、财务及业务运营情况进行监督监察。

保晋公司的监察人员由股东常会选举产生，但其必须是保晋公司股东，而且对于其股本持有数也有相应的规定，对于私股股东"以有 2500 两以上之股银者，得被选为合格"，而对于公股股东则只需要持有"1500 两以上之股银者即为合格"。① 保晋公司创设之初，并没有监督监察机构的设置及监察人员的配备，直至清宣统二年（1910 年）10 月保晋公司第 1 次股东会议召开，伴随董事局的创设，始有 4 名查账人员的设置，这里的查账人员，其实也就是后来的监察人员。民国五年（1916 年）4 月，保晋公司召开第 2 次股东会议时，将"查账员"更名为"监察人"，人数仍然是 4 名。民国十年（1921 年）12 月，保晋公司召开第 7 次股东会时，监察人员增至 8 名。"监察人如被举后不能到职，得派一人代理，但须出具委托书，经董事会认可；其有辞职者，须由董事会议决，如准辞职，以候补人递补之。"②

保晋公司对于监察人的任职期限，原则上规定"监察人一年一任"，③但是在企业现实运作过程中，并非全部都是"一年一任"，因为监察人由股东常会选举产生，而保晋公司的股东常会并不一定是每年都召开，如果不召开股东常会，那么监察人是无法换届的。如保晋公司第 1 次与第 2 次股东常会时隔 6 年，其间监察人员是不可能换届改选的；同时，"（由于）股东会以人数过多，自民国十三年（1924 年）后，召集时每以不足法定人数流会，故董事、监察亦多年未曾改选"。④

保晋公司"在事人等，如有舞弊等事，股东均有查察之权，如查有实据，

---

① 民国八年（1919 年）10 月 24 日奉部批准并备案之《山西保晋矿务公司章程·第十节　股东会议》。

②③ 民国八年（1919 年）10 月 24 日奉部批准并备案之《山西保晋矿务公司章程·第四节　职任》。

④ 《山西保晋矿务公司经营概要·第二章　公司概况》。

按律罚办"。① 保晋公司股东主要通过监察人实施监督监察工作。监察人的职责主要是"凡公司账目、财产、业务均得随时检查，年终结帐须查核帐略、署名、报告"，② "每年查核公司账目一次"。③

保晋公司对于监督监察过程中发现的违规违纪人员，给予严厉的处罚。"总、协理如侵蚀公司款项，经众股东查有实据者，应立时辞退，并着落赔缴；如抗不肯缴或缴不足数，众股东除禀官究追外，仍按律议罚。以次所用之人，如有此项情弊，总、协理亦照此办理。倘扶同隐饰，应将徇庇者一并议罚……总、协理如将公司款项移作别用，或潜营私利，一经觉察，众股东可从重议罚。以次所用之人，如有此项情事，经总、协理觉察者，亦照此办理……总、协理于月报、年报，报告不实，意图隐骗，及公司人等伪造股票息折、图记，骗取利息，一经发觉，众股东可送官严究，除罚办外，仍治以应得之咎。各分号有此等情弊，总、协理亦照此办理。"④

---

① 《保晋矿务总公司简章》。
② 民国八年（1919 年）10 月 24 日奉部批准并备案之《山西保晋矿务公司章程·第四节 职任》。
③ 常旭春、白象锦：《保晋公司报告书稿·第三章 本公司组织》（民国十九年）。
④ 民国八年（1919 年）10 月 24 日奉部批准并备案之《山西保晋矿务公司章程·第十三节 惩罚》。

第四章 保晋公司的人力资源管理

关于人力资源及人力资源管理的定义，由于研究学科、研究领域、研究视角的差异，众说纷纭、莫衷一是，至今尚无统一定论。人力资源是人类所拥有的资源中最宝贵与重要的第一资源，其直接关乎与影响着任何一个国家、一个民族、一个地域、一个单位乃至每个人的兴衰存亡。我们谈及人力资源管理，通常情况下包括三个层面：宏观层面——以国家为视角；中观层面——以组织或单位（大多数情况下指企业）为视角；微观层面——以个人为视角。本章探究保晋公司的人力资源管理，基于保晋公司以盈利为根本目标的企业特征，毫无疑问，只能立足于中观层面予以考量。

企业的人力资源管理应当根据企业发展战略的要求，有计划地对人力资源进行合理配置，通过对企业所需员工的招聘、培训、使用、考核、激励、调整等一系列过程，调动员工的积极性，发挥员工的潜能，为企业创造一定的经济效益，确保企业宏观战略目标的实现。通常而言，企业的人力资源管理包括人力资源规划、员工的招聘与配置、员工的培训与开发、绩效管理、薪酬设计与福利管理、劳动关系管理六方面。下面就上述六方面对保晋公司的人力资源管理状况进行相应的评介。

一、保晋公司的人力资源规划

人力资源规划，是企业根据自身的发展战略和长远规划，通过对企业人力资源需求和供给的分析与评估，对人力资源的获取、配置、使用、保护等各个环节进行职能性策划，以确保企业获取各种必需的人力资源的规划。通常情况下，企业的人力资源规划包括战略规划、组织规划、制度规划、人员规划及费用规划五方面内容。

（一）保晋公司的人力资源战略规划

人力资源战略规划，是企业依据既定的宏观战略目标，对企业人力资源开发和利用的方针、政策和策略进行相应的规定，是各种人力资源具体计划的核心，是事关整个企业人力资源规划全局的关键性计划。保晋公司明文规定，"本公司用人办事一以商务为宗，不得丝毫沾染官场气习"。[①] 但实事求是地讲，保晋公司缺乏持续而长久的人力资源战略规划，从保晋公司高层管理人员及核心专业技术人员的频繁更替可窥一斑。

由于保晋公司缺乏长远的人力资源战略规划，因而以总理与协理为核心的高层管理人员队伍很不稳定。清光绪三十三年（1907年）春，"举渠本翘为总理、王用霖为协理"；[②] 清宣统二年（1910年），渠本翘赴京供职，董事局将其推为主持总理，另推刘笃敬为坐办总理；清宣统三年（1911年），复推曾纪纲为协理；民国元年（1912年），"渠总理、曾协理函请辞职"；民国五年（1916年）4月，"公推崔廷献为协理"；[③] 民国五年（1916年）7月，刘笃敬以年老力衰为由，竭力辞职，经股东会议决，"公推崔廷献为总理，曾纪纲为协理"；[④] 民国十一年（1922年）10月，崔廷献调任河东道尹，坚请辞职；民国十一年（1922年）12月，董事公推乔殿森为正经理，未就；民国十二年（1923年）1月，董事会另推乔映霞为正经理，未到任前，推定主任董事常旭春代理；民国十二年（1923年）7月，董事会正式推定常旭春为正经理；民国十四年（1925年）7月10日，保晋公司召开第十次股东会，曾（纪纲）副经理坚请辞职；民国十七年（1928年）12月，董事会公推白象锦为副经理。[⑤] 可见，保晋公司总理或协理等核心高层管理人员没有明确的任期要求，鉴于各种主客观原因，任职与离职的随意性很大，不仅直接影响着保晋公司管理团队的建设及人力资源的后续开发，而且在较大程度上制约着企业的持续、稳定、健康发展。

同时，由于保晋公司缺乏应有的专业技术人员队伍建设长远规划，因而以矿师为代表的专业技术人员更替也异常频繁。光绪三十三年（1907年），聘定英国人德鉴明、高克宁二人为矿师；光绪三十四年（1908年），呈准官

---

① 民国八年（1919年）10月24日奉部批准并备案之《山西保晋矿务公司章程·第二节　宗旨》。

②④　常旭春、白象锦：《保晋公司报告书稿·第一章　本公司沿革》（民国十九年）。

③⑤　常旭春、白象锦：《保晋公司报告书稿·本公司大事纪》（民国十九年）。

厅招集商股并续聘英国人阿特来、马丁二人充任矿师；宣统三年（1911年），续聘德国人贝哈格为顾问矿师，并聘德人赛斐尔为矿师；民国二年（1913年），辞退外国矿师，另延赵奇英光任；民国三年（1914年），赵矿师病故，聘武汉三为矿师，王宪为副矿师；民国六年（1917年）11月，聘赖锡康为副矿师；民国七年（1918年）4月，聘白象锦为正矿师。[①] 保晋公司以矿师为核心的专业技术人员队伍的频繁更替，虽然说从理论上讲有利于技术的新陈代谢，但缺乏稳定的技术导向，在某种程度上反而不利于保晋公司的长足发展。

（二）保晋公司的人力资源组织规划

组织规划，是对企业整体框架的总体设计，主要包括组织信息的采集、处理和应用，组织结构图的绘制，对组织的调查、诊断和评价，组织的设计与调整，组织机构的具体设置等内容。保晋公司的组织机构建设，鉴于外在客观形势及内在管理绩效的双重需求，而不断动态调整与适时变动，有关保晋公司组织机构的动态演变与调整过程及每个特定时段的组织结构图，详见本著"第三章　保晋公司的企业性质与管理体制·二、保晋公司的管理体制·（二）保晋公司的组织构架"的相关内容，这里不再赘述。

（三）保晋公司的人力资源制度规划

人力资源制度规划，是企业人力资源总体规划目标实现的重要保证，包括人力资源管理制度创建的程序、制度化管理等内容。保晋公司在人员的招聘与录用、薪酬制度设计、具体工种的设计及其日常管理、福利待遇等方面均进行了制度性约定，具体内容参见本著"第三章　保晋公司的企业性质与管理体制·二、保晋公司的管理体制·（三）保晋公司的管理制度·4.人力资源管理制度"及本章有关人力资源制度约定的相关内容，这里不再赘述。

（四）保晋公司的人员规划

人员规划，是对企业人员总量、构成及其流动的整体规划，具体包括人力资源现状分析、企业定员、人员需求和供给预测、人员供需平衡等内容。保晋

---

① 参见：常旭春、白象锦：《保晋公司报告书稿·本公司大事纪》（民国十九年）。

公司依据业务需要对职员进行了岗位设定、对矿工进行了工种分类，特别是在民国十九年（1930年）《保晋公司报告书稿·第八章 工人》中，对矿工分矿厂、工别、籍贯进行了定量统计；同时，在《保晋公司报告书稿》（民国十九年）与《山西保晋矿务公司经营概要·第二章 公司概况》中，均对保晋公司的重要职员分岗位进行了在册登记。据此说明，保晋公司运作到后期，已经渗透了定岗、定编、定员的人力资源岗位设置基本思想。至于保晋公司在人员需求与供给预测、人员供需平衡与调剂等方面所进行的实践运作，鉴于史料的匮乏，著者无法展开论述，更不敢臆断，是为不足。

（五）保晋公司的人力资源费用规划

人力资源费用规划，本质上是对企业人力资源成本的整体规划。人力资源成本是一个组织为了实现自己的组织目标，创造最佳经济效益和社会效益，而获得、开发、使用、保障必要的人力资源及人力资源离职所支出的各项费用的总和。人力资源成本主要包括获得成本、开发成本、使用成本、保障成本和离职成本五方面内容。人力资源获得成本是组织在招募和录取员工的过程中发生的成本，主要包括招募成本、选择成本、录用成本、安置成本。人力资源开发成本是组织为提高员工的生产技术能力，为增加组织人力资产的价值而发生的成本，主要包括岗前培训成本、岗位培训成本、脱产培训成本等。人力资源使用成本是组织在使用员工的过程中发生的成本，主要包括维持成本、奖励成本、调剂成本等。人力资源保障成本，是保障人力资源在暂时或长期丧失使用价值时的生存权而必须支付的费用，包括劳动事故保障、健康保障、退休养老保障、失业保障等费用。人力资源离职成本是由于员工离开组织而产生的成本，包括离职补偿成本、离职前低效成本、空职成本等。

保晋公司作为山西近代发展史上一个极富代表性的工矿企业，无论是职员，还是矿工，都存在着一定的雇用劳动关系。从本质上讲，职员或矿工都以出卖劳动力而谋生，在这种特有的生产方式下，劳动力便成为了一种真正的商品。既然是商品就具有价值与使用价值双重属性。尽管劳动力也具有价值属性，但鉴于劳动力是一种特殊商品，因而其价值也具有一定的特殊性，劳动力商品的价值是由生产和再生产劳动力所需要的社会必要劳动时间决定。由于劳动力存在于人体之中，因而劳动力的生产和再生产，就是人的身体的生产和再生产，这就要消耗必要的生活资料。所以，生产和再生产劳动力所需要的社会必要劳动时间，可以还原为维持劳动者自身生存所需要的生活资料价值。我们认为，通常情况下，劳动力的价值主要包括以下三方面：①维持劳动者自身生存所必需的生活资料的价值；②劳动者繁衍后代所必需的生活资料的价值；③劳动者接受教育和训练所支出的费用。也就是说，劳动者生存质量的优劣，我们姑且不论，但如果上述三方面基本的生存费用都难以保障的话，那么劳动者的生存就面临着巨大危机，势必影响并阻碍企业的正常运转。保晋当局仅仅关注表层的经济收益，千方百计降低人力资源成本，不仅忽视了作为人力资源成本有机组成部分的获得成本、开发成本、保障成本及离职成本，而且对于人力资源使用成本也片面地压榨，致使广大矿工的生存难以为继，各种形式的罢工与斗争此起彼伏，在很大程度上阻滞了保晋公司的正常运营与发展。

保晋公司平定第三矿厂于民国十四年（1925 年）11 月 30 日自发组织与成立了工会，不断同保晋公司当权者进行斗争。① 保晋公司在创办期与发展期，雇用工人一直实行把头制。一个把头通常雇用几十名工人，他们不劳动，只是通过雇工剥削，榨取工人劳动血汗。工人受不了残酷剥削，便联合起来同把头算账，算矿工应得工资和实得工资，看中间剥削的严重程度。通过算账对比，工人的反抗情绪越来越大。保晋公司矿工的这种自发经济斗争形式，被称为"端账斗争"。② 民国二十四年（1935 年）3 月，保晋公司平定第二矿厂、平定第四矿厂的矿工们举行了声势浩大的联合大罢工，迫使保晋当局给矿工提高了工资，"上股道由 0.32 元增加到 0.38 元，中股道由 0.22 元增加到 0.24 元，下股道由 0.24 元增加到 0.28 元"。③ 民国二十六年（1937 年）春，保晋铁厂举行了三四百人的罢工，也取得了胜利。④ 保晋公司矿工们举行的这些自发斗争，均缘于工薪待遇的低下，同时，从另一个角度反映了保晋公司缺乏科学合理的人力资源费用规划。

---

① 参见：《阳泉煤矿史》编写组：《阳泉煤矿史》，山西人民出版社，1985 年版，第 101～102 页。

② 参见：《阳泉煤矿史》编写组：《阳泉煤矿史》，山西人民出版社，1985 年版，第 102～103 页。

③ 《阳泉煤矿史》编写组：《阳泉煤矿史》，山西人民出版社，1985 年版，第 106 页。

④ 参见：《阳泉煤矿史》编写组：《阳泉煤矿史》，山西人民出版社，1985 年版，第 106～107 页。

二、保晋公司人员①的招录与配置

（一）保晋公司人员的招募与录用

保晋公司作为一个煤炭类生产企业，大体上可以区分为行政管理系统与生产系统两大组成部分，因此，就保晋公司全体工作人员而言，主要包括行政管理系统工作人员（通常情况下，我们称其为"职员"）与生产系统工作人员（通常情况下，我们称其为"矿工"）。保晋公司对"职员"与"矿工"分别采取不同的渠道与方式进行招募与录用。

1. 保晋公司职员的招聘及录用

保晋公司"用人办事——以商务为宗，不得丝毫沾染官场气习"。② 在职员招录与聘用过程中，因职位级别高低及工作重要性的差异，而区别性地录用。同时，对于普通职员的录用实现了"单纯的函荐录用方式"向"函荐与考试相结合录用方式"的过渡。

"总、协理由董事会推举，总理执行公司全体事务，协理协助之。"③ 保晋公司一般职员的录用，民国十九年（1930年）以前，"除重要者由正、副经理商承董事会聘用外，其余均系函荐"，④ 但是必须有人作保，"所用号友自宜多

---

① 有必要说明的是，在当前的"人力资源管理学"中，人力资源管理的客体是"员工"，其内容主要包括：企业人力资源规划、员工的招聘与配置、员工的培训与开发、绩效管理、薪酬设计与福利管理、劳动关系管理等方面。而著者在对保晋公司的人力资源管理状况进行阐释与评价时，却特意将"员工"置换成了"人员"，即使用的是"二、保晋公司人员的招录与配置"与"三、保晋公司人员的培训与开发"的提法，著者之所以用"人员"，而没有用"员工"，主要缘于以下三方面考虑：①尽管本章立足于现代企业管理学的视角对"保晋公司的人力资源管理"进行探究，但实事求是地讲，保晋公司毕竟是一个旧式工矿企业，其仅仅注重传统意义上的人事管理，而没有进行实质性的人力资源开发；②保晋公司所聘"职员"或"矿工"，仅仅祈求于基本的生存需求与物质生活保障，并不具备新式员工所应有的"创造性强、独立性强、成就欲强、自我完善欲强"等特性；③保晋公司作为一个典型的民族资本主义企业，存在着大量的雇用劳动关系，股东主要聚焦于"收益最大化"的企业目标，不仅缺乏必要的人力资源开发后续投入，而且对于"职员"或"矿工"存在着严重的剥削关系。此外，之所以用"人员"，而没有使用"职员"或"矿工"的提法，缘于保晋公司所聘人员主要包括行政与业务管理人员（即"职员"）和生产工人（即"矿工"）两类人员，使用"职员"或"矿工"均会出现"以偏赅全"之误。

② 民国八年（1919年）10月24日奉部批准并备案之《山西保晋矿务公司章程·第二节　宗旨》。

③ 民国八年（1919年）10月24日奉部批准并备案之《山西保晋矿务公司章程·第四节　职任》。

④ 常旭春、白象锦：《保晋公司报告书稿·第十章　本公司将来进行计划》（民国十九年）。

用商人，一依晋商向例，须取有确实铺保，如有侵挪款项及窃资逃走等事，惟原保是问"。① 可见，保晋公司在创办初期，除少数高级职员是由经理和协理研究提名并经董事会同意聘用外，至于一般职员，除个别几名矿师和测绘师外，所用之人多半是之前山西票号的伙友或学界人士。这些人只要是有身份、有地位的人推荐，便被录用，甚至还委以重任。但实际上，他们既无矿业理论知识，又无矿业实践经验，许多情况下只能纸上谈兵，对于保晋公司的生产经营活动并无多大裨益。② 鉴于函荐方式在实践运作过程中出现的种种弊端，"其人之能力，既不得而知，品行又无从稽考，只凭一纸介绍，格于情面，遂即录用，殊非正当之道，难免滥竽之人"，因此，据常旭春、白象锦《保晋公司报告书稿·第十章　本公司将来进行计划》记载，自民国二十年（1931 年）以后，"对于普通职员，改用考试制度，凡有荐举职员者，必须用函件通知公司，先行登记，遇有需用人材之时，由公司定期召集，分别考试，如能合格，再行录用"。③

保晋公司所聘职员，以山西省籍人员居多。如民国十九年（1930 年）常旭春、白象锦《保晋公司报告书稿·本公司重要职员姓名录》记载的重要职员共计 58 人，④ 其中山西省籍的重要职员共 55 人，占 94.83%；外省籍的重要职员共 3 人，占 5.17%。可见，尽管山西省籍的重要职员占绝对主体，但保晋公司的重要管理层中也不乏外省籍职员，3 名外省籍重要职员中，山东潍县 1 人、河南西平 1 人、河南开封 1 人。保晋公司山西省籍的 55 名重要职员中，祁县 5 人、文水 5 人、平定 4 人、五台 4 人、榆次 3 人、忻县 3 人、汾阳 3 人、介休 2 人、浑源 2 人、宁武 2 人、崞县 2 人、平鲁 2 人、神池 2 人、兴县 1 人、汾城 1 人、太谷 1 人、平遥 1 人、平陆 1 人、岚县 1 人、定襄 1 人、临县 1 人、襄垣 1 人、盂县 1 人、广灵 1 人、沁源 1 人、蒲县 1 人、寿阳 1 人、太原县 1 人、夏县 1 人。保晋公司重要职员在山西省境内的地域分布，并没有明显的区域特性可寻，全省境内不同区域均有人员参与保晋公司的业务运营与管理，其中祁县、文水、平定、五台、榆次、忻县、汾阳等县参与者居

① 民国八年（1919 年）10 月 24 日奉部批准并备案之《山西保晋矿务公司章程·第四节　职任》。

② 参见：《阳泉煤矿史》编写组：《阳泉煤矿史》，山西人民出版社，1985 年版，第 48～49 页。

③ 常旭春、白象锦：《保晋公司报告书稿·第十章　本公司将来进行计划》（民国十九年）。

④ 需要说明的是，据原始史料记载为 59 人，但存在兼职现象。如白象锦既为保晋公司总部的副经理，又为大同分公司的分副经理。因此，就岗位设置与职位而言，原始史料中记载为 59 人，但事实上，具体到自然人个体而言，实际上应为 58 人。

多，其他各县也不乏零星参与者。

保晋公司创办前期，在高层管理人员聘用时倾向于资本实力雄厚，且有身份、有地位、有一定社会威望的大商人；在专业技术人员聘用时，由于国内矿业人才匮乏，不得已聘用了大量洋矿师。保晋公司第一任经理渠本翘是山西头等票号商和山西最早的实业家之一，保晋公司成立时，一人入股 5 万两白银，其出任经理前，是清政府的分省尽先补用道。保晋公司第二任经理刘笃敬是闻名全国的"刘百万"和山西办电的创始人，出任经理前，曾担任过清朝政府的刑部主事和山西商会会长。[①] 保晋公司第四任经理则由晋商外贸世家榆次常氏家族的第 14 世后人常旭春担任。光绪三十三年（1907 年），聘定英国人德鉴明、高克宁二人为矿师；光绪三十四年（1908 年），呈准官厅招集商股并续聘英国人阿特来、马丁二人充任矿师；宣统三年（1911 年），续聘德国人贝哈格为顾问矿师，并聘德人赛斐尔为矿师。[②]

保晋公司运作到后期，在录用与任命高层管理人员及重要职员时，特别注重学历与矿业知识的要求，职员的学历层次得到了大幅度提升。截至民国二十五年（1936 年），保晋公司的经理、协理、总稽核和总工程师以及各矿厂的坑务主任，都是大学毕业生。他们当中许多人是来自国内外著名大学的高才生，同时拥有丰富的矿业知识和实践经验。如总公司第四任经理常旭春是山西大学教授，协理白象锦是英国威尔士大学矿科毕业生，总稽核杨仁显是英国伦敦帝国大学毕业生，总工程师兼工程课长张景良是英国威尔士大学毕业生。民国二十五年（1936 年），保晋公司总公司机关共有职员 75 名，其中大学毕业生 17 名，占总数的 22.67%；阳泉各矿厂职员 68 名，其中大学毕业生 15 名，占总数的 22.06%。[③]

值得关注的是，随着国人矿业理论知识与实践技能的逐步提升，保晋公司运作到后期，渐渐摆脱了对洋人的技术依赖，辞退了洋矿师，而聘用中国矿师。民国二年（1913 年），保晋公司辞退外国矿师，聘任赵奇英为矿师，此后，保晋公司再也没有聘任洋人担任专职矿师。

2. 保晋公司矿工的招募

保晋公司"各矿厂雇用各项工人时，得由各矿厂自行雇用，其雇工之时，

---

① 参见：《阳泉煤矿史》编写组：《阳泉煤矿史》，山西人民出版社，1985 年版，第 44～45 页。
② 参见：常旭春、白象锦：《保晋公司报告书稿·本公司大事纪》（民国十九年）。
③ 参见：《阳泉煤矿史》编写组：《阳泉煤矿史》，山西人民出版社，1985 年版，第 49～50 页。

当验明该工人体格精壮，毫无嗜好、疾病，为合格"。[1] 保晋公司的矿工雇用量，随着业务与规模的不断拓展，由少到多，逐步增长。"民国七年（1918年）保晋公司阳泉各矿厂矿工总数为 792 人，民国九年（1920年）为 1774人，到民国二十三年（1934年）增加到 2291 人。"[2] 保晋公司的矿工来源主要有两个渠道：一是当地血统矿工；二是破产农民和手工业者。

保晋公司在矿工招募过程中，主要立足于在矿厂所在周边及邻近区域招录矿工。据《平定阳泉附近保晋煤矿报告》记载：民国九年（1920年），阳泉各矿厂中，平定人占 77%、盂县人占 8%、井陉人占 7%、昔阳人占 3%、其他地方人占 5%。[3] 民国十九年（1930年）12月，保晋公司各矿厂共有 2884 名矿工，其中山西省籍矿工最多，计有 2488 人，占 86.27%；河北省籍矿工次之，计有 333 人，占 11.55%；其他省籍矿工为数很少，仅为 63 人，占2.18%。保晋公司各矿厂山西省籍矿工为 2488 人，其中平定 1208 人，占48.55%；盂县 340 人，占 13.67%；昔阳 39 人，占 1.57%；寿阳 83 人，占3.34%；大同 304 人，占 12.22%；浑源 51 人，占 2.05%；怀仁 59 人，占2.37%；晋城 185 人，占 7.44%；山西其他各县 219 人，占 8.80%。不难发现，在山西籍矿工中，以保晋公司总部及各分公司煤炭主产地及邻近县域矿工居多，保晋公司所属四大矿区平定、大同、晋城、寿阳籍矿工共计 1780 人，占保晋公司山西籍矿工总数的 71.54%。特别是保晋公司总部及主要矿厂所在地的平定，其本地矿工数高达 1208 人，占保晋公司山西籍矿工总数的48.55%，占保晋公司全部矿工总数的 41.89%（见表 4-1）。可见，平定籍的矿工在保晋公司中占有绝对比重。

表 4-1　保晋公司民国十九年（1930年）12月各矿工人籍贯汇总

单位：人

籍贯 ＼ 工别 人数	采煤工	运煤工	司机工	提水工	其他工	合计
平定	730	209	23	70	176	1208
盂县	310	28	—	2	—	340

---

① 《保晋公司矿工服务细则》收录于虞和寅：《平定阳泉附近保晋煤矿报告》，民国十五年（1926年）3月，农商部矿政司印行。

②③ 《阳泉煤矿史》编写组：《阳泉煤矿史》，山西人民出版社，1985年版，第52页。

工别 籍贯 人数	采煤工	运煤工	司机工	提水工	其他工	合计
昔阳	30	9	—	—	—	39
寿阳	12	24	12	4	31	83
大同	91	135	22	2	54	304
浑源	30	12	4	—	5	51
怀仁	10	12	22	1	14	59
晋城	105	33	3	17	27	185
山西其他各县	38	52	33	15	81	219
小计	1356	514	119	111	388	2488
河北井陉	62	6	3	5	3	79
河北曲阳	50	33	—	—	12	95
河北其他各县	55	39	36	—	29	159
小计	167	78	39	5	44	333
其他各地	17	16	13	11	6	63
总计	1540	608	171	127	438	2884

资料来源：常旭春、白象锦：《保晋公司报告书稿·第八章　工人》（民国十九年）。

保晋公司在矿工招募过程中，之所以就近取材，主要缘于以下几方面考虑：①避免不必要的外出招聘成本费用的列支，在较大程度上节约招聘成本。保晋公司曾在阳泉矿区的蒙村设立招工点，分期分批招收工人。[①] ②绝大多数的本地矿工，可以自行解决食宿问题，能够在较大程度上减少保晋公司的后续人力成本支出。③雇用本地矿工，避免了其背井离乡之苦，思想较稳定，有利于保障生产经营活动的正常开展。④保晋公司矿区所在地有悠久的煤炭开采历史，许多当地血统矿工拥有丰富的煤炭开采经验、安全常识与专业技能，不仅可以节省大额的后续培训成本，而且能够在较大程度上避免安全事故，提升生产效能。

平定籍矿工之所以在保晋公司中占有绝对比重，既缘于保晋公司在薪酬福利、工作环境及条件等方面的大力宣传与就近招募，更缘于当地悠久的煤炭开

---

① 参见：《阳泉煤矿史》编写组：《阳泉煤矿史》，山西人民出版社，1985年版，第52页。

采历史及其所积累与具备的煤炭开采经验与技能。

平定是驰名中外的无烟煤产地，勤劳勇敢的平定人民在长期的生产实践中，发现了煤炭、开采了煤炭、利用了煤炭，用自己勤劳的双手，谱写了悠久而闪光的煤炭开发史。"平定土产以炭为最……坚黑而光，极有火力。岁入国朝，矿产越胜，名扬四海。"① 平定人民至迟于北宋时期已经开始开采与利用煤炭了。② 明洪武四年（1371 年）成书的《太原府志》，在记述平定物产时说："炭窑二处，西沟一处，谷里一处。"据《明一统志》记载，明代平定的煤炭开采业已经达到了一定的规模。明万历之前，平定老百姓已普遍把煤炭用于炊事方面。平定城内"酿家尤甚"，煤渣倒入嘉河床内，久之，堆积成山，阻塞河道。盛夏，山水骤发，河水猛涨，两岸居民的生命财产受到严重威胁。③ 清际，平定地区的煤炭开发得到更广泛的发展，乾隆年间的《平定州志》，把煤炭列在物产志的第一位。据乾隆《平定州志》记载，"平定土产，以炭为最……土人每视山上石脉，即知炭之有无"。那时，平定人民除用炭炊事外，还用其取暖，平定州所辖的东沟、岭上、西锁簧和石卜咀、平潭等村镇都有火炕。④ 到了清末，平定地区的小煤窑星罗棋布，简直像马蜂窝一般。清末，仅阳泉蒙村一地，就有煤窑十数座，环居蒙村的居民有二百余家，其中"朝而往，暮而来，奔走于窑冶者则十有八九"。⑤ 民国元年（1912 年）9 月，孙中山先生乘火车经平定到太原，看到平定地区星罗棋布的小煤窑，遂提出了"以平定煤铸太行铁"的宏伟构想，并且认为这样山西可以在全国实业界名列前茅。瑞典科学家新常富在《晋矿》中称"平定之煤质，诚属无一不佳……可与片司非捏极善之煤并驾齐驱……更可贵者，其煤层有二十至三十尺之厚，利源广大，为富庶之渊薮！"平定县南坳镇蕴藏着大量的无烟煤，"分布在南坳、冠庄、冠庄垴、西锁簧、常家沟、宋家庄、贵石沟、庙沟等村"。⑥ 新城村"村境内煤炭资源十分丰富"。⑦ "宋元之际，东锁簧村就有采煤业。明、清

① 冯司直：《石艾乙巳御英保矿纪闻序》，清宣统二年（1910 年）。
② 参见：《阳泉煤矿史》编写组：《阳泉煤矿史》，山西人民出版社，1985 年版，第 4 页。
③ （清）赖昌期：《平定州志》卷二，光绪八年（1882 年）版。
④ 参见《阳泉煤矿史》编写组：《阳泉煤矿史》，山西人民出版社，1985 年版，第 9 页。
⑤ 清光绪十三年（1887 年）蒙村清泉亭庙内所立石碑。
⑥ 平定县南坳镇志编纂委员会：《南坳镇志》，海潮出版社，1998 年版，第 70 页。
⑦ 王秀年：《新城村志》（未公开发行），2006 年版，第 64 页。

时代，煤炭生产更有发展。"① "河底有较丰富的煤炭资源……明朝中叶以来，历代村民以小煤窑形式土法开采。"② 西河村村民在清代已经开始成群结队地进行煤炭开采与挖掘。③ "张庄有丰富的煤炭资源……明末清初，村民以小煤窑形式土法开采……清朝末年，采煤规模逐渐扩大，新的生产方式开始萌芽。"④ 柳沟村"境内有较丰富的煤炭资源，煤的储藏面积占村面积的80%左右……元末明初以来，本村历经小煤窑及大煤矿规模化开采，开采量约占储藏量的80%以上……明末清初，规模逐渐扩大。清光绪年间，比较大的煤窑有老虎沟底的'晋丰'窑，老虎沟掌的'杨树'窑，塔杏沟的'玉山窑'等"。⑤ 理家庄村"煤炭开采约始于清乾嘉时期……至清末，全村有煤窑4座，从业人员约60人"。⑥ 清人李燧在平定游历时看到"地出铁矿，穷民皆采铁为生"，⑦ 而要炼铁是绝对离不开煤炭作为燃料的。《平定州志》记载"嘉庆二十四年（1819年）四月，大雨淤没固庄沟炭窑，内淹浸工人驴骡四五十口"，说明当时平定的煤炭开采已经形成了一定的规模。清代，大批的晋、冀两地商人通过娘子关将平定丰富的煤、铁产品运往河北井陉，⑧ 进而转销广大华北地区。综上所述，可见平定地区人民很早就发现并利用了煤炭，特别是时至清末，煤炭开采业已成为平定人民赖以生存、不可或缺的支柱行业。因此，伴随保晋公司总部由太原迁至平定县阳泉火车站附近，特别是保晋公司平定六大矿厂的开设，大批量的平定本地矿工投身于保晋煤业建设之中。

保晋公司矿工的另一个主要来源是无以为生的农民和破产的手工业者。在清朝末期，由于内忧外患及各种条件的综合影响，山西省境内不少农民和手工业者倾家荡产，成了无产者。为了生存，他们只得靠出卖苦力为生，规模庞大的保晋公司自然就成了他们较理想的选择。⑨

---

① 山西省东锁簧村志编纂委员会：《东锁簧村志》，方志出版社，2002年版，第88页。

② 要宜慎：《河底村志》，山西古籍出版社，1996年版，第60页。

③ 参见：《西河村村史》编纂委员会：《西河村村史》（未公开发行），1998年版，第22~23页。

④ 尹崇富：《张庄村志》，北岳文艺出版社，1999年版，第71页。

⑤ 阎骥麟：《柳沟村志》，远方出版社，2004年版，第77页。

⑥ 《理家庄村志》编纂委员会：《理家庄村志》，北岳文艺出版社，2004年版，第107页。

⑦ （清）李燧：《晋游日记》，卷一。见（清）李燧、李宏龄：《晋游日记·同舟忠告·山西票商成败记》，黄鉴晖（校注），山西经济出版社，2003年版，第21页。

⑧ 参见：朱玉芳：《娘子关志》，中华书局，2000年版，第102页。

⑨ 参见：《阳泉煤矿史》编写组：《阳泉煤矿史》，山西人民出版社，1985年版，第52页。

(二) 保晋公司人员的配置

1. 保晋公司职员的配置

保晋公司在行政管理系统内部职员配置过程中，客观上遵循了定岗、定编、定员的现代人力资源管理理念。"公司总、协理以次，设稽核处，并设收支会计、文书、庶务各课，其人员及办事组织、规则另定之……各分号每号酌设经理、技师、司事等职，秉承总、协理管理各项事务，办事规则另定之。"[①]保晋公司在配置职员时，根据内设组织或机构管理职能范畴的大小、区位的远近及业务的差异而区别设置。如民国十九年 (1930 年) 常旭春、白象锦《保晋公司报告书稿·本公司重要职员姓名录》共收录与记载保晋公司当时的重要职员共59 人，[②] 其中：总公司 12 人，占 20.34%；平定第一矿厂 2 人，占 3.39%；平定第二矿厂 2 人，占 3.39%；平定第三矿厂 3 人，占 5.08%；平定第四矿厂 1 人，占 1.69%；平定第六矿厂 2 人，占 3.39%；石家庄分公司 2 人，占 3.39%；保定、北平、寿阳、晋城分公司各 1 人，分别占 1.69%；大同分公司 16 人，占 27.12%；太原分销处 1 人，占 1.69%；寿榆分销处 1 人，占 1.69%；保晋公司铁厂 13 人，占 22.03%。[③] 可见，保晋公司在配置重要职员时，在岗位与人数上倾向并侧重于总公司、大同分公司及保晋公司铁厂，分别占 20.34%、27.12% 及 22.03% 的比重，合计占 69.49% 的比重；至于平定所设各矿厂、各分公司及各分销处则配置的重要职员人数均较少，所占比重都小。保晋公司之所以如此安设与配置职员，缘于公司内设各组织及机构行政管理职能范畴的大小、区位的远近及业务的差异。保晋公司总部对于各矿厂、各分公司、各分销处及保晋铁厂均负有宏观管理与总体调控职能，因此在管理岗位设置与人员配置方面予以了倾斜。保晋公司大同分公司，由于生产规模相对较大，特别是远离保晋公司总部，在行政调控与管理方面存在较大时差，为了便于及时进行业务管理，大同分公司在行政管理岗位设置及职员配备方面也得到了重点扶持。至于保晋铁厂，尽管与保晋公司总部处于同一地域内，但缘于

---

① 民国八年 (1919 年) 10 月 24 日奉部批准并备案之《山西保晋矿务公司章程·第四节　职任》。

② 需要说明的是，在其记载的 59 人中，存在兼职现象。如白象锦既为保晋公司总部的副经理，又为大同分公司的分副经理。因此，就岗位设置与职位而言，应当取史料中记载的 59 人，但具体到自然人个体而言，实际上应为 58 人。

③ 上述分析之相关数据，系著者依据常旭春、白象锦《保晋公司报告书稿·本公司重要职员姓名录》(民国十九年) 统计与分析而得。

煤炭开采与钢铁铸造在业务上的较大差异，故而不得不增设必要的管理科室并配备相应的职员。平定所设各矿厂，由于均与保晋公司总部在同一辖区内，便于"就近统摄"，① 因此，管理职员配备相对较少。至于各分公司及各分销处，则由于业务相对单一，故而职员配备也相对较少。

2. 保晋公司矿工的配置

保晋公司各矿工人，就工种而言，"大别之可分为采煤、运煤、司机、提水、其他五种"；就工作形式而言，"大致分为日工、月工、包工及临时包工四项。凡修路、通风、提水、挂钩、撒钩、推车、抬煤、上油、点灯等工，均属日工。采煤、运煤等工，均属包工。司机及领工并各处差役，均属月工。凡遇特别建筑，或坑内外特别工程，如开凿石洞、开辟厂面等，均属临时包工"；就作息时间而言，"各项工人工作时间，按当地习惯，每日分为昼、夜两班，每人工作十小时，上班下班均由锅炉房放汽笛为号"；② 就工作地点而言，"分坑内、坑外。其坑内，分采煤、运煤、修路、通风、提水、挂钩六种工作；其坑外，分提煤、撒钩、推车、堆煤、上油、点灯、司机械、司锅炉、木作、泥作十种工作。所有各种工人，俱分头目及小工两项"。③

保晋公司矿工主要包括采煤工、运煤工、司机工、提水工、其他工等工种，其中采煤工与运煤工所占比重较大。下面以民国十九年（1930年）12月的资料为例加以说明（见表4-2）。其时，保晋公司矿工总数为2884人，其中采煤工1540人，占53.40%；运煤工608人，占21.08%；司机工171人，占5.93%；提水工127人，占4.40%；其他工438人，占15.19%。可见，采煤工在所有工种中占有绝对主体地位，运煤工次之，其他各工种所占比重则相对较小。

---

① 常旭春、白象锦：《保晋公司报告书稿·第一章　本公司沿革》（民国十九年）。

② 常旭春、白象锦：《保晋公司报告书稿·第八章　工人》（民国十九年）。另据民国十五年（1926年）三月出版，由虞和寅所著的《平定阳泉附近保晋煤矿报告》中所录《保晋公司矿工服务细则》记载"各矿厂各种工作之时间，每日均以八点为限，而坑内坑外之工作，每日分三班。早班由六点至晚二点，晚班由二点至夜十点，夜班由十点至早六点"。说明保晋公司矿工的每班劳动时间曾经发生过动态变动，20世纪20年代前后应当为每班8小时，到20世纪30年代前后，则调整为每班10小时。

③ 《保晋公司矿工服务细则》。

表4-2　保晋公司民国十九年（1930年）12月各矿工人名额及工种统计

单位：人

工别 厂名	采煤工	运煤工	司机工	提水工	其他工	合计
平定第一矿厂	312	26	23	49	124	534
平定第二矿厂	386	105	16	2	33	542
平定第三矿厂	207	82	9	—	23	321
平定第四矿厂	135	24	4	29	3	195
平定第六矿厂	80	12	2	1	8	103
修械股	—	—	15	1	11	27
小计	1120	249	69	82	202	1722
大同	278	273	93	6	184	834
寿阳	31	46	3	3	25	108
晋城	111	40	6	36	27	220
合计	1540	608	171	127	438	2884

资料来源：常旭春、白象锦：《保晋公司报告书稿·第八章　工人》（民国十九年）。

另据表4-2可知，保晋公司所属平定、大同、寿阳、晋城四大矿区中，鉴于所设矿厂规模与业务的差异，矿工数量分布也相差悬殊。在民国十九年（1930年）12月在册的2884名矿工中，平定矿区为1722人，占59.71%；大同矿区为834人，占28.92%；寿阳矿区为108人，占3.74%；晋城矿区为220人，占7.63%。不难发现，平定矿区的矿工数量在保晋公司中占有绝对比重。

三、保晋公司人员的培训与开发

员工的培训与开发是企业人力资源管理的重要环节，煤炭类企业从业人员的入职岗前培训及后续教育培训显得更重要，其不仅直接影响着企业的安全稳定生产与经济效益提升，更关乎着广大从业人员的人身安危。因此，绝大部分煤炭类企业历来都比较重视对从业人员的培训与后续开发。保晋公司作为一个煤炭类生产企业，为了最大限度地追求经济效益，为了尽可能避免意外事故而不至于影响正常生产及造成不必要的经济损失，在某种程度上也开展对矿工的理论知识与专业技能培训。保晋公司在蒙村设立招工点，分期分批招收工人，并且进行入职前培训，培训合格方可上岗。从民国八年（1919 年）3 月 1 日起，保晋公司每期招收矿工 300 名，培训期为 3 个月。培训教材有《矿工须知》、《矿务大意》等。除了学习理论教材，保晋公司还挑选富有实践经验的工头讲授基本采煤技术。培训期满，考核通过，即分配到各矿厂从事生产。①

尽管保晋公司在一定程度上开展从业人员的专业培训，但实际上，无论是管理者，还是矿工，其安全防范意识都比较淡薄，违规违纪现象屡见不鲜，安全责任事故频频发生。如保晋公司第二矿厂即燕子沟煤矿，在 2 年时间内，先后发生重大责任事故 3 起，11 名矿工丧生，13 名矿工致残。清宣统元年五月十一日（1909 年 6 月 28 日），油灯引起瓦斯燃烧，当即致死 1 人，致伤 7 人；清宣统元年六月四日（1909 年 7 月 20 日），矿工在用香烟点燃黑色炸药时，又引起了瓦斯爆炸，井内 3 人和井口 5 人全被炸得骨肉横飞，无一生还；清宣统三年（1911 年）6 月，又因井下矿工点火吸烟，引起瓦斯燃烧，结果烧死 2人，烧伤 6 人。② 上述三次事故，分别缘于从业矿工油灯使用不当、点火技术失误及违规点火吸烟，都是人为因素造成，如果遵规守纪并谨慎小心作业，则这几起事故完全可以避免。可见，保晋公司对从业人员的安全理论灌输与专业技能培训是相对薄弱与滞后的。

四、保晋公司的绩效管理

绩效，是组织期望的结果，是组织为实现其目标而展现在不同层面上的有效输出，它包括组织绩效和个人绩效两方面内容。组织绩效的实现以个人绩效的实现为基础，但个人绩效的实现并不一定能保证组织绩效的实现。如果组织绩效按一定的逻辑关系被层层分解到每一个工作岗位及每一位从业人员，只有每个人都达到了组织目标的既定要求，组织绩效才可能实现。绩效管理是指各级管理者及每位从业人员为了最终实现组织目标而共同参与的绩效计划制定、绩效辅导与沟通、绩效考核与评价、绩效结果应用、绩效目标提升的持续循环过程。绩效管理的目的是持续提升个人、部门和组织的绩效，绩效管理是所有人力资源管理和企业管理中最复杂与高难度的工作。绩效管理的对象是人，人

---

① 参见：《阳泉煤矿史》编写组：《阳泉煤矿史》，山西人民出版社，1985 年版，第 52 页。
② 参见：《阳泉煤矿史》编写组：《阳泉煤矿史》，山西人民出版社，1985 年版，第 99 页。

和机器的根本区别在于，人有思想、有情绪，而且始终处于动态变化过程中，直接关系到其业绩的波动。人力资源投资本质上就是一种高风险与高收益并存的投资。下面从组织与个人两个不同纬度，对保晋公司的绩效管理状况进行相应的评介。

（一）保晋公司的组织绩效管理

组织绩效是指组织在某一段时期内组织任务完成的数量、质量、效率及盈利情况。组织绩效管理最核心的内容是组织绩效评价。组织绩效评价是管理者运用一定的指标体系对组织的整体运营效果作出的概括性评价，通过有效评价可以揭示组织的运营能力、偿债能力、盈利能力和对社会的贡献，为投资者、决策者、各级管理人员及其他利益相关者提供相关信息，为改善组织绩效指明一定的发展方向。在具体的实践运作过程中，战略取向、高层管理、组织结构、组织变革、组织内部的信任关系等因素都直接影响着组织绩效的实现。囿于保晋公司相关原始史料的匮乏，无法对其组织绩效展开相应的定量分析，现仅就上述五方面因素对于保晋公司组织绩效的影响评析如下。

1. 保晋公司的战略取向对其组织绩效的影响

任何一个经济组织的战略取向都决定了该组织的经营范围、营业对象及所采取的竞争战略，其不仅影响着宏观层面上的组织绩效，又影响着微观层面上的组织结构。绝大部分的成功企业，在战略取向方面一般都有以下三个特征，即接近顾客、快速反应与焦点清晰。

通常情况下，一个高绩效的经济组织应当是顾客驱动型的，其主流的价值观应当是最大限度地满足顾客的需要。保晋公司作为一个近代工矿企业，无论是前期单纯的原煤产品，还是后期主产煤炭并兼营钢铁生产，相对而言，其外在需求市场是比较庞大的，因此，据著者现收史料发现，保晋当局几乎没有进行过专门的市场调研与拓展。纵观保晋公司整个发展历程，始终缺乏市场导向、缺乏服务顾客意识，这种价值取向在保晋公司的创办期、奠基期及扩充期缺陷并不明显，但时至呆滞期与衰落期，保晋公司"销路窒塞，销额亦逊……自民国十四年（1925 年）至民国十九年（1930 年）底，营业疲滞，逐年亏累，截至年终，尚亏洋 24800 余元"。[①] 保晋公司运营到后期，之所以出

---

① 常旭春、白象锦：《保晋公司报告书稿·第九章　本公司营业状况》（民国十九年）。

现滞销局面，除缘于帝国主义的大肆经济入侵、强取豪夺，国民政府及封建军阀多如牛毛的苛捐杂税与肆意侵压，战乱不断、时局不靖，超乎寻常的高昂运输费用等诸多客观外在因素外，缺乏必要的前期市场调研、市场预测与服务顾客的导向与意识，是其市场萎缩、营业疲滞的内在主观原因。

同时，绝大部分的高绩效组织对于与自身相关的问题和机遇一般都能作出迅速的反应。保晋公司作为一个近代工矿类企业，投资大且周期长，生产技术与营业方针不宜反复变动与调整，这是其企业特性使然，但总体而言，保晋公司在各种内外信息的捕捉与处理上，或多或少存在一定程度的滞后性。

一个成功的、高绩效的经济组织，应当是焦点清晰、目标明确的，也就是说，组织战略应当具有一定的持续性，不宜时常进行业务间的转换。综观保晋公司的整个发展历程，总体的战略目标定位是相当明确的，始终聚焦于煤炭开采，尽管保晋公司董事会于民国六年（1917 年）议决设立保晋铁厂，在营业范围上，由单一采矿向兼营铁业转变，实现了两元化经营，但毕竟没有脱离以煤炭为基础的资源型重工业营业范畴，并没有影响保晋公司煤炭开采的主流特性。由于保晋公司业务战略目标定位的准确性与持久性，在较大程度上有利于指导、保障与促进保晋公司的持续、健康、快速发展。

2. 保晋公司的高层管理对其组织绩效的影响

高层管理人员的职业情操、专业知识、业务能力、战略思维等都直接影响着企业的组织绩效。

保晋公司运营前期，所聘任的高层管理人员绝大部分是日趋衰落、谋求转型的传统封建晋商及其代表人物，他们有创业的内在需求与冲动，也在山西争矿运动过程中，奠定了良好的群众基础，但他们本身的传统封建思想根深蒂固、官本位倾向相当严重，缺乏必要的矿业知识，重大决策具有极大的盲目性。保晋公司前期所推选或聘任的高层管理人员，由于官本位思想严重，缺乏持久与稳定的职业心态，不是主动引退，就是根本谢绝上任，频频变动，人心不稳。清宣统二年（1910 年），渠本翘赴京供职，董事局将其推为主持总理，另推刘笃敬为坐办总理；民国元年（1912 年），"渠总理、曾协理函请辞职"；民国五年（1916 年）7 月，刘笃敬以年老力衰为由，竭力辞职；民国十一年（1922 年）10 月，崔廷献调任河东道尹，坚请辞职；民国十一年（1922 年）12 月，董事公推乔殿森为正经理，未就；民国十二年（1923 年）1 月，董事会另推乔映霞为正经理，未到任；民国十四年（1925 年）7 月 10 日，保晋公司召开第十次股东会，曾（纪纲）副经理坚请辞职。[①] 可见，保晋公司运营前期，所聘主要高层管理人员的思想状态很不稳定，在仕途与从商二者的比较与权衡之后，纷纷弃商而从政，频繁的离职或调整极大程度上影响着保晋公司的正常运营。此外，前期的高层管理人员，尽管绝大部分都是具有一定地位与声望，富有一定商战经验的社会知名人士，但他们对于矿业生产与管理却是外行，缺乏必要的矿业知识与管理能力，这一缺陷在保晋公司日后的运营中日益凸显，极大程度上阻滞了保晋公司的正常运营。同时，由于这些高层管理人员缺乏必要的风险评估与预测意识，而且存在家长制管理倾向，因此，造成了个别决策的重大失误，给保晋公司的发展造成了致命的打击。如"赎矿之款，原恃各县亩捐拨用，迨至宣统元年（1909 年），山西大吏因亩捐收数年仅 30 余万两，不敷按批交付赎款之用，欲向商家借垫款项，利息多在 1 分以上，因向本公司将所集股本暂时借用 1179305 两 9 钱 3 分，即照本公司股息 8 厘之数出息。前总理渠本翘京卿，顾念矿案为地方公益所关，慨允借垫……乃自民元（1912 年）后，亩捐挪作别用，垫款难以归还，经本公司迭向省宪交涉，直至民国九年（1920 年）5 月，始行陆续收回，而所欠利息 70 余万元，经省长指定，作为报效地方公益之款"。[②] 可见，由于渠本翘的盲目决断，代垫巨额赎矿款，本金延期回收，利息全部打了水漂。由于资金供应的长期匮乏，对保晋公司的发展造成了致命的一击。

保晋公司运作到后期，高层管理人员的任用重点向拥有一定的理论知识与实践经验的高学历矿业人才倾斜。保晋公司第四任总经理常旭春是山西大学教授，协理白象锦是英国威尔士大学矿科毕业生，总稽核杨仁显是英国伦敦帝国大学毕业生，总工程师兼工程课长张景良是英国威尔士大学毕业生。新式矿业人才充任高层管理人员，业务上容易进行沟通与交流，思想上容易达成共识，他们针对保晋公司的客观现状，对机构设置与人员录用进行改革与调整，富有一定的实效性，在一定程度上有利于保晋公司的后续发展。

3. 保晋公司的组织结构对其组织绩效的影响

保晋公司的组织机构建设，鉴于外在客观形势及内在管理绩效的双重需求，而不断动态调整与适时变动，有关保晋公司组织机构的动态演变与调整过程及每个特定时段的组织结构，参见本著"第三章　保晋公司的企业性质与

---

① 参见：常旭春、白象锦：《保晋公司报告书稿·本公司大事纪》（民国十九年）。
② 常旭春、白象锦：《保晋公司报告书稿·第二章　本公司股份》（民国十九年）。

管理体制·二、保晋公司的管理体制·（二）保晋公司的组织构架"的相应内容。保晋公司自清光绪三十四年六月初三（1908 年 7 月 1 日）正式创办，直至清宣统二年（1910 年）9 月，在创办初期的 2 年多时间里，保晋公司的组织机构比较单一。其间，"局面极其狭小，规模尤属简陋……一切组织，多采取汇票庄之形式"。① 这一时期，保晋公司仅仅构建了最为简洁的组织构架，勉强能够开门营业，经济效益无从谈起。自清宣统二年（1910 年）10 月保晋公司第 1 次股东会议召开，直至民国九年（1920 年）12 月 14 日，在这 10 年多的时间里，保晋公司的组织机构历经了数次变动与调整。特别值得关注的是，清宣统二年（1910 年）10 月，保晋公司组织召开的第 1 次股东会议，增设了董事会与监察人员，在一定程度上保障了企业重大决策的科学性，较有效地遏制了营私舞弊与违章乱纪行为。民国九年（1920 年）12 月 15 日，保晋公司组织召开了第 6 次股东会议，议修章程，组建了较完善的组织机构，一直到民国十九年（1930 年），这 10 年间，保晋公司的组织机构都没有什么大的变动，比较平稳。这一时期，保晋公司以股东会为主权机关、以董事会为领导机关、以公司为执行机关，建立了权责分明、管理有效的公司内部治理结构，在很大程度上保障了企业的正常业务运营。但时至后期，"惟此项组织，行之有年，不无窒碍"，② 由于缺乏必要的适时变动与调整，也在一定程度上影响了保晋公司的正常发展。民国二十年（1931 年）1 月至民国二十六年（1937 年）10 月 30 日，保晋公司的内部组织机构进行了相应的调整，旨在"总期事权统一，系统划然，脉络贯通，而收指臂相关之效"，③ 适时的机构动态调整，在一定程度上延缓了保晋公司的衰落进程。

4. 保晋公司的组织变革对其组织绩效的影响

保晋公司除根据业务发展及内部经营管理的需要对其组织结构进行适度调整外，富有代表性的组织变革有两次，均产生了一定程度的正效应。

（1）保晋公司第一次组织变革及其绩效。保晋公司在初创阶段，经营一直处于不佳状态，这固然是多种原因造成的，但就公司本身而言，最主要的是用人不当和实行全公司统一经济核算。实行全公司统一经济核算，各分公司相互依赖，吃大锅饭，很不利于调动各自的积极性。大量使用旧商号人员来管理矿厂的生产经营活动，又势必造成盲目指挥。民国五年（1916 年）8 月，保

---

① 常旭春、白象锦：《保晋公司报告书稿·第三章　本公司组织》（民国十九年）。
②③ 常旭春、白象锦：《保晋公司报告书稿·第十章　本公司将来进行计划》（民国十九年）。

晋公司总部从太原海子边迁到阳泉火车站附近后，重点针对上述问题，进行了首次重大变革。保晋公司变全公司统一核算为各分公司独立核算；取消平定分公司，阳泉各矿厂归总公司直接管辖，各矿厂独立核算，自负盈亏，并鼓励竞争。另外，辞退了不少旧商号人员，招聘了一些精通矿业和商业的专门人才，把山西大学的一些矿业教员和留学生招来，作为生产技术和经营管理骨干。这次改革是比较成功的。经济核算单位的改变，调动了各矿厂的生产积极性；内行管理企业，提高了企业的管理水平。这次改革为保晋公司后来的短期繁荣奠定了组织和人员基础。[①]

（2）保晋公司第二次组织变革及其绩效。保晋公司运作到后期，机构逐渐臃肿起来，人浮于事的问题非常突出。多层领导，盲目指挥，使被领导者无所适从，尤其是阳泉各矿厂的厂长，滋长了严重的官僚生活作风，他们只拿薪金，不问生产，矿厂经营不景气。矿厂的生产，由坑务员（亦即领事）直接承揽给把头（亦即领岔）。把头自己雇用工人。工人和矿厂不发生直接联系，他们的劳动由把头安排，他们的工资由把头发给。唯一和矿厂发生联系的是把头，他们不劳动，只是通过剥削雇工而大获其利。工人受不了把头的残酷剥削，劳动情绪低下，同把头的矛盾日益尖锐起来。民国十七年（1928年）12月，白象锦任保晋公司总公司副经理后，对保晋公司的组织机构现状进行了认真分析，发现了其症结所在，并于民国二十一年（1932年）[②]进行了创新性的改革。这次改革重点解决两个问题：一是精简机构，调整人员；二是程度不同地取消把头制。所谓精简机构，调整人员，就是撤掉那些不称职的厂长，抽调一批精通业务、有工作能力的内行担任坑务主任，以取代原先的厂长，主持矿厂事务；取消矿厂坑务、事务两课及其下属6股，仅设几名精干的坑务员和事务员，受坑务主任直接领导，具体管理矿厂事务。公司成立工程课，直接管理各矿厂的工程事项。所谓程度不同地取消把头制，是在大部分矿厂取消把头，由工人自愿组织一伙人，叫老伙班；矿厂把生产直接承包给老伙班，并按照生产完成情况，把工资付给他们，由他们自行分配。通过这次改革，使各矿厂实现了精兵简政，职员的官僚化作风受到有效的洗礼；取消把头制，减少了

---

① 参见：《阳泉煤矿史》编写组：《阳泉煤矿史》，山西人民出版社，1985年版，第47页。
② 关于保晋公司第二次组织变革的时间，据《阳泉煤矿史》记载为民国二十一年（1932年），但著者查阅了收录到的有关保晋公司的相关史料，并没有发现这次改革的时间记载，另据现收史料分析，这次变革只可能在民国十九年（1930年）以后，故在没有其他史料为证的情况下，我们暂以《阳泉煤矿史》记载的民国二十一年（1932年）为凭。当然，这个时点有待进一步考证。

中间剥削，缓和了劳资矛盾，使工人的生产情绪有所高涨，生产效率有所提高。①

5. 保晋公司组织内部的信任关系对其组织绩效的影响

企业作为一个以盈利为目标的经济组织，应当在投资人、决策者、债权人、管理者及广大从业人员之间创建一种多维的立体化信任关系。保晋公司由日趋衰落、谋求转型的传统封建晋商牵头创办，主张用人办事向以商务为宗，所聘人员许多是旧有山西票号或旧商号的职员，因此，在很大程度上继承了传统封建晋商的遗风，十分重视"忠义"与"诚信"，相对而言，保晋公司内部总体的信任关系应当是呈良好态势的。仅就各级职员之间的称谓而言，保晋公司规定"称谓亟须订定，不可沿用官场通称，总办理即称办理，依次或称某弟、或称某兄，凡大人、老爷等称，一概禁除"。② 职员之间称兄道弟在一定程度上增进了同事间的亲情感，弱化了等级差异，有利于调动广大职员工作的积极性与主动性，提升工作绩效。但是，保晋公司作为一个企业，以获取最大经济利益为根本目标，投资人、决策者、债权人、管理者及广大从业人员之间存在不同程度的经济利益错位现象，导致在特定情况下，特定主体之间产生了一定的信任危机。保晋公司通过"米面柜"供应矿工米面，但贱买贵卖、缺斤短两，不断从矿工身上榨取膏血。"民国十三年（1924 年）7 月，矿厂规定工人每从井下吊一车碎煤，付给 1 角 2 分的工钱，可是到发工钱的时候，却硬要按 8 分算。"③ 保晋公司管理者通过名义上的福利机构"米面柜"、工资结算等方式，不断加强对矿工的盘剥，致使信用缺失。保晋公司运营前期，实行"把头制"，矿工受雇于把头，不与矿厂发生直接联系。把头不劳动，通过榨取矿工们的血汗而大获其利，矿工深受其害。尽管把头与保晋公司当局并非经济利益共同体，但由于矿工对把头盘剥的抵制情绪，继而对保晋当局也产生了极大程度的不信任感，劳动效率低下。

（二）保晋公司的个人绩效管理

个人绩效是指企业员工在工作过程中所表现出来的与组织目标相关且能够被评价的工作业绩、工作能力和工作态度。企业员工个人工作绩效的优劣，不

---

① 参见：《阳泉煤矿史》编写组：《阳泉煤矿史》，山西人民出版社，1985 年版，第 47～48 页。

② 1908 年 10 月 7 日《晋阳公报》。

③ 《阳泉煤矿史》编写组：《阳泉煤矿史》，山西人民出版社，1985 年版，第 101 页。

是由某项单一因素决定，而是受制于知识、激励、能力、环境等多种主观与客观因素的综合影响。同时，我们还应当清晰地认识到，每位企业员工的工作绩效都具有一定的动态变动性，随着时间的推移，由于激励机制、能力水平及环境因素的变化，原来效益差的员工也可能获得相对性的改进、提高；同样，原先业绩优良的员工，也可能会退步、变差。绩效管理是管理者确保员工的工作活动以及工作产出能够与组织的目标保持一致的过程。在一些情况下，许多人把绩效管理与绩效评价混为一谈，其实二者并不等同。绩效管理比绩效评价的范畴更大，不仅要评价员工的绩效，还要对考核对象进行奖惩，旨在促进其改进与最终提升绩效。绩效管理的具体过程主要包括四步，即制定绩效计划→实施绩效评价→提供绩效反馈→指导绩效改进。企业对员工实施个人绩效考核，不是为评价而评价，也不是为考核而考核，其根本初衷是帮助员工提升个人工作绩效，最终保证与促进组织目标的实现。

下面试析保晋公司对于职员与矿工的绩效管理。

保晋公司职员，是保晋公司行政管理系统的从业人员，他们不直接从事具体的生产活动，而是间接地服务于保晋公司的生产经营活动。保晋公司对于职员的绩效管理，侧重职业态度、职业行为的评价与奖罚。民国二十三年（1934 年）3 月 31 日，保晋公司大同矿业公司董事会在召开第 1 次常会会议时，议定"（1）经理薪水：第一级 500 元、第二级 450 元、第三级 400 元（现仍支第三级 400 元）；（2）协理薪水：第一级 400 元、第二级 360 元、第三级 320 元；（3）副理薪水：第一级 320 元、第二级 280 元、第三级 240 元"。[①] 可见，每个高层管理岗位，均定有三个不同等级的薪金水准。每个高级管理岗位之所以都规定高、中、低三档薪水，主旨一定在于调动高层管理人员工作的积极性与主动性，最大限度地提升个人工作绩效。保晋公司明文规定，"自总办理依次暨各分号号友，不得在本号零星支用银钱，以杜流弊，凡系己身用项，均须在外另行支取"。[②] "在事人等，如有舞弊等事，股东均有查察之权，如查有实据，按律罚办。"[③] "总、协理如侵蚀公司款项，经众股东查有实据者，应立时辞退，并着落赔缴；如抗不肯缴或缴不足数，众股东除禀官

---

① 民国二十三年（1934 年）3 月 31 日：《大同矿业公司董事会民国二十三年第一次常会会议纪录》。

② 1908 年 10 月 7 日《晋阳公报》。

③ 《保晋矿务总公司简章》。

究追外，仍按律议罚。以次所用之人，如有此项情弊，总、协理亦照此办理。倘扶同隐饰，应将徇庇者一并议罚……总、协理如将公司款项移作别用，或潜营私利，一经觉察，众股东可从重议罚。以次所用之人，如有此项情事，经总、协理觉察者，亦照此办理……总、协理于月报、年报，报告不实，意图隐骗，及公司人等伪造股票息折、图记，骗取利息，一经发觉，众股东可送官严究，除罚办外，仍治以应得之咎。各分号有此等情弊，总、协理亦照此办理。"① "自总办理依次均不得沾染嗜好，暨酗酒嫖赌凡一切不名誉之事，违者以犯规论。"② 由于保晋公司对职员的营私舞弊等行为制定了明确的惩罚办法，并加监察人随时检查，所以保晋公司一般职员的营私舞弊现象少见发生，但也并不能从根本上彻底杜绝。在崔廷献任经理期间，就和总稽核王骧串通一气，进行过营私舞弊活动。他俩在石家庄匿名私设售煤站，自赚了不少黑钱。③

保晋公司矿工，是企业经济利益的直接创收者，其在生产系统从事具体的实践工作。《保晋公司矿工服务细则》明文规定："至工作疏忽者，轻者则罚扣工资，重则开除名额……各矿厂各种工人，对于执事人员之指挥，务必服从。对于同等工人之交接，务必谦和。不得聚赌，不得豪饮，不得吸食鸦片，不得私服金丹，不得口角斗殴，不得挟带违禁货物，违者立即开除名额。"为了加强对矿工的监督，保晋公司还设有矿警队，随时弹压。《保晋公司矿警规则》规定："各厂工役如有违章犯法情事，轻则由矿警酌办，重则备文送行官厅，依法惩办。"保晋公司虽然不乏对所属矿工职业态度与工作行为的约束性规定，但更注重其工作实绩、工作效果的考核。保晋公司包工制或计件工资制薪酬制度的设计均缘于对矿工的经济绩效考核。

客观上讲，就保晋公司而言，无论是职员，还是矿工，保晋公司均侧重其绩效的评价，而不注重甚至忽略了个人工作绩效的改进与提升。

---

① 民国八年（1919 年）10 月 24 日奉部批准并备案之《山西保晋矿务公司章程·第十三节惩罚》。

② 1908 年 10 月 7 日《晋阳公报》。

③ 参见：《阳泉煤矿史》编写组：《阳泉煤矿史》，山西人民出版社，1985 年版，第 50 页。

五、保晋公司的薪酬设计与福利待遇

（一）保晋公司的薪酬设计

保晋公司的薪酬设计灵活多样，对职员实行职务等级工资制，对矿工实行计件工资制或计时工资制。

1. 职员的薪酬设计

保晋公司对于职员推行职务等级工资制，依据职员职务的高低及能力的强弱来制定相应的级差工资。职员的能力越强、职务越高，则获得的工薪报酬就越高；反之，如果能力较弱、职务较低，则获得的工薪报酬就越低。同时，保晋公司对于职员的薪酬管理，遵循分级分层管理原则，"董事、监察人应得之报酬，由股东会议定；总、协理应支之薪水，由董事会规定。至总、协理以次各号友，均由总、协理酌定……自总、协理以次，除支薪水外，并给奖励金。其奖励金规则由董事会另定之"。①

据《民国二十三年保晋公司职员明细表》记载，当时保晋公司各级职员的平均月薪为：经理 300 元，协理 280 元，总稽核 260 元，总工程师 225 元，课长 136. 25 元，股长 51. 62 元，坑务主任 79. 50 元，坑务员 34. 43 元，事务员 18. 80 元，练习生 12. 30 元。② 可见，保晋公司职员由于职位的差异，薪酬相差悬殊，最高级薪金为最低级薪金的 24 倍之多。

另据《大同矿业公司董事会民国二十三年第一次常会会议纪录》记载，保晋公司大同矿业公司经理、协理、副理的薪水均定为三个不同级别，"（1）经理薪水：第一级 500 元、第二级 450 元、第三级 400 元（现仍支第三级 400 元）；（2）协理薪水：第一级 400 元、第二级 360 元、第三级 320 元；（3）副理薪水：第一级 320 元、第二级 280 元、第三级 240 元"。③ 在实际支付薪水时，则根据这些高层管理人员在任职期间的客观工作绩效，由董事会决议支付某级薪水。同时，保晋公司大同矿业公司对于兼职职员，只发一份薪水，对于兼职业

---

① 民国八年（1919 年）10 月 24 日奉部批准并备案之《山西保晋矿务公司章程·第七节　薪俸》。

② 参见：《阳泉煤矿史》编写组：《阳泉煤矿史》，山西人民出版社，1985 年版，第 50 ~ 51 页。

③ 民国二十三年（1934 年）3 月 31 日：《大同矿业公司董事会民国二十三年第一次常会会议纪录》。

务，则以津贴的形式予以补贴，不发双份工资，"协理梁上椿支第二级薪，每月 360 元，因兼矿务局职务，暂不支薪，每月津贴 120 元……公司兼任员司，拟停发薪水，一律改支津贴"。①

2. 矿工的薪酬设计

保晋公司支付给矿工的劳务报酬，比照当地生活程度及其他矿厂同等工人之工资而定，实行计件工资制与计时工资制。"各矿厂发给工资，每月一次；发给日期，以月初发给上月者为度。"②

采煤工、运煤工及临时包工均实行计件工资制。采煤工在保晋公司全体矿工中占有主体地位，无论是前期的"把头制"，还是后期的"老伙班制"，均按采煤数量及进尺核给工资。运煤工是采煤工自己雇用，并经公司许可的。临时包工则是公司进行特别建筑时雇用的。③ 上述工种主要依据实际提供劳务量的多寡、工程量的大小或实际产量来核定与支付劳务报酬。"采煤工价按重量计，运煤工价按车数计。每吨块煤之采煤工价，大洋 8 角至 9 角；每车块煤及末煤之转运工价，大洋 3 分；其有特别情形时，得酌量增减。"④

对于无法考核工作量的工种，保晋公司实行计时工资制。计时工资分日计时和月计时两种。"日工人为修路、通风、提水、挂钩、撒钩、推车、堆煤、上油、点灯、木作、泥作 11 种，其修路、通风、提水、挂钩等工价，每日每工大洋 2 角 5 分至 2 角 8 分；撒钩、推车、堆煤、上油、点灯等工价，每日每工大洋 1 角 8 分至 2 角 3 分。月工人为提煤、司锅炉 2 种，其工价每月每工 8 元至 12 元。"⑤计时工资，除特殊技术工外，低于采煤工的工资。

除了计件工资和计时工资外，保晋公司还规定了对矿工的奖励工资。"各矿厂工人，工作勤慎者，在平日均以加增工资为奖励；在年度时，均以格外给金为奖励。"⑥事实上，这种奖励是微不足道的。平定第一、第二、第三矿厂逐年尚有盈利，其余矿厂经常亏损，连起码的工资都维持不住，奖金就更无从谈起了。⑦

兹将民国十九年（1930 年）保晋公司各工种矿工的工资收入情况统计如表 4-3 所示。

---

① 民国二十三年（1934 年）3 月 31 日：《大同矿业公司董事会民国二十三年第一次常会会议纪录》。
②④⑤⑥ 《保晋公司矿工服务细则》。
③⑦ 参见：《阳泉煤矿史》编写组：《阳泉煤矿史》，山西人民出版社，1985 年版，第 51 页。

表4-3 保晋公司各种工人工作数目、工资暨每工平均所得工资统计

民国十九年（1930年）

工别 \ 项别	全年工作数（工）	全年工资数（元）	每日每工平均数
采煤工	370008	243077.66	0.657
运煤工	163513	65300.34	0.399①
司机工	65324	26817.33	0.411②
提水工	33632	10809.08	0.321
其他工	126080	39986.68	0.317③
共计	758557	385991.09④	0.509⑤

资料来源：常旭春、白象锦：《保晋公司报告书稿·第八章 工人》（民国十九年）。

据表4-3有关数据可知，保晋公司采煤工民国十九年（1930年）全年工作数为370008工，占保晋公司当年工作总数的48.78%；该工种全年实得工资额为243077.66元，占保晋公司全年实际支付工资总数的62.97%；当年采煤工平均日工资为0.657元，超过了当年全体工种日平均工资的29.08%。可见，保晋公司采煤工的出勤数、实得薪金额在各工种中均占有最大比重，也是平均薪金水平最高的一个工种。

保晋公司的矿工尽管付出了辛劳的血汗，可是得到的报酬却少得可怜。以工资较其他工种为高的采煤工为例。据统计，民国七年（1918年）至民国十一年（1922年）的5年间，保晋公司阳泉各矿厂采煤工人的日平均工资徘徊在0.275～0.419元，日平均工资为0.377元。按每月出勤23天计算，一个采煤工的月平均工资为8.671元，扣除米面费和工具费，只剩5元左右。也以民国七年（1918年）至民国十一年（1922年）5年间的平均物价衡量，小麦每斤0.038元、白面每斤0.058元、麻油每斤0.13元、食盐每斤0.043元。一个采煤工所得工资，除维持本身生活外，还可勉强维持两口人的生活。中原大战后，晋钞贬值，3元钱只能顶过去的1元钱使用。民国十九年（1930年），

---

① 据原史料记载为0.400，但著者通过计算，认为应当为0.399。

② 据原史料记载为0.410，但著者通过计算，认为在四舍五入、保留三位小数的情况下，应当为0.411。

③ 据原史料记载为0.318，但著者通过计算，认为应当为0.317。

④ 据原史料记载为385991.10，但著者通过计算，认为应当为385991.09。

⑤ 据原史料记载为0.508，但著者通过计算，认为应当为0.509。

虽然采煤工的日平均工资为 0.657 元，但实际上只顶物价上涨前的 0.23 元。由于钞票贬值、物价上涨，一个采煤工除去维持自身生存外，仅能勉强负担一口人的生活。这还仅仅是从账面上计算，实际上由于把头克扣矿工工资和米面柜发放米面缺斤短两，每年又从每个矿工身上刮去 5 元左右。矿工王凤山和王凤岗兄弟俩都是身强力壮的小伙子，他俩一同在四矿厂井下推车。王凤山每日工资 0.24 元，王凤岗 0.2 元。两人都没有成家，只养活母亲一人，还常常弄得有上顿、没下顿。①

保晋公司矿工微薄的工资收入与其高层管理人员的收入相差悬殊，形成了鲜明对比。自民国十年（1921 年）起，保晋公司总经理的工资定为每月 300 元、协理 280 元、总稽核 260 元。经理一人的工资等于一个采煤工工资②的 60 倍。这也仅仅是从账面上计算而已，实际上，工资悬殊还要大得多，且不说公司经理可以使用与支配公司的招待费、交际费，仅回家探亲的车马费，每月就要津贴 20 元之多，仅此一项就为一个采煤工工资的 4 倍。③

（二）保晋公司的福利待遇

保晋公司对于所聘职员，除正常薪酬外，在用餐、烟茶、休假及川资路费等方面也有一定的约束性福利规定，"公司每日依次备具三餐，已不至枵腹从公，此外一概不管……烟茶两项，公司自酌中置备，以供众用，自总办理依次均不得先时预支，即有要需，亦只宜自行筹措，号中不管……自总办理依次每年回家，只准两次，不得逾一月，由公司酌给相当川资脚费，此外如有要事，必须回里者，可自行告假，川资脚费自备，公司一概不管，其住家日期亦不得逾一月，每年告假至多两次。至家在本州县者，可略予通融，惟不给川资脚费。倘第一次回家，适值有事，断非一月能办结者，准其多住一月，于本年内即不得再行回里，其用川资脚费，亦只给一次，毋得有异说"。④

保晋公司除按规定支付给工人正常薪酬外，对于假期、住屋、物品供给、医药、抚恤、烧炭等具有一定福利性质的待遇，也进行了明确的规定，"假期：工人除每日工作完毕休息外，依当地习惯，每月于旧历朔、望两日及春、

---

① 参见：《阳泉煤矿史》编写组：《阳泉煤矿史》，山西人民出版社，1985 年版，第 95 页。
② 采煤工的工资取扣除米面费与工具费后的净额，即约为 5 元。
③ 参见：《阳泉煤矿史》编写组：《阳泉煤矿史》，山西人民出版社，1985 年版，第 95～96 页。
④ 1908 年 10 月 7 日《晋阳公报》。

夏、秋、冬四节，各休息一日。旧历十二月十八日以后，工人多数回籍，虽各矿规定旧历正月初六开工，而遵者甚少，必须二月初二后，矿工方能全来；住屋：工人于每日工毕，除附近有家者，各归舍食宿外，其外籍工人，皆住于各矿特备之宿舍，由公司供给火、电、炕、席等物，不收租费；物品供给：工人所需食用物品，均由各矿预备，取价应以市价为标准，月终结算由工资内扣除；医药：各矿备有各种药品，专供职工领用，不取药资，复延用医生之，以便随时疗治之疾病，其有肢体受伤或罹重病者，则送往平定友爱医院或附近医院诊治，药资亦由公司支付；抚恤：凡有因工受伤，酌给假日，并予调治，因而死亡者，每名给予恤金；烧炭：工人下班时，得由厂内挑取碎炭一筐，不取价款，但以自烧为限"。[1] "本公司所用职员，若在号病故，另送3个月薪水。至所延矿师、技师，倘有意外之事，华人照职员办理；洋人由内地聘用者，照华人办理，由外洋聘用者，加倍送6个月薪水，以示体恤。其余各峒所用工人，有压毙淹毙等事，每名给埋葬费30两。"[2] "各矿厂之休息日期，以每月初一及十五两日为度。至休息日应有之博欢鼓兴等具，应设法组织矿工俱乐部，设备手球、足球、网球，以节劳动而爽精神。"[3]

保晋公司专门制定有《矿工抚恤规则》，其将矿工抚恤种类分为"①压毙、淹毙；②因伤死亡；③因公负伤致罹疾病或身体残废等"三类情形，并且规定了相应的抚恤标准，"压毙、淹毙者，每名给与抚恤费大洋45元，并由公司备具棺木，且得令其各回原籍；其因路远无力搬柩者，公司特购义地葬埋之……因伤死亡者，须按其死亡情节，给与前条金额或三分之二以下之恤金；至于购棺葬埋，一如前条所定……因公负伤者，须立刻送之附近医院医治，医药等费由公司代付，且帮贴米面。伤愈后，仍令就业；其因负伤太重，致身体残废不能服务者，得酌量给与恤金；肢体不能动作者，须设法派与能办事件，以示体恤；惟伤愈后，续经死亡者，不在此例"。同时，明文规定了抚恤金领取人的先后顺序，"①死亡者之父母；②父母不在时，其妻；③妻不在时，其子；④父母、妻、子俱不在时，其亲族"。另外，为了防止空口无凭，在发放抚恤金时双方签订有书面凭据，"凡遇此等情形，须通知其父兄及亲族，书立领据，呈明总（理）、协理及该管厂长，核准签字，照章发恤，并须

---

① 常旭春、白象锦：《保晋公司报告书稿·第八章　工人》（民国十九年）。

② 民国八年（1919年）10月24日奉部批准并备案之《山西保晋矿务公司章程·第十二节　恤赏》。

③ 《保晋公司矿工服务细则》。

索还原发之证书"。①

尽管保晋公司名义上规定了生产工人相应的福利性待遇，但事实上却大相径庭，矿工们不仅享受不到应有的福利待遇，而且由于劳动环境恶劣及长期的超负荷劳作，伤亡严重；同时，矿工所遭受的盘剥相当惨重，生活异常窘迫，始终处于水深火热之中。

1. 保晋公司矿工工作环境恶劣且长期超负荷劳作，伤亡异常严重

保晋公司矿工的井下劳动环境是十分恶劣的。所有的矿井都是自然通风。有些矿井虽然购置了通风机，但保晋当局为了节省消耗，不准使用。由于风量严重不足，井下温度很高，有时竟高达30多度，矿工们冒着高温劳动，光着膀子，大汗淋漓。另外，资本家发给矿工的点灯用油是定量的，矿工为了节省使用，常常两人伙用一盏，或者摸黑作业。② 在那暗无天日的井下，缺乏必要的卫生设施和安全保障，疾病和事故时时侵蚀着每位矿工。因此，人们常说，"下了井就是进了阎王殿"。

当时，虽然已经开始使用机器，但所占比重并不大，煤矿生产还主要靠体力劳动。采煤则完全是靠手工完成的。采煤时，矿工口叼油鳖灯，手使尖嘴镢，有时坐着，有时爬着，有时跪着，体力消耗非常严重。长期的采煤生产，使身强力壮的矿工积劳成疾，未老先衰。保晋初期，提升煤炭还都是靠人力和畜力来完成。竖井上安装辘轳，数人绞动，提煤出井。绞辘轳是一种繁重的体力劳动。据阳泉市郊区桃林沟村保晋公司矿工李根祥老人回忆，他17岁时就绞辘轳，一班4个人，两班倒着干，一天下来，浑身酸麻，动也不想动。保晋公司运作到后期，大多数矿厂虽然铺上了轻便铁道，但矿车却是靠人力推动的，推车工人要付出很大的力气。推车工人在井下斜坡上推车，用肩膀扛住车角，用脚蹬住枕木往上推，每推一车就冒一身汗，时间一长，肩膀上都磨起了老茧。保晋公司的工人劳动时间规定为昼夜两班，每班10小时，上下班以锅炉房鸣汽笛为号。实际上，工人早5点上班，晚5点下班，赶回家就得13个小时。有些人为了养家糊口，连续下井二十几天不见太阳，眼圈发绿，身上惨白，不成人样。③

由于工作环境异常恶劣及长期超负荷劳作，保晋公司矿工的伤亡极其严

---

① 《保晋公司矿工抚恤规则》收录于虞和寅：《平定阳泉附近保晋煤矿报告》，民国十五年（1926年）3月，农商部矿政司印行。

② 参见：《阳泉煤矿史》编写组：《阳泉煤矿史》，山西人民出版社，1985年版，第98页。

③ 参见：《阳泉煤矿史》编写组：《阳泉煤矿史》，山西人民出版社，1985年版，第94~95页。

重。保晋当局为了节省坑木，依赖煤柱支护，只有危险地段才使用少数坑木进行简单支护。采煤使用人工搬根凿壕法，虽然成块率极高，但危险性却很大。井下通风不良，瓦斯燃烧和爆炸事故经常发生。所有这些都使井下生产很不安全，矿工随时受到伤亡的严重威胁。保晋公司第二矿厂即燕子沟煤矿，在建井过程中曾连续发生过数次瓦斯燃烧和爆炸事故。清宣统元年五月十一日（1909 年 6 月 28 日），油灯引起瓦斯燃烧，当即致死 1 人，致伤 7 人；清宣统元年六月四日（1909 年 7 月 20 日），矿工在用香烟点燃黑色炸药时，又引起了瓦斯爆炸，井内 3 人和井口 5 人全被炸得骨肉横飞，无一生还；清宣统三年（1911 年）6 月，又因井下矿工点火吸烟，引起瓦斯燃烧，结果烧死 2 人，烧伤 6 人。仅燕子沟矿厂一处，两年内前后三次事故，就断送了 11 条矿工生命，致残了 13 名矿工。[①] 我国煤炭系统生产百万吨死亡率，2009 年度为 0.892、2010 年度为 0.749、2011 年度为 0.564、2012 年度为 0.374。可见，我国当前煤炭系统的死亡率呈逐年下降的良好态势。但当时保晋公司的伤亡率却异常惨重、触目惊心。民国十年（1921 年），当年保晋公司阳泉各矿厂矿工总数为 1136 人，产煤额为 225707 吨，死者 28 人，伤者 29 人。按矿工数量计算，死亡率为 2.46%，受伤率为 2.55%。按产煤额计算，死亡率为 124.05 人/百万吨，受伤率为 128.49 人/百万吨。[②] 据《保晋公司最近三年（民国十七年至民国十九年）各工死伤人数及原因表》[③] 记载，民国十七年（1928 年）至民国十九年（1930 年）3 年间，保晋公司累计死亡矿工 59 人，累计致伤矿工 159 人；另据《保晋公司各矿产量及其成数表》[④] 记载的原始数据，通过汇总可得，民国十七年（1928 年）至民国十九年（1930 年）3 年间，保晋公司累计产煤 862703.41 吨。如此一来，民国十七年（1928 年）至民国十九年（1930 年）3 年间，保晋公司矿工的死亡率为 68.390 人/百万吨，受伤率为 184.304 人/百万吨，其死伤率之高骇人听闻，每位矿工都时刻面临着伤亡的威胁。

2. 保晋公司矿工所遭受的盘剥相当惨重，生活窘迫，始终处于水深火热之中

米面柜是专为矿工供应米面的，名义上是保晋公司的福利机关，却不断伺

---

① 参见：《阳泉煤矿史》编写组：《阳泉煤矿史》，山西人民出版社，1985 年版，第 99 页。
② 参见：《阳泉煤矿史》编写组：《阳泉煤矿史》，山西人民出版社，1985 年版，第 98 ~ 99 页。
③ 常旭春、白象锦：《保晋公司报告书稿·第八章　工人》（民国十九年）。
④ 常旭春、白象锦：《保晋公司报告书稿·第七章　各矿工程设施状况》（民国十九年）。

机盘剥矿工。柜上把米面转给把头，再由把头发给工人。工人每天吃每天领，满月之后统一算账，开资时一并扣除。柜上的米面是趁市价较低时购来的，和工人结算时，柜上暗暗抬高价格。把头把米面分给工人时，又在秤上做手脚，缺斤短两。由于层层剥皮，一月下来，仅吃饭一项，就要占去工人工资的一半。我们不能小看米面柜剥削工人的"水磨功夫"，又是缺斤少两，又是高抬价格，这样一点一滴地从每个矿工身上搜刮，长年累月下来，搜刮去的膏血竟成了一个惊人的数字。保晋公司的米面柜每年要从矿工身上搜刮去 1 万多元，这笔款一半由相关职员私分，一半被经理装入腰包。①

保晋公司矿工的生存质量异常低下，大多数矿工来自附近农村，住宿尚可回家。外地来的矿工，有的在煤矿附近的农村找个破土窑洞，居住下来。有的住在矿厂的工房里，名为工房，实际上是一些破窑洞。20 多人挤在一起，乱哄哄的一团。冬天，破窑洞里笼起炭火，烟熏火燎，又黑又脏。有的矿工连铺盖也没有，下窑回来，往土炕上一躺，枕块砖头或者炭块，就睡觉了。还有的外地矿工是带着老婆、孩子来到保晋公司矿厂谋生的，他们求得地主同意，在山上挖个能躲风避雨的洞子，就算安了家。在这个家里，阴暗潮湿，跳蚤成群，除了一块破被和一口做饭锅，就几乎再没有什么家产了。保晋时期，矿工们终年穿着褴褛的衣服，就像叫花子一样。条件好一点的，下班回来还能换换，大多数人常年不换，上班穿啥，下班还穿啥。煤矿没有澡堂，所以矿工从来不洗澡，浑身总是漆黑漆黑的，偶尔用盆子洗洗，买不起肥皂，用碱面或豆面搓搓，就算了事。②

当时，煤矿工人被称为"窑黑子"，身份始终低人一等。他们要找个老婆，成个家，确比登天还难。有的矿工累死累活半辈子，攒了一点钱，到三四十岁才能买个穷孩子当老婆。有的干脆找不到老婆，一辈子打光棍。平定地区流传着这样一首民谣："闺女嫁给窑黑汉，黑水衣裳洗不完；黑人黑衣黑世界，黑窑洞里日子难。"这首发自矿工心底的歌，概括了矿工婚姻的艰难，也唱出了他们的苦衷和不平。③

---

① 参见：《阳泉煤矿史》编写组：《阳泉煤矿史》，山西人民出版社，1985 年版，第 97～98 页。
② 参见：《阳泉煤矿史》编写组：《阳泉煤矿史》，山西人民出版社，1985 年版，第 96 页。
③ 参见：《阳泉煤矿史》编写组：《阳泉煤矿史》，山西人民出版社，1985 年版，第 98 页。

六、保晋公司的劳动关系管理

劳动关系，是指用人单位招用劳动者为其成员，劳动者在用人单位的管理下提供有报酬的劳动而产生的权利义务关系。劳动关系是劳动者与用人单位在实现劳动过程中建立的社会经济关系。劳动关系管理主要包括劳动合同管理、企业用工管理、劳动标准管理、劳动争议处理等内容。

（一）劳动合同管理

劳动合同管理，包括劳动合同的订立、履行与变更、解除与终止等内容。劳动合约有纸质合同与口头约定两种形式。据著者目前所集史料，并没有发现保晋公司在录用职员或矿工时签订纸质合同的记载，说明保晋公司当时在录用职员或矿工时一般采取口头合约的形式，通常情况下并不签订纸质文书。至于劳动合约的解除或终止，有些是由保晋公司强行解雇所聘职员或矿工，有些是由劳动者提议解除劳动雇用关系，还有些是自然解除劳动关系的。

如果劳动者严重违反劳动纪律或企业规章制度，或者营私舞弊、严重失职，给企业造成重大损失，那么保晋公司将无条件强制解除劳动关系，"总、协理如侵蚀公司款项，经众股东查有实据者，应立时辞退……以次所用之人，如有此项情弊，总、协理亦照此办理"。① 保晋公司的《矿工服务细则》明文规定："至于工作疏忽者，轻者则扣罚工资，重者则开除名额。"

同时，由于被雇用者个人原因，也可以向保晋当局提出辞职申请，而解除劳动关系，"诸号友即有意见不合，不愿在公司者，可迳向号上告辞，或托推荐承保之家代辞，不得托故迳致紊公司规则"。② "民国元年（1912 年），渠总理、曾协理函请辞职……民国五年（1916 年）7 月，刘（笃敬）总理辞职……民国六年（1917 年）9 月，采煤部长李建德辞职……民国十年（1921 年）2 月，总稽核王骧辞职……民国十一年（1922 年）10 月，崔廷献辞职……

---

① 民国八年（1919 年）10 月 24 日奉部批准并备案之《山西保晋矿务公司章程·第十三节惩罚》。

② 1908 年 10 月 7 日《晋阳公报》。

民国十四年（1925年）7月10日，开第十次股东会，曾（纪纲）副经理请辞职。"① 对于职员的主动辞职，保晋当局一般都会批准，因为即使挽留，一方面由于辞职人员去意已决，很难改变离职的初衷；另一方面由于劳资双方并没有事先签订约束性的纸质文书，无法诉诸法律程序予以解决。

另外，如果保晋公司所雇从业人员因病、因伤死亡，或因病、因伤而客观上无法继续工作，在这种情况下，保晋当局与被雇用者之间的劳动合约即被自然解除。如民国三年（1914年），因为赵奇英矿师病故，保晋公司只得另聘武汉三为矿师，王宪为副矿师。②

保晋公司在人员聘用与劳动关系解除管理过程中，还有一种特殊现象值得引起我们的注意。保晋公司在决策当局荐举与任命高层管理人员的过程中，存在被荐举人员拒绝任职而不到岗的情形。"民国十一年（1922年）12月，董事公推乔殿森为正经理，未就……民国十二年（1923年）1月，董事会另推乔映霞为正经理，未到任前。"③可见，这种情况是保晋公司单方面的人才需求，并没有事先征得被荐举人的同意，进而遭到被荐举当事人拒绝，未曾到岗，劳资合约关系根本没有真正启用，也就无所谓劳动关系的解除了。

总之，保晋公司当时的劳动合同关系，大多数情况下为口头合约，对劳资双方都缺乏必要的约束力。无论是以总经理或协理为核心的高层管理人员，还是以矿师为代表的专业技术人员，乃至普通的生产工人，皆频繁更替、来去自由，缺乏稳定的管理团队、技术团队与生产团队，在用人管理机制上存在重大缺失。

（二）企业用工管理

企业用工管理，主要包括员工的招聘管理、试用期管理、员工培训与服务期管理、商业秘密与竞业限制管理等内容。有关保晋公司对于从业人员的招聘与设置管理、培训管理等内容，参见本著本章"二、保晋公司人员的招录与配置"及"三、保晋公司人员的培训与开发"的相关著述，这里不再重复。有关保晋公司从业人员整个服务期的管理，渗透于本章涉及从业人员管理的方方面面，这里不再单独论述。至于保晋公司从业人员的试用期管理、商业秘密与竞业限制管理，由于没有发现保晋公司聘用从业人员先行试用的相关史料，也没有发现约束从业人员保守商业秘密及企业机密的条文性规定，不便妄加评论。

---

①②③ 常旭春、白象锦：《保晋公司报告书稿·本公司大事纪》（民国十九年）。

（三）劳动标准管理

劳动标准管理，主要包括工作时间与休息休假、劳动报酬、劳动安全与劳动保护、企业规章制度等内容。有关保晋公司劳动标准管理的相关内容，本章前面已分散述及，这里不再单独阐释。

（四）劳动争议处理

劳动争议处理，主要包括劳动争议的调解、劳动争议的仲裁、劳动争议的诉讼。保晋公司在实践运营过程中，劳动争议时有发生，但大多数情况不是通过调解、仲裁或诉讼的途径加以解决，而是以斗争或罢工等非正常渠道得以处理。民国十三年（1924 年）7 月，保晋公司第三矿厂规定工人每从井下吊一车碎煤，付给 1 角 2 分的工钱，可是到发工钱的时候，却硬要按 8 分算。为了争取本来应得的微薄工资，三矿厂的工人们计划组织起来同保晋管理当局斗争，管理者看到形势不妙，被迫按原先同工人们协定的工资发放了劳动报酬。[1] 还有一次，保晋公司三矿厂工人从井下运出一块大炭，重量有 120 斤，可是领事非要按 100 斤算。为此，三矿厂工人以罢工相威胁，管理当局只得认错并道歉，按实际的 120 斤计酬。[2] 民国二十六年（1937 年）日寇入侵阳泉前夕，保晋公司当权者闻风而逃，其代理人也伺机逃走。煤矿停了产，工人失了业，欠下工人两个半月的工资没有发放。工人们便组织起来，同其代理人进行斗争。代理人不得不答应先发口粮，让工人复工，然后再补发工资。此后，又经过矿工们集体到总公司的说理斗争，保晋公司的留守者才给矿工们补发了两个月的工资。[3] 可见，劳动者在当时不能通过正常法定渠道获取应得酬劳的情况下，矿工们只能以自身特有的抗争方式来争取本属于自己的经济利益。

---

[1]　参见：《阳泉煤矿史》编写组：《阳泉煤矿史》，山西人民出版社，1985 年版，第 101 页。
[2]　参见：《阳泉煤矿史》编写组：《阳泉煤矿史》，山西人民出版社，1985 年版，第 102 页。
[3]　参见：《阳泉煤矿史》编写组：《阳泉煤矿史》，山西人民出版社，1985 年版，第 107 页。

第五章　保晋公司的财务管理

　　财务管理是企业组织财务活动、处理财务关系的一项经济管理工作，是在企业宏观战略目标既定的前提下，关于资本融通、资产购置、营运资金及利润分配的管理活动。保晋公司为了加强企业内部的财务管理，由股东会推选数名监察人员，"凡公司账目、财产、业务均得随时检查，年终结账须查核账略、署名、报告"。① 下面分别从筹资管理、投资管理、营运资金管理及利润分配管理四方面对保晋公司的财务管理状况进行相应的探析。

一、保晋公司的筹资管理

　　筹资是指企业为满足自身设立或正常生产经营的客观需要，运用一定的方式，通过不同的渠道和来源，经济有效地筹集所需资金的财务行为。保晋公司主要通过发行股票、对外举债、留存收益等方式进行筹资。

（一）股票筹资

　　保晋公司作为一个股份有限公司，通过发行股票募集资金是其最主要的筹资方式。股票作为持有人对企业所享有的一种特殊权利凭证，一方面代表着股东对企业净资产的所有权；另一方面，股东凭借其所拥有的股份以及被授权行使权力的股份总额，有权行使其相应的、对企业生产经营管理活动及其决策进行控制或参与的权利。兹就保晋公司股票筹资的原则、股权的分类、股票筹资的具体方略、股金筹措进展情况、股息支付等分述如下。

---

1. 保晋公司股票筹资的原则

保晋公司在通过发行股票进行融资的过程中，遵循如下原则：

（1）只允许国人入股，不准洋人入股，"所收股份以本国人为限"。① "惟收华股，不收洋股；附股者如私将股票售于外人，经本公司查知或经他人转告，立将所入之股注销不认。"②

（2）所集之股只准转售，不准提取。"所附之股，照公司通例只准转售、不准提取，尤须将承售之人姓名、住址报明，本公司查系无讹，另行填给股票息折，以昭详慎。"③ "如有将官款及地方各项公款拨入公司为股本者，亦以 5 两为一股，给票付息等事照前一律办理，虽有要需不得提取。"④

（3）所收股银只准存放于大规模金融机构，而不允许存放于小商号。"本公司所领亩捐及所集股分，均存本省殷实商号，陆续提用，不得挪存零星小铺，以昭慎重。"⑤

（4）股东需以实名认股，不得弄虚作假。"本公司收股时，须将股东姓名、住址详细报明，查无违碍，方准附股。倘附股后，查出违碍情形，或经他人转告，立将所附之股注销不认。"⑥

（5）分期集股，逾期未缴足股金，即失其股东权利。保晋公司"分三期收股，开办之后，定期每股先收 2 两为第一期；自第一期之后又六个月，每股再收 2 两为第二期；自第二期之后又六个月，每股再收 1 两为第三期。每期均先付收条，俟三期收足，凭条换给股票息折……如第一期交股后，无力续缴第二期、第三期者，本公司登报通知，限一月补交。如逾限不交，即失其股东权利"。⑦

（6）股东责任的有限性。"本公司既名为有限公司，即有亏折，绝不向股东追移。"⑧

2. 保晋公司股权的分类

保晋公司股权依照不同的标准，可以进行不同的分类。

保晋公司所集股权按其资金来源不同，区分为公股与商股，"公股系各县

---

　①③④⑤⑥　民国八年（1919 年）10 月 24 日奉部批准并备案之《山西保晋矿务公司章程·第五节股分》。

　②　《保晋矿务总公司简章》。

　⑦⑧　民国八年（1919 年）10 月 24 日奉部批准并备案之《山西保晋矿务公司章程·第五节　股分》；又见《保晋矿务总公司简章》。

亩捐经官厅发充股本者，商股系绅商各界向本省、外省募集之股"。① "前清奏准展限所收亩捐，一律作为公股计。每次每县有股若干，发给股票息折，交由该地方官绅收执，该地方官绅须与公司出具联衔收据，其利息悉遵原奏案，专充各该地方兴学之用。"②

保晋公司所集股权按其权限的不同，区分为普通股与优先股。普通股股票是股份公司为筹集主权资金而发行的有价证券，是持股人拥有公司股份的凭证，代表了持股人在股份公司中拥有的所有权。普通股是股份公司发行的具有管理权而股利不固定的股票，是股份制企业筹集权益资金的最主要方式。普通股的优点是没有固定的股利负担，资金可以永续使用，筹资风险小，能增强公司的信誉和经营灵活性；其不足之处在于资金成本较高，随着新股东的增加可能导致分散和削弱原股东对公司的控股权，降低原股东的收益水平。优先股是股份公司发行的具有一定优先权的股票，它既具有普通股的某些特征，又与债券有一定的相似之处。优先股的优点是股利支付率虽然固定，但无约定性，资金可以永续使用，筹资风险小，既能增强公司的信誉和经营灵活性，又能保持原普通股股东对企业的控制权；其不足之处就是资金成本较高，优先股较普通股限制条款多。"如在第一期内将股交足，谓之优先股。每股先付息银二钱，作为一年提前先付之息。"③

保晋公司所集股权按其实物形态不同，区分为银股与地股。通常情况下，保晋公司股本以现金的方式收取，但也存在以土地等实物作价入股的情形，"凡有以矿地作股者，按地作价，按价分股，仍以 5 两为一股，一律填给股票息折，毫无歧视"。④ "保晋公司成立后，同济公司随即取消，所有同济公司产业均归保晋公司接收，是以同济公司与平定各村社所订按地入股合同，亦由保晋公司接收，继续履行。嗣于民国三年（1914 年）2 月，因国体变更，经保晋公司于各村社续订合同，加增地股，盖用关防，具呈备案，计续订合同者共 26 村，入股亩数共 637 顷 89 亩，作股 277 个，每百两 1 股，合银27700 两。"⑤

---

① 常旭春、白象锦：《保晋公司报告书稿·第二章　本公司股份》（民国十九年）。
②④　民国八年（1919 年）10 月 24 日奉部批准并备案之《山西保晋矿务公司章程·第五节　股分》。
③　民国八年（1919 年）10 月 24 日奉部批准并备案之《山西保晋矿务公司章程·第五节　股分》；又见《保晋矿务总公司简章》。
⑤　民国三年二月初二（1914 年 2 月 26 日），《保晋公司与平定各村社续订按地入股合同》。

3. 保晋公司股票筹资的具体方略

资金作为企业生产运营活动的血液，其到位与否直接关系着企业的正常运转与后续发展。保晋公司为了实现按期如数集股，采取与运用了许多方式、方法。

（1）通过定章建制的规范性约束，以期增加企业信誉、迅速募集所需资金。保晋公司"为急于开办起见，暂定简章以期招股迅速，其全章容俟续订"①，专门制定了《保晋矿务总公司简章》，共 18 条，全部是专门针对股本筹集事宜的约束性规定。民国八年（1919 年）10 月 24 日奉部批准并备案之《山西保晋矿务公司章程》共计 71 条，其中 24 条对股份事宜进行了明文规定。保晋公司"分三期收股，开办之后，定期每股先收 2 两为第一期；自第一期之后又六个月，每股再收 2 两为第二期；自第二期之后又六个月，每股再收 1 两为第三期。每期均先付收条，俟三期收足，凭条换给股票息折"。② "本公司各处均订有收股妥实商号，附股者即交各该号代收，掣换收条股票息折。"③ "本公司收股之法陆续递推（如甲系第一期附股，乙系第二期附股），总以三期收足一整股为断，俟集齐六十万股即行停止。"④ "本公司既为商办，其入股者，无论何人，均认为股东，一律看待……本公司既名为有限公司，即有亏折，绝不向股东追移。"⑤ 保晋公司对于招股方式、招股渠道、招股原则、资金用项、股东地位、激励机制、特殊事宜、股息支付等都进行了明文规定并对外公布，以期增强与提升企业自身的公信力，进而募集更多资金。

（2）通过报刊媒体，广泛宣传集股事宜。保晋公司为了募集资金，在《北京日报》、《顺天时报》、上海《申报》、《中外日报》、天津《大公报》、《晋阳公报》等国内各大报纸上先后刊登了大量招股广告。1908 年 4 月 1 日，《大公报》登载了《山西商办保晋矿务公司招股广告》："本公司于光绪三十三年禀准农工商部开采山西全省各种矿产，现拟招集股本银 300 万两，每股 5 两，分三期匀收，均收晋省红封库平足银，周年 4 厘行息。如第一期内将股全交，即列入优先股，可先扣一年之息。所有各省各埠附股诸君，就近交与晋省各票号分庄代收，掣取收据。第一期截止本年六月底，第二期截止本年年底，

---

① ⑤ 《保晋矿务总公司简章》。

② ④ 民国八年（1919 年）10 月 24 日奉部批准并备案之《山西保晋矿务公司章程·第五节　股分》。

③ 民国八年（1919 年）10 月 24 日奉部批准并备案之《山西保晋矿务公司章程·第五节　股分》；又见《保晋矿务总公司简章》。

第三期截止明年六月底。惟只收华股，不收洋股。特此布告。" 1908 年 10 月 21 日，上海《申报》登载《山西保晋矿务公司声明招股》："本公司奉农工商部奏准，先集资本 300 万两，每股 5 两，计 60 万股，均收库平足银，周年 8 厘行息。分三期收股，第一期收 2 两；六个月后为第二期，收 2 两；以一年为第三期，收 1 两，收股之日即行起息，三期收足，凭条换给股票息折。"

（3）广设收股点，方便集股。保晋公司为了方便各地民众集股，依托于遍布全国各地的山西票号分支机构，广设集股点，"本公司各处均订有收股商号，入股者即交各该号代收，掣取收条"，[①] "各处均订有收股妥实商号，附股者即交各该号代收，掣换收条股票息折"，[②] 仅在上海一地，就设有"百川通、日升昌、志成信、大盛川、协成乾、蔚长厚、三晋源、存义宫、协同庆、大德通、新泰后、蔚太后、蔚丰后、蔚盛长、大德恒、宝丰隆、合盛元、世义信、大德川、大德玉、中兴和"[③] 等 21 个收股点。同时，为了便于股东到期领取股息，保晋公司承诺"付息时，可于各处收股售票处就近凭摺支取，以省周折。"[④]

（4）利用股权激励机制，调动招股人员的积极性。保晋公司所聘一般职员，绝大部分都家境一般，其薪酬收入，除维持本人及其家庭成员基本的生存所需外，所剩无几，根本没有投放自有闲置资金集资入股以成为保晋公司股东的可能性。保晋公司为了广泛调动各地招股人员的筹资积极性，规定"各处经理招股人，如招千股以上，即另送红股五十股，多者递加"，[⑤] 期望通过"配股"的股权激励方式，最大限度地调动广大招股人员的主观能动性与内在潜能，大量募集股金。

（5）通过"提高股息或预先付息"的方式，极力吸纳股金。保晋公司创办前期，由于股本筹措困难，为了吸纳更多的股金，特意提高了股息，"原定官息周年 4 厘……改为周年 8 厘，仍不计闰，以广招徕"。[⑥] 1908 年 4 月 1 日

---

① 《保晋矿务总公司简章》。

② 民国八年（1919 年）10 月 24 日奉部批准并备案之《山西保晋矿务公司章程·第五节　股分》。

③ 1908 年 10 月 21 日《申报》载《山西保晋矿务公司声明招股》。

④ 《保晋矿务总公司简章》。

⑤ 民国八年（1919 年）10 月 24 日奉部批准并备案之《山西保晋矿务公司章程·第五节　股分》；又见《保晋矿务总公司简章》。

⑥ 1908 年 9 月 8 日《晋阳公报》载《抚宪提倡绅民速集矿股示文》；1908 年 9 月 9 日《汉口中西报》载《宝湘帅劝集矿股示文》；1908 年 9 月 26 日《中外日报》载《晋省矿股加息》。

《大公报》登载的《山西商办保晋矿务公司招股广告》规定"周年4厘行息"，而半年之后，1908年10月21日上海《申报》登载的《山西保晋矿务公司声明招股》却规定"周年8厘行息"，股息提高了4厘。另外，保晋公司还通过"预先扣除一年股息"的优惠措施来募集股本。"阳曲县陆大令，以集股开矿关系最要，前曾分绅、学、商、社四界，实力劝办在案，现因两月之久，未尚收齐，特于日昨复出示谕，自本月15日起，截止10月15日，所各界认定股银，无论多少，统限于1月内措交，并准照公司章程，每股先扣一年利息，以示优异，而资劝励。"①

（6）借助山西地方官员的社会影响与威慑力及行政强制力，大力募股。据《山西省志》（《中国分省全志·第十七卷》）记载："关于该公司（保晋公司）的组织，根据章程第一条规定，属于商办性质，声明不请拨官款，但实际上仍依地方官员为奥援，可称为官督商办。甚至该公司招募股分时，亦由布政使下令各州县设法鼓励官民应募认股，而州县为招募股分也确实采取了一切手段。"据1908年3月29日《新闻报》载《晋抚倡认矿股之热心》一文记载："山西矿产自向福公司赎回，设立保晋公司经营自办后，晋抚宝中丞除出示晓谕，军民人等踊跃入股外，犹诸多观望，拟先由官界认股以为之倡，遂自认股银2000两，司道以下均已允认，一面通饬各府厅州县，分上、中、下三等认股，并令各地方官切实劝谕，绅民争先入股，经此实力提倡，日来官绅士庶之认股者，已异常踊跃。"尽管上述报道中出现了"异常踊跃"的字眼，但客观情况却并非如此，"晋矿集股一事，前由宝湘帅通饬各属，曾按照上、中、下三等，分别招集，以资开办。兹闻阳曲一邑，经陆大令竭力谆劝，业已集有1500余股，其省外各州县②颇多观望推诿，未能认真，湘帅刻复严行催促，如有阳奉阴违者，必甄别一二，俾不至视若具文云"。③由于"招股之不能踊跃"，故而"去岁十月（1910年11月）敝公司开会之时，仰蒙丁中丞热心演说，提倡二次集股，除丁中丞认入500股，志方伯（志森布政使）认入400股"④，山西地方政要大员为扶持保晋公司的矿业发展而率先垂范、集资入

① 1908年10月22日《汉口中西报》之《山西通信》中所录《示谕催缴矿股》。
② 这里的"省外各州县"并非指山西省以外的各州县，而是指山西省内除上述"阳曲"县以外的各州县。
③ 1908年10月4日《中外日报》载《山西催招矿股》；1908年10月4日《汉口中西报》载《晋矿集股之近情》。
④ 1911年10月3日《晋阳公报》载《保晋公司　黄君铸卿书》。

·125·

股。另外，保晋公司在股本收缴过程中，也曾出现凭借地方政府特权，强行劝股的情形，"晋垣各商户，知识极为浅陋，凡一切公益之举，从不知为何物。前因矿务集股，曾由首县陆大令守文再三劝勉，晓示利害，该商等不得已，始勉强允从。旋有油面两行互相推诿，缠讼不休，当经陆大令明晰批驳，并示谕各商户，统限十月之内一律交齐，以凭报解。刻以逾限已久，缴纳者仍复寥寥，遂又于上月二十二日派差持票前往，促令速缴"。[1] "解州牧徐树璟，近因筹集矿股，人民颇多观望，非用强迫手段恐不足以集事，特票传粮户到案，勒令认股，有违抗者即痛加笞责，并拘押于班馆，以示惩儆。该州人民压于官力，只得典卖产业，克期缴纳，大有困苦不堪之势。"[2]

4. 保晋公司股金筹措进展情况

通过对现集多份史料的比照与分析，我们不难发现其对保晋公司股本筹集情况的描述大有出入，而且个别地方更是大相径庭，但著者认为民国十五年（1926 年）3 月出版，由虞和寅所著《平定阳泉附近保晋煤矿报告》（农商部矿政司印行）；民国十九年（1930 年），常旭春、白象锦所撰《保晋公司报告书稿》；《山西保晋矿务公司经营概要》三份史料所反映的股本筹集情况应当较为真实与客观。

"本公司股本，按章定为库平银 300 万两，每股 5 两……当公司成立伊始，于光绪三十二年（1906 年）、三十三年（1907 年），先后由官厅领到亩捐 20 万两，为开办之资，旋即发给股票，分发各县，所谓公股者，即此数也。嗣经当道通饬所属，劝募股份，分绅、学、商、社四大组进行。原定大县 3 万两，中县 1.5 两，小县 1.2 两，另提出榆次、太谷、祁县、平遥四县特别办理。此外，复由汇兑庄向外募集。"[3]

尽管保晋公司以山西争矿运动为直接导火线而创办，但从光绪末年公开发行的一些报纸不难发现，在山西矿权尚未收回之际，山西绅商已经开始奔走呼号，集资筹办保晋公司了。截至清光绪三十三年（1907 年）底，保晋公司所集股本情况为："太谷 60000 股，各票庄 200000 股，盂县 2000 股，汾州府 5000 股，榆次 8000 股，平定 5000 股，潞安 6000 股，泽州 5000 股，平遥 20000 股，平阳 13000 股，忻州 10000 股，太原府 9000 股，祁县 40000 股，

---

① 1908 年 12 月 24 日《汉口中西报》载《晋矿催股之现象》。
② 1909 年 2 月 11 日《汉口中西报》载《勒捐矿股》。
③ 常旭春、白象锦：《保晋公司报告书稿·第二章　本公司股份》（民国十九年）。

共合 383000 股。"① 据 1908 年 2 月 24 日《汉口中西报》之《晋矿续集股款之确数》一文记载："晋矿集股数曾于年前十一月十八日（1907 年 11 月 18 日）由矿务公所报告称，集有 383000 股业绩，本报兹复得最近调查计续收太谷 40000 股，汾州 5000 股，榆次 7000 股，平遥 50000 股，平阳 26000 股，忻州 53000 股，大学堂 5000 股，法政学堂 3000 股，师范学堂 4000 股，教育会师范传习所 1000 股，法政讲习所 3000 股，农林学堂 2000 股，公立工艺局 700 股，太原府中学堂 1000 股，公立中学堂 5000 股，陆军学堂 1500 股，公立女学堂 900 股，渠本澄 200 股，解迪笃 30 股，约 208330 股，连前所集共得 591330 股。"据此史料说明，时至光绪三十四年（1908 年）2 月，保晋公司集股数已达 591330 股，几近 60 万股之定数，但其与《平定阳泉附近保晋煤矿报告》、《保晋公司报告书稿》、《山西保晋矿务公司经营概要》中的记载明显不符，著者也持异议，但该史料中反映的各地、各单位集股概况，应当能够对其时保晋公司的资金来源略窥一斑。

在保晋公司的股金筹集过程中，山西部分地方要员，为扶持本域矿务发展，率先参与了保晋公司的股份认购，当然其中更不乏晋商巨贾。据著者现收史料，保晋公司当时最大的两笔民间股金，系出自晋商代表人物渠本翘与乔景俨之手。1908 年 8 月 28 日，《晋阳公报》登载《商办保晋矿务总公司第一期收股清单》如下："抚宪宝（棻）：400 股计 2000 两；藩宪丁（宝铨）：400 股计 2000 两；臬宪志（森）：400 股计 2000 两；道宪曹：400 股计 2000 两；学宪锡：200 股计 1000 两；学务公所：100 股计 500 两；候选道乔景俨：10000 股计 50000 两；总理渠本翘：10000 股计 50000 两。""清光绪三十四年（1908 年），由公司禀请抚藩宪通饬所属，募集矿股，几经激劝，先后收到库平银 170 余万两。"② "惟当时风气未开，对于新创实业，多抱怀疑，虽经竭力劝募，迄未足额。统计先后所募银两及接收寿荣、晋益等公司股份，连同亩捐，共收股本银 1928806 两 6 钱，填发股票息扺计 385555 股，③ 股东户名 34000 余名。"④

据 1908 年 8 月 25 日至 1910 年 11 月 7 日的《晋阳公报》记载，保晋公司

① 参见 1907 年 12 月 30 日《汉口中西报》载《晋矿集股之确数》一文；1908 年 1 月 16 日，天津《大公报》载《保晋公司集股之踊跃》一文；1908 年 1 月 19 日《申报》载《晋矿集股确数》一文。
② 常旭春、白象锦：《保晋公司报告书稿·第一章　本公司沿革》（民国十九年）。
③ 据《山西保晋矿务公司经营概要·第二章　公司概况》记载，股份数为 385550 股，存在出入。
④ 常旭春、白象锦：《保晋公司报告书稿·第二章　本公司股份》（民国十九年）。

在创办初期的确吸纳了不少民间资本，其中集资500股以上者，依时间顺序摘录如下：荣宅1000股，有恒堂1200股，王梦渔574股，张九章1000股，郝双裕堂500股，大德通600股，大德恒600股，三晋源600股，存义公600股，大盛川600股，合盛元600股，世义信600股，钱行1680股，承槐堂何宅500股，张联五560股，梁寿联520股，太谷现钱行1739股，太谷王三槐堂1650股，榆次世和堂常900股，榆次世荣堂常600股，榆次象贤堂侯600股，平遥天成亨600股，平遥平帮票号1200股，平遥彩帛行660股，平遥蔚丰厚600股，平遥新泰厚600股，平遥毛忠恕堂960股，平遥百川通600股，代州敦睦堂冯600股。

保晋公司在辛亥革命之前，已经是资金短缺、捉襟见肘了，幸得山西票商筹垫资金，才得以过渡，"保晋公司于前月开会时报告公司需款甚急，仍请筹借。各商均谓此时自顾不暇，只好俟发给亩捐，收还垫款，以资应用。惟范君元澍（天成亨票号总理、平遥商务总会总理）谓：'若俟领到亩捐，又恐缓不济事，宜一面具呈民政长，将已收亩捐无论多寡，即请随时发给；一面回明各号铺掌暂行凑垫一万八千金，以济要需，而免停工。'闻日前各号已允照数筹垫矣"。[1]

兹将保晋公司光绪三十二年（1906年）至民国四年（1915年）10年间所收资本银数汇总如表5-1所示。

表5-1　保晋公司历年所收资本银数汇总

单位：两

时　间	金　额
光绪三十二年（1906年）	50000.00
光绪三十三年（1907年）	150000.00
光绪三十四年（1908年）	611709.79
宣统元年（1909年）	1012292.86
宣统二年（1910年）	70292.95
宣统三年（1911年）	32483.10
民国元年（1912年）	—
民国二年（1913年）	27.90

---

① 1912年8月16日《新闻报》载《票商顾全大局》。

续表

时　间	金　额
民国三年（1914 年）	12000.00
民国四年（1915 年）	—
合　计	1938806.60

注：需要说明的是，据原史料记载合计数为 1938806.60 两，而《山西保晋矿务公司经营概要·第二章　公司概况》与常旭春、白象锦：《保晋公司报告书稿·第二章　本公司股份》（民国十九年）中均有"共收股本 1928806 两 6 钱"的记载，两相不符，相差 10000 两银，但对本列表中各年度数据进行加总也的确为 1938806.60 两，可见并非笔误。故此数据有待进一步深入考证。

资料来源：《山西保晋矿务公司经营概要·第二章　公司概况》。

自民国五年（1916 年）改用银元为本位，遂将上收股本折合 2863640.603 元。"民国九年（1920 年），股东会议决，继续招募，期足 300 万两之数。"[1]

纵观保晋公司的整个资本筹集过程，尽管不乏地方政要大员的扶持、富有远见卓识之开明晋商的积极参与，但客观的资本筹集效果却始终不尽如人意，运营资本先天不足。

5. 保晋公司的股息支付

保晋公司规定，"本公司给付利息，定期登报通知……凡付利息，先期一月登报通知，届期凭票折支付……公司将票验明并与底册存根核对无讹，即行支给，每次付利若干，均于息折上详细注明……如有将折票遗失者，照第三十七条办理（股票息折收条如有遗失，准其报明，本公司取具妥实铺保，补行发给其遗失之折票收条，无论中外何项人等拾得，均一律作废），如查系伪票，即将持票之人送官究治，科以应得之罪，一面登报通知原领票之人……如届期未来取利息，即登报催促，展限一个月支付，倘期满仍未来取，即归下期发给"。[2] "如在第一期内将股交足，谓之优先股。每股先付息银二钱，作为一年提前先付之息。"[3] "付息时，可于各处收股售票处就近凭摺支取，以省周折。"[4]

---

[1]　常旭春、白象锦：《保晋公司报告书稿·第二章　本公司股份》（民国十九年）。

[2]　民国八年（1919 年）10 月 24 日奉部批准并备案之《山西保晋矿务公司章程·第六节　付息》。

[3]　民国八年（1919 年）10 月 24 日奉部批准并备案之《山西保晋矿务公司章程·第五节　股分》。

[4]　《保晋矿务总公司简章》。

（二）负债筹资

负债筹资是指企业以现实拥有的自有资金为基础，出于维系企业正常运营、扩大经营规模、开创新事业等特定目标，鉴于自有资金不足而产生的财务需求，通过向银行借款、商业信用和发行企业债券等形式吸纳外来资金，并运用这些资金从事生产经营活动，使企业资产不断得到补偿、增值和更新的一种资金筹措方式。企业对外举债，通常情况下都要考虑货币资金的时间价值，即债务到期时，债务人除归还债权人本金外，还应支付一定的利息作为资金使用的代价，使债权人在收回本金的同时，得到额外的报酬作为让渡资金使用权的补偿。据著者目前所收史料，保晋公司主要通过向金融机构借款和民间拆借两种方式进行负债筹资。

1. 向金融机构借款

企业由于资金供给不足，可以向金融机构申请贷款。企业向金融机构借入资金，必须事先提出请贷申请，填写包括借款金额、借款用途、偿还能力、还款方式等内容的《借款申请书》，并提供有关资料。金融机构审核通过后，双方签订正式的《借款合同》，企业获得借款后，应按照约定的用途调配并运营资金，合同到期，企业应按照合同约定向金融机构偿还本金与支付利息。

保晋公司运营到后期，由于自有资金的严重不足，多次向山西省银行申请贷款；同时，也曾向民间银号等金融机构告贷。民国十六年（1927 年）11 月，保晋公司与山西省银行"订定垫款合同"。[①] "自民国十六年（1927 年）来，历受军事影响，营业奇滞，职工开支，既无的款可恃，官厅捐项，几于无岁不有，以致左支右绌，息借外债，计自民国十六年（1927 年）至民国十九年（1930 年），历次借到山西省银行大洋 96 万余元。"[②] 另据民国二十六年（1937 年）3 月 22 日《山西保晋矿务总公司与晋丰银号的借据》（原件现存于山西省阳泉市档案馆）记载："保晋公司今借到晋丰银号七钱二分现银元（省币）壹万圆整。双方订明每月每圆按以壹分贰厘行息，期限六个月本利清还。倘不能清还时，由承还保人完全负责。届时，地面金融如何变迁，无论周行何币，仍以原借出现银元（省币）归还。恐后无凭，立借据为证。"

通过向金融机构贷款的途径筹措资金，方式灵活、速度快、筹资成本低

---

① 常旭春、白象锦：《保晋公司报告书稿·本公司大事纪》（民国十九年）。
② 常旭春、白象锦：《保晋公司报告书稿·第十章 本公司将来进行计划》（民国十九年）。

廉，但筹资数额往往不可能很多，而且许多金融机构鉴于自身利益的考虑会提出一些较为苛刻的限制性条款，尽管能够解企业一时之需，但也可能从另一方面给企业带来一定的负面影响，"上年（民国十八年，即 1929 年）秋季，晋钞跌落，省银行急于收款，救济金融。（保晋公司）当即积极进行，向各方接洽，以筹付省银行之债务，除售得煤价外，并息借现洋，凑足相当款数，于民国十九年（1930 年）底，将省银行之债，完全还清。惟旧债虽已偿还，新债尚须筹付，拟即设法扩充销路，以期增加收入，而备偿还债款"。① 由于债务缠身，同时为了不失企业信誉，保晋公司只得拆东墙补西墙，勉强为生。

2. 民间拆借

在一定时期，向民间拆借生产经营活动所需运营资金，成为许多企业现实经济运转过程中不可或缺的一环。保晋公司在向金融机构告贷无门的情况下，迫不得已向民间高息拆借资金，民国二十六年（1937 年）4 月 15 日《山西保晋矿务总公司与赵承生堂的借券》（原件现存于山西省阳泉市档案馆）记载"保晋公司凭券借到赵承生堂大洋壹万元整。订明按月壹分叁厘行息，限期六个月归还"。民国二十六年（1937 年）6 月 10 日《山西阳泉站保晋铁厂与巧生堂的借券》（原件现存于山西省阳泉市档案馆）记载"保晋铁厂今借到巧生堂法币叁千圆整。言明按月壹分肆厘行息，期限一年为满，每届三个月付息一次"。

民国二十六年（1937 年）3 月 22 日，保晋公司向晋丰银号借款时利率约定为"每月每圆按以壹分贰厘行息"；民国二十六年（1937 年）4 月 15 日，保晋公司向赵承生堂借款时，则约定"按月壹分叁厘行息"，每月每圆提高了"壹厘"利息；民国二十六年（1937 年）6 月 10 日，保晋公司向巧生堂借款时，则将利息定为"按月壹分肆厘行息"，每月每圆再次提高了"壹厘"利息。从上述利率的变动，既折射出当时保晋公司的窘迫之境，又透视出民间资本拥有者的借机盘剥、大发横财。

（三）留存收益筹资

留存收益筹资是指企业将自身的留存收益转化为投资的过程，是将企业生产经营所实现的净收益留在企业内部，而不作为股利分配给股东，其本质是一

---

① 常旭春、白象锦:《保晋公司报告书稿·第十章　本公司将来进行计划》（民国十九年）。

种原股东对企业追加投资的经济行为。留存收益筹资的来源渠道主要为盈余公积与未分配利润两方面。盈余公积是有指定用途的留存净利润；未分配利润则是未限定用途的留存净利润，这部分净利润既没有分配给股东，也没有指定用途。企业用留存收益筹资，资金成本较普通股筹资低，不需要考虑筹资费用；企业用留存收益筹资，不需要对外发行股票，由此增加的权益资本并不会改变企业的股权结构，不会稀释原有股东对企业的控制权；留存收益筹资能够使企业保持较大的可支配现金流，既可以在一定程度上满足与缓解企业经营发展的资金需求，又能提高企业的举债能力。当然，尽管留存收益筹资看似优越，但是我们不能忽略一个前提条件，即留存收益筹资最大可能的数额是企业当期的税后利润和上年未分配利润之和。如果企业经营亏损，则根本不存在这一渠道的资金来源。

保晋公司"所得净利，分为二十成。先提二成为公积，其余十八成按股分配……本公司所提公积，专为弥补资本损失，维持股利平匀之用"。[①] 为了能够较为深入地对保晋公司留存收益的实际筹资情况进行相应的分析，兹将保晋公司自光绪三十二年（1906年）开始筹办至民国十九年（1930年）底的实际经营状况列出，如表5-2所示。

表5-2 保晋公司历年收支盈亏

（自开办起至民国十九年止）   单位：元

项别 \ 年别	收入总额	支出总额	盈余	亏损
自开办至民国五年（1916年）7月	2996985.046	3876536.746	—	879551.700
民国五年（1916年）8月 至民国六年（1917年）7月	1179886.810	965895.357	213991.453	—
民国六年（1917年）8月 至民国七年（1918年）7月	1106169.418	1014724.025	91445.393	—
民国七年（1918年）8月 至民国八年（1919年）7月	1669845.824	1579483.001	90362.823	—
民国八年（1919年）8月 至民国九年（1920年）7月	1887861.502	1768854.755	119006.747	—

---

① 民国八年（1919年）10月24日奉部批准并备案之《山西保晋矿务公司章程·第五节 股分》。

续表

年别 \ 项别	收入总额	支出总额	盈余	亏损
民国九年（1920 年）8 月 至民国十年（1921 年）7 月	1584253.034	1536760.732	47492.302	—
民国十年（1921 年）8 月 至民国十一年（1922 年）7 月	1732187.941	1705208.757	26979.184	—
民国十一年（1922 年）8 月 至民国十二年（1923 年）7 月	1101701.958	903710.982	197990.976	—
民国十二年（1923 年）8 月 至民国十三年（1924 年）12 月	1525957.782	1397892.343	128065.439	—
民国十四年度（1925 年）	992765.266	1005646.645	—	12881.379
民国十五年度（1926 年）	895435.727	949377.099	—	53941.372[①]
民国十六年度（1927 年）	261842.963	617017.461	—	355174.498
民国十七年度（1928 年）	608779.322	627721.183	—	18941.861
民国十八年度（1929 年）	938989.287	947453.977	—	8464.690
民国十九年度（1930 年）	1833716.220	1858584.480	—	24868.260

注：保晋公司的会计年度曾经发生过变化，自光绪三十二年（1906 年）至民国五年（1916 年）会计年度为：1～12 月；据常旭春、白象锦：《保晋公司报告书稿·本公司大事纪》（民国十九年）记载："民国六年（1917 年）1 月，改定会计年度为：8 月 1 日至 7 月底……民国十三年（1924 年）10 月，董事会议决结账年度，改定为 1 月至 12 月。"

资料来源：常旭春、白象锦：《保晋公司报告书稿·第九章　本公司营业状况》（民国十九年）。

综观表 5-2，我们不难发现，保晋公司自光绪三十二年（1906 年）开始筹办，直至民国五年（1916 年）7 月均为亏损，通过留存收益的方式筹资根本没有任何可能性；民国十四年（1925 年）至民国十九年（1930 年），这 6 年，保晋公司也均为亏损，没有任何利润可言，当然，也不可能利用留存收益的方式筹资。民国五年（1916 年）8 月至民国十三年（1924 年）12 月，保晋公司历年均有盈余，利用留存收益筹措资金成为可能。据民国八年（1919 年）10 月 24 日奉部批准并备案之《山西保晋矿务公司章程·第五节—股分》（原件现存于山西省阳泉市档案馆）的规定，应当将"所得净利，分为 20 成。先

---

① 据原史料记载为 53941.392，但著者通过计算，认为应当为 53941.372。

提 2 成为公积",至于现实中是否按章提取,由于著者现收史料并没有发现保晋公司总部利用留存收益筹备资金的特定记载,故不敢臆断。但在民国二十三年（1934 年）3 月 31 日：《大同矿业公司董事会民国二十三年第一次常会会议纪录》（原件现存于山西省阳泉市档案馆），却有提取公积的明文记载："公司自开办至民国二十二年（1933 年）底,纯盈 136423.34 元,应如何分配,请公决案（经理梁航标提）……决议：遵照公司合同规定,公积二成,共洋27000 元外；甲方四成,共洋 54000 元；乙方四成,共洋 54000 元；其余1423.34 元转入下年。所有甲、乙两方之红利,定于民国二十三年（1934 年）4 月 15 日分发。"据此推定,保晋公司在现实运营中的确存在通过留存收益筹资的情形。

二、保晋公司的投资管理

企业投资是指以收回现金并取得收益为目的而发生的现金流出,按其资金流向不同,主要包括对内投资与对外投资两类。保晋公司在其《保晋矿务总公司简章》与《山西保晋矿务公司章程》中都明确规定"本公司所收之股,专为办矿之用,不得挪移他用"。可见,保晋公司起初将所筹股金的用途与去向仅仅定格在企业内部的矿业投资方面,而根本没有将对外投资列入考虑范畴,但在后来的企业现实运营过程中,保晋公司不仅将所集资金用于对内的矿业投资,而且也涉猎对外的股权投资与债券投资。

（一）保晋公司的对内投资

对内投资是指将资金投入到企业内部,购置各种生产经营用资产的投资,主要包括对流动资产、固定资产、无形资产和其他资产的投资。下面分别从流动资产、固定资产、无形资产三方面,对保晋公司的对内投资状况进行相应的阐释与评介。

1. 保晋公司的流动资产投资

流动资产是指企业可以在一年或者超过一年的一个营业周期内变现或者运用的资产。通常情况下,企业的流动资产包括货币资金、短期投资、应收款项及存货等项目。

（1）保晋公司的货币资金。货币资金主要包括现金、金融机构存款和其他货币资金。保晋公司在各年度内，为了应付日常的零星开支与维持正常的生产运营活动，特保有一定的库存现金。民国十四年（1925年）底，库存现金为37328.366元；民国十五年（1926年）底，库存现金为13873.043元；民国十六年（1927年）底，库存现金为8496.145元。[①]

（2）保晋公司的短期投资。短期投资是指企业购入的各种能随时变现、持有时间不超过一年的有价证券以及不超过一年的其他投资，包括各种短期股票、短期债券和其他短期投资。关于保晋公司的短期投资，民国十八年（1929年）3月《山西保晋矿务公司第十一次股东常会营业报告》所载《保晋公司财产目录（民国十六年底)》中有"临时军费借款、临时公债等欠款洋50685.258元"的记载；同时，在民国十五年（1926年）与民国十六年（1927年）底的"有价证券"投资项目中，都有"短期公债"子项目，其投资金额均为410.000元。[②] 企业进行短期投资旨在储备支付能力与增加闲置资金的收益，只有当企业在短期内出现过量的、暂时闲置不用的资金时，才可能进行短期投资。保晋公司的自有运营资本始终比较短缺，因此，尽管在保晋公司个别报表中出现了可以认定为"短期投资"的项目，但著者推定其应当是投资金额小、数量少、比重小的，而且多数情况是"临时军费借款、临时公债"等政府强制性项目的被动投资，而非自觉自愿行为。

（3）保晋公司的应收款项。应收款项是指企业在日常生产经营过程中形成的各种债权，是企业拥有的将来获取现款、商品或劳务的权利。民国十四年（1925年）至民国十六年（1927年），保晋公司的应收款项具体情形如下：民国十四年（1925年）底，"各矿厂来往：平定各矿厂欠款洋104691.483元；各分公司来往：石庄、保定、北京、寿阳、晋城、大同各分公司欠款201783.934元；各行来往：天津、太原、平定等处银钱行号欠款4427.618元；各分销处来往：天津、石庄等处销煤欠款27839.342元；普通来往：铁厂、晋泰亨、兑换处、铁业公局代办处、平记煤厂、铁厂试炼用款处等欠款21540.577元"。民国十五年（1926年）底，"各矿厂来往：平定各矿厂欠洋

---

① 原始数据来源于民国十八年（1929年）3月《山西保晋矿务公司第十一次股东常会营业报告》中所载民国十四年（1925年）、民国十五年（1926年）、民国十六年（1927年）3个年度各自的《保晋公司贷借对照表》与《保晋公司财产目录》两个报表。

② 民国十五年（1926年）与民国十六年（1927年）两年度各自的《保晋公司财产目录三项（各业投资、有价证券、本届存煤）详数表》载民国十八年（1929年）3月《山西保晋矿务公司第十一次股东常会营业报告》。

109108.833 元；各分公司来往：石庄、保定、北京、寿阳、晋城、大同各分公司欠款 203250.561 元；各行来往：宝丰裕、大川新、天津、山西省银行、中孚矿厂往来欠洋 4288.249 元；各分销处来往：信义亨、宝记、源记煤栈、常盛合、阜达栈、鸿城、积德成各分销家欠款 5964.545 元；普通来往：保晋铁厂、晋泰亨、兑换处、铁厂试炼用款处、军事借款处、防务借款等所欠之项 127888.132 元"。民国十六年（1927 年）底，"各矿厂来往：平定各矿厂来往欠款洋 114144.190 元；各分公司来往：寿阳、晋城、北京、保定等分公司来往欠款洋 77461.864 元；各行来往：天津、山西省银行、中孚矿厂来往欠款洋 721.813 元"。① 需要说明的是，上述保晋公司应收款项的统计以保晋公司总部为主体，所属各矿厂、各分公司、各分销处的欠款，也被统计为应收款项之列。企业进行应收款项投资，在一定程度上有利于企业扩大销售规模和提高市场占有率，有利于企业降低过量存货以减少资金占用和节约相应的保管费用，但同时也增加了企业的财务风险，存在形成"呆账"、"死账"、"坏账"而无法回收的可能性。

（4）保晋公司的存货。存货是指企业在生产经营活动中为销售或者耗用而储存的各种资产，工业企业的存货通常包括产成品、半成品、在产品以及各类材料、燃料、包装物、低值易耗品等。保晋公司的存货主要包括材料、米面与存煤。

民国十四年（1925 年）至民国十六年（1927 年），保晋公司的存货持有情况为：民国十四年（1925 年）底，保晋公司"库存机料：材料股购定及存储各项材料洋 38708.014 元；米面作价：供给股现存米面洋 9503.424 元；本届存煤：总公司存煤作价洋 17022.718 元"。民国十五年（1926 年）底，保晋公司"库存机料：材料股购定及存储各项材料价洋 46294.154 元；米面作价：供给股现存米面作价 12372.734 元；本届存煤：总公司存煤作价洋 33757.174 元"。民国十六年（1927 年）底，保晋公司"库存机料：材料股购存各项材料洋 37805.922 元；米面作价：供给股现存米面作价洋 4263.025 元；本届存煤：总公司存煤作价洋 29101.144 元"。②

民国十四年（1925 年）底，保晋公司总部存煤作价计 17022.718 元，其

①② 原始数据来源于民国十八年（1929 年）3 月《山西保晋矿务公司第十一次股东常会营业报告》中所载民国十四年（1925 年）、民国十五年（1926 年）、民国十六年（1927 年）3 个年度各自的《保晋公司贷借对照表》与《保晋公司财产目录》两个报表。

中：大煤 4667.960 元；中煤 4885.460 元；小煤 6357.180 元；碎煤 1112.118 元。民国十五年（1926 年）底，保晋公司总部存煤作价计 33757.174 元，[1] 其中：大煤 6360.760 元；中煤 13605.320 元；小煤 13346.020 元；碎煤 445.072 元。民国十六年（1927 年）底，保晋公司总部存煤作价计 29101.144 元，其中：大煤 6927.080 元；中煤 7686.260 元；小煤 14402.880 元；碎煤 84.924 元。[2]

保晋公司为了保证生产经营活动的正常进行和增加收益，在进行对内投资时，拥有一定数量的存货，但是企业投资存货会增加营运资金占有，会增加存货损失及保管费用，而且在存货市场价格下降时，还会带来相应的损失。

2. 保晋公司的固定资产投资

通常情况下，固定资产是指使用年限在 1 年以上，单位价值在规定标准以上，并且在使用过程中保持原来物质形态的资产，如厂房、机器设备、运输设备、办公设施等。从投资目的看，固定资产投资主要包括生产经营用固定资产和生活福利用固定资产两部分。固定资产投资具有回收时间长、变现能力差、投资次数较少、投资规模较大等特点。生产经营用固定资产是企业从事生产经营活动的主要物资技术基础，是企业获取收益的重要保证。保晋公司对于固定资产的投资，大部分资金都投放到了生产经营用固定资产的购置上，很少涉及生活福利用固定资产。

保晋公司的生产经营用固定资产主要包括土地、窑峒[3]、机器、房屋、家具五方面的投资。保晋公司作为一个煤炭类生产企业，矿地的合法占有是其生产经营活动正常开展的前提与基础。"凡公司购地，皆凭中介绍公平议价，与平人交易无异，绝无勒价强买等事。倘地为公司所必需，而地主抬价居奇者，

---

① 据民国十八年（1929 年）3 月《山西保晋矿务公司第十一次股东常会营业报告》中所载民国十五年（1926 年）《保晋公司贷借对照表》、《保晋公司财产目录》、《保晋公司财产目录三项（各业投资、有价证券、本届存煤）详数表》3 个报表中记载的"本届存煤"均为 33757.174 元，然而将《保晋公司财产目录三项（各业投资、有价证券、本届存煤）详数表》中记录的"大煤 6360.760 元；中煤 13605.320 元；小煤 13346.020 元；碎煤 445.072 元"进行加总，计算出的本届存煤应当为 33757.172 元，存在 0.002 元的误差，两相不符，特此说明。

② 原始数据来源于民国十八年（1929 年）3 月《山西保晋矿务公司第十一次股东常会营业报告》中所载民国十四年（1925 年）、民国十五年（1926 年）、民国十六年（1927 年）3 个年度各自的《保晋公司贷借对照表》、《保晋公司财产目录》、《保晋公司财产目录三项（各业投资、有价证券、本届存煤）详数表》三个报表。

③ 这里的"窑峒"，并非指用于人们日常生活居住的"窑洞"，而是指保晋公司各矿厂用于出煤、通风、运输或提升的各坑口。

即请公正绅董，照左右毗连之地，议给相当价值，地主不得再有异议。"① 另据著者现收史料，尽管少见反映"窑峒、机器、房屋、家具"等固定资产购置过程及具体财务开支状况的客观记载，但在特定时期的营业报告中，对其投资额却都有明确的统计。

据《保晋公司大同分公司合资说明书（附资产表矿区图）》（原件现存于山西省阳泉市档案馆）所载《保晋公司大同分公司资产详数表》反映，自宣统元年（1909 年）开办起至民国十一年（1922 年）2 月止，保晋公司大同分公司各项固定资产的具体投资情况为"土地 20299.309 元；矿峒 81735.284元；房屋 19267.876 元；机器 95790.935 元；家具 28857.024 元"，共计245950.428 元。其中，土地占 8.25%；矿峒占 33.23%；房屋占 7.83%；机器占38.95%；家具占11.73%。可见，其时保晋公司大同分公司用于"矿峒"与"机器"两项固定资产的投资所占比重较大，各占 33.23% 和 38.95%，两项合计约占 72.18% 的主体比重；对于"土地"、"房屋"、"家具"三项固定资产的投资比重则相对较小，三项合计约占 27.81%，尚不及"矿峒"或"机器"单项投资所占比重。

为了便于读者能对保晋公司的固定资产投资状况有一个更为直观、清晰与明了的认识，兹将保晋公司民国十四年（1925 年）、民国十五年（1926 年）、民国十六年（1927 年）3 个年度年底各自统计的固定资产投资情况分别列出，见表 5-3、表 5-4、表 5-5。

表 5-3　保晋公司财产目录五项物业（土地、窑峒、机器、房屋、家具）详数表

（民国十四年（1925 年）底）　　　　　单位：元

类别 厂别	土地	窑峒	机器	房屋	家具	合计
总公司	13659.172	9310.000	19450.925	73286.225	13433.617	129139.939
平定第一矿厂	5859.773	93105.878	154834.299	78278.045	4020.616	336098.611
平定第二矿厂	6009.104	109936.625	163968.967	26422.211	665.147	307002.054
平定第三矿厂	2623.295	31100.372	107943.293	53663.934	2775.533	198106.427
平定第四矿厂	2120.147	23531.145	40447.763	14319.188	2905.175	83323.418
平定第五矿厂	2027.494	17039.632	18268.154	5947.648	1023.583	44306.511

---

① 民国八年（1919 年）10 月 24 日奉部批准并备案之《山西保晋矿务公司章程·第三节　纲要》。

续表

类别 厂别 金额	土地	窑峒	机器	房屋	家具	合计
平定第六矿厂	1635.500	5203.907	11055.641	3992.018	445.616	22332.682
石圪叠矿厂	10000.000	9820.869	6795.512	2666.115	156.366	29438.862
李家沟矿厂	245.000	20468.031	11765.043	1040.800	513.246	34032.120
寿阳分公司	3414.294	44757.498	30330.408	21009.864	2099.484	101611.548
晋城分公司	11171.047	42698.913	52159.117	17190.635	2210.147	125429.859
大同分公司	20090.294	46310.648	93858.018	28767.412	34809.763	223836.135
石庄分公司	291.470	—	—	25571.309	1891.726	27754.505
保定分公司	—	—	—	6183.000	518.072	6701.072
北京分公司	—	—	—	4013.228	1342.352	5355.580
合计	79146.590	453283.518	710877.140	362351.632	68810.443	1674469.323

资料来源:《保晋公司财产目录五项物业（土地、窑峒、机器、房屋、家具）详数表（民国十四年底)》，载民国十八年（1929年）3月《山西保晋矿务公司第十一次股东常会营业报告》。

表5-4 保晋公司财产目录五项物业（土地、窑峒、机器、房屋、家具）详数表

（民国十五年（1926年）底） 单位:元

类别 厂别 金额	土地	窑峒	机器	房屋	家具	合计
总公司	13659.172	9310.000	19717.938	78068.151	13511.954	134267.215
平定第一矿厂	5859.773	93105.878	156401.299	78278.045	4020.616	337665.611
平定第二矿厂	6009.104	109936.625	167446.487	26422.211	665.147	310479.574
平定第三矿厂	2623.295	33202.505	117328.993	56271.480	3174.394	212600.667
平定第四矿厂	2120.147	25029.440	40672.763	14319.188	2985.625	85127.163
平定第五矿厂	2272.494	37507.663	29269.502	7727.128	1551.519	78328.306
平定第六矿厂	2220.500	5203.907	17032.793	4140.055	543.396	29140.651
石圪叠矿厂	10000.000	9820.869	7044.552	2666.115	156.366	29687.902
寿阳分公司	3414.294	44757.498	30835.408	21009.864	2099.484	102116.548
晋城分公司	11295.987	42698.913	52159.117	17639.686	2224.864	126018.567
大同分公司	20090.294	46204.506	94511.468	28279.314	28241.845	217327.427
石庄分公司	291.470	—	—	25571.309	1541.368	27404.147
保定分公司	—	—	—	6183.000	518.072	6701.072

续表

类别 厂别　金额	土地	窑峒	机器	房屋	家具	合计
北京分公司	—	—	—	4013.228	1342.352	5355.580
合计	79856.530	456777.804	732420.320	370588.774	62577.002	1702220.430

资料来源：《保晋公司财产目录五项物业（土地、窑峒、机器、房屋、家具）详数表（民国十五年底）》，载民国十八年（1929年）3月《山西保晋矿务公司第十一次股东常会营业报告》。

表5-5　保晋公司财产目录五项物业（土地、窑峒、机器、房屋、家具）详数表

（民国十六年（1927年）底）　　　　　　　　　　单位：元

类别 号别　金额	土地	窑峒	机器	房屋	家具	合计
总公司	13904.172	10051.020	2677.795	77337.810	12113.272	116084.069
修械股	—	—	17040.143	1478.420	1081.617	19600.180
供给股	—	—	—	1037.731	378.343	1416.074
平定第一矿厂	5859.773	93105.878	156843.379	78278.045	4027.216	338114.291
平定第二矿厂	6009.104	109936.625	168646.487	27932.436	665.147	313189.799
平定第三矿厂	3156.195	33202.505	121577.903	60267.501	3174.394	221378.498
平定第四矿厂	2120.147	25514.779	42447.763	15514.532	3003.685	88600.906
平定第五矿厂	2272.494	37507.663	29269.502	7727.128	1551.519	78328.306
平定第六矿厂	2220.500	8337.283	21136.143	4140.055	580.802	36414.783
石圪叠矿厂	10000.000	9820.869	7044.552	2666.115	164.745	29696.281
寿阳分公司	3414.294	44757.498	34935.408	21993.907	2099.484	107200.591
晋城分公司	11295.987	43625.736	52159.117	17802.321	2181.899	127065.060
大同分公司	20090.294	46204.506	143584.027	28279.314	78590.992	316749.133
石庄分公司	291.470	—	—	25571.309	1541.368	27404.147
保定分公司	—	—	—	6183.000	725.072	6908.072
北京分公司	—	—	—	4013.228	1342.352	5355.580
合计	80634.430	462064.362	797362.219	380222.852	113221.907	1833505.770

资料来源：《保晋公司财产目录五项物业（土地、窑峒、机器、房屋、家具）详数表（民国十六年底）》，载民国十八年（1929年）3月《山西保晋矿务公司第十一次股东常会营业报告》。

依据表5-3、表5-4、表5-5所列原始数据，我们对保晋公司在民国十四

年（1925年）至民国十六年（1927年）3个年度生产经营用固定资产各项目的具体投资状况进行汇总，如表5-6所示。

表5-6　保晋公司固定资产投资汇总表

（民国十四年（1925年）至民国十六年（1927年））

年　度		土地	窑峒	机器	房屋	家具	合计
民国十四年（1925年）底	金额(元)	79146.590	453283.518	710877.140	362351.632	68810.443	1674469.323
	比重(%)	4.73	27.07	42.45	21.64	4.11	100
民国十五年（1926年）底	金额(元)	79856.530	456777.804	732420.320	370588.774	62577.002	1702220.430
	比重(%)	4.69	26.83	43.03	21.77	3.68	100
民国十六年（1927年）底	金额(元)	80634.430	462064.362	797362.219	380222.852	113221.907	1833505.770
	比重(%)	4.40	25.20	43.49	20.74	6.18	100

根据表5-6，可以从静态与动态两个不同视角，对保晋公司的固定资产投资状况进行相应的分析。

从静态视角看，保晋公司在民国十四年（1925年）至民国十六年（1927年）3个年度的固定资产投资中，机器设备的投资比重最大，每年末机器设备投资额均占固定资产投资总额的42%以上；矿井的窑峒建设投资次之，占固定资产投资总额的25%～28%；房屋建筑物的投资位列第三，占固定资产投资总额的20%～22%；土地与家具两项投资所占比重最小，土地投资占固定资产投资总额的4.4%～4.8%，家具投资占固定资产投资总额的3.6%～6.2%。

从动态视角看，各项固定资产的绝对投资额，除"家具"投资有增减反复波动外，其他"土地"、"窑峒"、"机器"、"房屋"四项固定资产的绝对投资额始终均呈增长态势。另外，我们通过观察还可以发现，尽管"土地"、"窑峒"、"机器"、"房屋"四项固定资产投资均呈增长态势，但由于增幅不同，从而导致各项投资所占固定资产投资总额的比重出现了内部投资的结构性变动。"土地"与"窑峒"两项固定资产由于投资增幅放缓，故其在整体固定资产投资总额中所占的比重均呈现出一种下降态势，分别为"4.73%→4.69%→4.40%"与"27.07%→26.83%→25.20%"。"房屋"投资的波动变化不太明显，其占固定资产投资总额的比重波幅不超过1.03%，说明其投资增幅较平稳。绝对投资额与相对比重均始终呈增长态势的仅仅是"机器"项目的投资，可见其投资数额增长之大。至于"家具"所占比重较小，而且就绝对投资额而言，也呈现"或减、或增"的反复变动情形，说明保晋公司在根据生产经营活动的客观需要而对"家具"投资项目进行动态调整，当然其绝对投资额的减少也可能是"家具"作为固定资产在使用过程中，由于自然磨损或人为毁坏所致。

综上所述，保晋公司在中后期的生产运营中，机器设备的投资在固定资产投资总额中所占比重最大，而且无论是绝对数还是相对数均始终呈现增长态势，说明保晋公司到后期已经在很大程度上依赖于机器设备进行生产了。土地资源作为保晋公司开展生产经营活动最基本的前提条件，尽管在固定资产投资总额中所占比重较小，但一直较稳定，变动弹性不大，其绝对投资额也呈逐年递增趋势。矿井窑峒是保晋公司赖以出煤、通风、运输或提升的基本设施，因此，保晋当局始终注意窑峒的开凿、建设与维护，其在固定资产投资总额中所占比重仅次于机器设备，且绝对投资额也呈逐年增长趋势。房屋建筑物是任何一个企业最基本的固定资产有机组成部分之一，保晋公司也十分注重该项固定资产的投资，其在民国十四年（1925 年）至民国十六年（1927 年）的投资比重，虽然不及机器设备与窑峒两项投资，但始终占有 20% 以上份额，且绝对投资额也呈逐年攀升趋势。至于家具的投资，其投资弹性则相对较大，无论是绝对投资额还是相对比重都不具有确定性，保晋公司会根据资金状况与客观生产经营活动的需要而适时进行动态调整。

3. 保晋公司的无形资产投资

无形资产是指企业拥有的没有实物形体但能获得一定收益的资产，主要包括专利权、商标权、著作权、土地使用权、专营权、非专利权、商誉等。保晋公司作为一个近代工矿企业，缘于煤炭类企业粗放型经营的行业特性、运营资金的长期不足及所有者与经营者眼界的狭隘性等多方面因素的综合影响，的确很少进行无形资产的专项投资，但时至后期，在现实的企业管理与运作过程中，保晋当局也逐渐意识到了无形资产的特有价值，并特意利用其进行商业运作来获取一定的经济收益。

据民国三十五年（1946 年）11 月 1 日《保晋公司董事会与善林堂、同德堂合资营业合同》有如下记载：

立合资营业合同 保晋公司董事会（以下简称甲方） 善林堂、同德堂（以下简称乙方），经甲乙两方同意，共同出资经营煤业，订定办事条款如左，自签订之日起，双方各应遵守，不得违背……（二）名义：仍用"石家庄保晋分公司"名义另立新公司，每月由新公司交付甲方租金 60 万元，由营业项下开支……（三）资本：资本总额定为国币 4000 万元，甲方将其石家庄东厂不动产之滋息作资本 2000 万元，乙方投入现行国币 2000 万元……（九）营业期限：自民国三十六年（1947 年）1 月 1 日起，定为 1 年。期满，经双方同意，得延长之。如甲方有将加入滋息之不动产及名义收回自营时，乙方不得有异议；但乙方同时另立名义营业时，甲方在原有地址，应予乙方以优先之部份租用权。

通过上述史料我们不难发现，时至民国三十五年（1946 年），保晋公司经营管理当局已经意识到：企业经过 40 年的曲折奋斗历程，仅就企业名称而言，业已积淀为一项能够给企业带来一定经济收益的无形资产，因此，特以"月租金 60 万元"而让渡"石家庄保晋分公司"名义的使用权，同时约定"期满，经双方同意，得延长之。如甲方有将加入滋息之不动产及名义收回自营时，乙方不得有异议；但乙方同时另立名义营业时，甲方在原有地址，应予乙方以优先之部份租用权"。另外，"甲方将其石家庄东厂不动产之滋息作资本 2000 万元"来进行合资经营。可见，保晋公司在后期已经利用"商誉"与"土地使用权"等无形资产而获利了。

（二）保晋公司的对外投资

对外投资是指企业以现金、实物、无形资产或者购买股票、债券等有价证券的方式向其他单位的投资。鉴于分类标准的差异，企业的对外投资被区分为不同的类别。依据对外投资所形成的权益不同，区分为股权投资和债权投资；依据对外投资方式的不同，区分为实物投资与证券投资；依据对外投出资金回收期限的长短不同，区分为短期投资与长期投资。保晋公司上述各个类别的对外投资都分而有之，但对于同一主体的某项具体投资，鉴于投资分类标准的不同，可能会同时归属于不同的投资类别，为了避免出现冗杂无绪的著述而导致读者思绪的混乱，下面仅围绕股权投资与债权投资两类投资展开论述，至于实物投资与证券投资、短期投资与长期投资则渗透性地融入到股权投资与债权投资中加以阐释，而不单列论述。

1. 保晋公司的股权投资

股权投资是指通过投资取得被投资单位的股份。企业以股权投资的形式对外投资，会增加被投资企业的资本金，而投资企业本身则拥有了被投资企业的股权。股权投资的形式主要有：购买股票或以货币资金、无形资产或其他实物资产形式投资，兼并投资与联营投资等。

（1）购买股票或以货币资金、无形资产或其他实物资产形式投资。据民国十八年（1929 年）3 月《山西保晋矿务公司第十一次股东常会营业报告》中所载民国十四年（1925 年）、民国十五年（1926 年）、民国十六年（1927年）3 个年度各自的《保晋公司财产目录三项（各业投资、有价证券、本届存煤）详数表》反映：民国十四年（1925 年）底，共涉及对外投资项目 13个[1]，累计投资总额为 994661.548 元，向对外各单位的投资金额依次为：通惠实业公司 50000.000 元、富山水利公司 1000.000 元、山西省银行 1800.000元、中孚矿厂 15000.000 元、富昌煤矿公司 5000.000 元、晋泰亨铁栈100000.000 元、晋同实业公司 3000.000 元、诚记公益窑 3061.548 元、晋华纺纱厂 1500.000 元、保晋兑换处 100000.000 元、保晋铁厂 700000.000 元、同记煤矿公司 9300.000 元、平记煤厂 5000.000 元。民国十五年（1926 年）底，共涉及的对外投资项目也为 13 个，对外投资单位与民国十四年（1925 年）底统计的单位完全相符，至于投资金额，除对山西省银行与平记煤厂的投资额有变动外，其他单位的投资额与民国十四年（1925 年）底的投资额完全一致，没有任何变动。保晋公司民国十五年（1926 年）底对山西省银行的投资额为1900.000 元，比民国十四年（1925 年）底净增 100.000 元；保晋公司民国十五年（1926 年）底对平记煤厂的投资额为 8000.000 元，比民国十四年（1925年）底净增 3000.000 元，两项合计共增 3100.000 元，即保晋公司民国十五年（1926 年）底累计对外投资为 997761.548 元。民国十六年（1927 年）底，共

---

① 据民国十八年（1929 年）3 月《山西保晋矿务公司第十一次股东常会营业报告》中所载民国十四年（1925 年）、民国十五年（1926 年）、民国十六年（1927 年）3 个年度各自的《保晋公司财产目录三项（各业投资、有价证券、本届存煤）详数表》中的"各业投资"项目统计为 13 项。关于这 13 项对外投资究竟是股权投资还是债权投资，原史料中并没有明确说明，但著者通过对比发现，3 年内，保晋公司除对"山西省银行"与"平记煤厂"的投资金额有细微变动外，对其他 11 个单位的投资金额没有任何变动，故推定：原史料中统计的这 13 个对外投资项目为股权投资的可能性较大，因此，将保晋公司对这 13个单位的投资均列入股权投资而加以分析。另外，保晋公司统计的 13 个投资项目中，有两个单位存在疑义，即"保晋兑换处"与"保晋铁厂"，客观上讲，这两个单位明显是保晋公司的下属单位，对其的投资界定为对内投资完全可以，但"保晋兑换处"与"保晋铁厂"应当均为独立核算的经济实体，而我们立足的主体是保晋总公司，故将对这两个单位的投资列入对外投资的范畴，这样应当更符合原始史料记述的本意。当然，如果有学者有意将其从"各业投资"项目中剔除，作为对内投资项目加以分析与评论，据理而断，也未尝不可。

涉及的对外投资项目也为 13 个，对外投资单位与民国十四年（1925 年）底、民国十五年（1926 年）底统计的单位完全相符，至于投资金额，除对山西省银行与平记煤厂的投资额有变动外，其他单位的投资额与民国十四年（1925 年）底、民国十五年（1926 年）底的投资额完全一致，没有任何变动。保晋公司民国十六年（1927 年）底对山西省银行的投资额为 2100.000 元，比民国十五年（1926 年）底净增 200.000 元；保晋公司民国十六年（1927 年）底对平记煤厂的投资额为 10000.000 元，比民国十五年（1926 年）底净增 2000.000 元，两项合计共增 2200.000 元，即保晋公司民国十六年（1927 年）底累计对外投资为 999961.548 元。上述股权投资，尽管原史料中并没有明确说明保晋公司是以何种具体方式进行投资，但著者推断，其以货币资金进行投资的可能性最大。

此外，保晋公司在民国十四年（1925 年）底、民国十五年（1926 年）底、民国十六年（1927 年）底，持有的"山西省银行入股券"分别为 6.000元、79.000 元、65.000 元，[①] 说明保晋公司当时持有一定数量的山西省银行股票。

（2）兼并投资。该项投资是指某个企业通过有偿方式进行的吸收式合并，即一个企业购买其他企业的产权，使其他企业失去法人资格或改变法人实体的一种投资行为。保晋公司通过兼并渠道，进行对外投资的方式多有运用。保晋公司创设之初，"在平定，接收同济、固本二公司；在寿阳，接收寿荣公司；在晋城，接收晋益公司"。[②]"平定第四矿厂（即先生沟煤矿），系光绪三十二年（1906 年）九月，由同济公司接收而来……平定第六矿厂（即汉河沟煤矿），亦系于光绪三十二年（1906 年），由同济公司接收，当时并未见煤，由本公司继续开凿，于光绪三十三年（1907 年）十一月始行凿成。"[③]"保晋公司成立后，同济公司随即取消，所有同济公司产业均归保晋公司接收，是以同济公司与平定各村社所订按地入股合同，亦由保晋公司接收，继续履行。"[④]"民国八年（1919 年）2 月，与同孚、利生订立合同收回简子沟矿区……民国

---

① 民国十四年（1925 年）、民国十五年（1926 年）、民国十六年（1927 年）3 个年度各自的《保晋公司财产目录三项（各业投资、有价证券、本届存煤）详数表》载民国十八年（1929 年）3 月《山西保晋矿务公司第十一次股东常会营业报告》。

② 《山西保晋矿务公司经营概要·第二章　公司概况》。

③ 常旭春、白象锦：《保晋公司报告书稿·第六章　各矿厂及各分公司大略情形》（民国十九年）。

④ 民国三年二月初二（1914 年 2 月 26 日），《保晋公司与平定各村社续订按地入股合同》。

九年（1920 年），收买王家沟聚元煤窑……民国九年（1920 年）10 月，收买石圪垯之聚兴、富华两窑及虎尾沟之马头窑……民国十三年（1924 年）11 月，收买龙桥沟矿区。"①

（3）联营投资。这项投资是企业对外投资的一种主要形式。一个企业在与其他企业联营时，应当与对方企业签订"联营合同"，对于投资的内容、利润分配、承担经营风险的原则以及联营各方的权利与义务等均做出明确的规定。保晋公司在企业的现实运营过程中，不乏联营投资的案例，"民国六年（1917 年）10 月，合办小阳泉中孚煤矿……民国九年（1920 年）4 月，接收宝生窑，合资办理"。②其中，保晋公司董事会与善林堂、同德堂合资经营"石家庄保晋分公司"的案例最为典型，现将《保晋公司董事会与善林堂、同德堂合资营业合同》全文附录如下。

《保晋公司董事会与善林堂、同德堂合资营业合同》③

立合资营业合同 保晋公司董事会（以下简称甲方）善林堂、同德堂（以下简称乙方），经甲乙两方同意，共同出资经营煤业，订定办事条款如左，自签订之日起，双方各应遵守，不得违背。

（一）地址

石家庄道岔街门牌一号。

（二）名义

仍用"石家庄保晋分公司"名义另立新公司，每月由新公司交付甲方租金六十万元（60 万元），由营业项下开支。

（三）资本

资本总额定为国币四千万元（4000 万元），甲方将其石家庄东厂不动产之滋息作资本二千万元（2000 万元），乙方投入现行国币二千万元（2000 万元）。

（四）人事

设立正、副经理各一人，由甲方聘用；职员若干人，由正、副经理遴用，报甲方备查。

---

① ② 常旭春、白象锦：《保晋公司报告书稿·本公司大事纪》（民国十九年）。
③ 民国三十五年（1946 年）11 月 1 日，《保晋公司董事会与善林堂、同德堂合资营业合同》。

（五）开支

经常开支暂定为三百万元（300 万元），职员用薪津制，雇员、工役用工食制，在实际开支增多时，应先分报备查。

（六）分利

每年除一切开支外，纯利以十成计算，资方（指甲乙两方）六成，人力四成。资方由甲乙两方各半分用，人力四成之分配由正、副经理决定。但有亏损时，甲方概不负责。

（七）营业报告

每月月终小结一次，由正、副经理将营业状况造具表册，分报甲乙两方备查。

（八）决算期

自开始营业之日起，每逢六月、十二月，各总结算一次，如有盈余即提出，按第六条之规定分配，但本年十一月至年底为筹备期，不另结算，并入民国三十六年（1947 年）上期总结。

（九）营业期限

自民国三十六年（1947 年）一月一日起，定为一年。期满，经双方同意，得延长之。如甲方有将加入滋息之不动产及名义收回自营时，乙方不得有异议；但乙方同时另立名义营业时，甲方在原有地址，应予乙方以优先之部份租用权。

（十）本合同一样两份，甲乙两方各执一份。

（十一）本合同如有未尽事宜，得由双方同意修改之。

立合同人：

甲方　　主任董事：耿桂亭、邢凤冈

乙方　　善林堂代表：杨子林

　　　　同德堂代表：赵宪章

中华民国三十五年（1946 年）11 月 1 日　立

如上所示，保晋公司董事会在与善林堂、同德堂签订合资营业合同时，将营业内容、企业名称、资本来源、人事任用、日常开支、薪酬制度、利润分配、营业报告、决算期、营业期限、特定权利与义务等都做了明文规定，说明保晋公司到后期业已具备了一定的联营投资经验及其相应的管理水平。

2. 保晋公司的债权投资

企业以债权的形式对外投资，会形成被投资单位的负债，而投资企业本身则成为被投资单位的债权人。债权投资的主要形式是向其他单位或个人贷出资金、购买国库券、金融债券或其他企业债券等有价证券。

民国十四年（1925 年）底，保晋公司向"蚕业工厂、张积庆堂、中孚矿厂"贷出资金为 18000.000 元；民国十五年（1926 年）底，保晋公司向"蚕业工厂、张积庆堂、中孚矿厂"贷出资金为 19000.000 元；民国十六年（1927 年）底，保晋公司向"蚕业工厂、张积庆堂、中孚矿厂、保晋铁厂、保晋兑换处等"贷出资金为 243000.000 元。[①]

民国十四年（1925 年）底，保晋公司共持有债权性有价证券 6 种，其中：三年公债 10.000 元、五年公债 28960.870 元、赈灾公债 140.000 元、无息公债 2500.000 元[②]、特种库券 13440.000 元、印花税票 505.000 元[③]，共计 45555.870 元；民国十五年（1926 年）底，保晋公司共持有债权性有价证券 6 种，其中：三年公债 10.000 元、五年公债 17543.870 元、赈灾公债 140.000 元、无息公债 1875.000 元、特种库券 8962.000 元、印花税票 650.000 元，共计 29180.870 元；民国十六年（1927 年）底，保晋公司共持有债权性有价证券 7 种，其中：内国公债 12323.870 元、赈灾公债 140.000 元、无息公债 1250.000 元、特种库券 5382.000 元、印花税票 630.000 元、六厘善后债券 19835.000 元、金库券 706.000 元，共计 40266.870 元。[④]

保晋公司在整个企业发展历程中，最大的一笔债权投资应当是：清宣统元年（1909 年），替山西省地方政府代垫的赎矿款"1179305 两 9 钱 3 分"[⑤]。客

---

① 民国十四年（1925 年）、民国十五年（1926 年）、民国十六年（1927 年）3 个年度各自的《保晋公司财产目录》载民国十八年（1929 年）3 月《山西保晋矿务公司第十一次股东常会营业报告》。

② 这里提及"无息公债"，顾名思义，应当是"没有利息收益的公债"。这类公债对保晋公司而言，是没有任何收益可言的，当然保晋公司肯定也不会主动投资这类公债，但碍于政府与官僚的强制力又不得不认购。此处，依照原始史料体例，仍将其列入对外债权投资的范畴。

③ 印花税票是指在凭证上直接印有固定金额，专门用于征收印花税税款，并必须粘贴在应纳税凭证上的一种有价证券。严格意义上讲，印花税票并不属于企业对外债权投资的范畴，但考虑到原始史料的体例与完整性，仍将印花税票列入对外债权投资的范畴。

④ 民国十四年（1925 年）、民国十五年（1926 年）、民国十六年（1927 年）3 个年度各自的《保晋公司财产目录三项（各业投资、有价证券、本届存煤）详数表》载民国十八年（1929 年）3 月《山西保晋矿务公司第十一次股东常会营业报告》。

⑤ 常旭春、白象锦：《保晋公司报告书稿·第二章　本公司股份》（民国十九年）；又见《山西保晋矿务公司经营概要·第二章　公司概况》。

观上讲，保晋公司的这笔巨额外垫款，并非出于商业投资的本意，而是迫于当时的外在客观情势、地方政府压力及一定的民族大义精神而进行的非理性投资。一方面，保晋公司并没有对这笔债权投资的现实回收情况进行实地调研与科学分析，而是单纯地认为"以指定亩捐为交还本息的款，有奏案及赎矿合同为保证，约计三年内，本息即可完全收回，于公司损失尚不甚钜"。① 另一方面，商业投资的基本准则即获利性，对外债权投资也不例外，其本应当以追求尽可能高的经济回报为目标，利率自然越高越好。当时山西省地方政府"向商家借垫款项，利息多在1分以上"，而保晋公司外借的这笔巨款却"照本公司股息8厘之数出息"，逞一时之英气，白白拱手奉送了2厘的利息收益。后来的客观事实再度证明了保晋公司这笔巨额债权性投资的极大盲目性，该笔垫款"原定由官厅所收亩捐项下拨还，民元改革后，军事初兴，亩捐挪作别用，公司经济异常拮据，各处工程陷于停顿"。② "自民元（1912年）后，亩捐挪作别用，垫款难以归还，经本公司迭向省宪交涉，直至民国九年（1920）5月，始行陆续收回，而所欠利息70余万元，经省长指定，作为报效地方公益之款。"③该笔赎矿款，自宣统元年（1909年）出借，原计划3年之内收回本息，但却一拖再拖，直至民国九年（1920年）5月方才收回本金，延期了8年之久，其资金时间价值损失之巨不言而喻。同时，该款项的利息收益却分文没有得到回报，被当政者以行政命令一笔勾销。可见，保晋公司的这笔富有政治色彩的债权性投资，不仅没有回报，反而额外损失惨重；同时，由于该笔巨额资金的外借，致使保晋公司自身的营运资金严重不足，在很大程度上遏制了企业正常的生产运营活动。

三、保晋公司的营运资金管理

从财务管理的角度看，营运资金是企业流动资产与流动负债关系的总和，因此，营运资金管理本质上就是对流动资产与流动负债的管理。流动资产是变现能力最强的一类资产，其具有占用时间短、周转速度快、易于变现等特点。如果一个企业拥有较多的流动资产，则可以在一定程度上降低财务风险。流动

---

①③　常旭春、白象锦：《保晋公司报告书稿·第二章　本公司股份》（民国十九年）。
②　常旭春、白象锦：《保晋公司报告书稿·第一章　本公司沿革》（民国十九年）。

资产主要包括货币资金、短期投资、应收票据、应收款项及存货等。流动负债是指需要在一年或者超过一年的一个营业周期内偿还的债务，其主要包括短期借款、应付票据、应付账款、应付工资、应付税金等项目。流动负债具有成本低、偿还期短的特点。企业进行营运资金管理的目标在于：加快现金、存货和应收账款的周转速度，减少资金的过分占用，降低资金占有成本；利用商业信用、对外借款等方式，缓解短期资金周转困难的状况；利用财务杠杆，提高权益资本报酬率。我们谈及企业的营运资金管理，本应当从流动资产、流动负债及其内在关联的角度加以分析与探讨，鉴于原始史料的匮乏，无法展开相应的论述，但又顾及财务管理理论体系的完整性，现仅以"货币资金"的日常管理为例，对保晋公司的营运资金管理状况做一粗略简析，确实存在以点代面之缺陷。

保晋公司对于货币资金的日常零星支出，制定有相应的约束性条款，"自总办理依次暨各分号号友，不得在本号零星支用银钱，以杜流弊，凡系己身用项，均须在外另行支取……公司每日依次备具三餐，已不至枵腹从公，此外一概不管……烟茶两项，公司自酌中置备，以供众用，自总办理依次均不得先时预支，即有要需，亦只宜自行筹措，号中不管……自总办理依次每年回家，只准两次，不得逾一月，由公司酌给相当川资脚费，此外如有要事，必须回里者，可自行告假，川资脚费自备，公司一概不管，其住家日期亦不得逾一月，每年告假至多两次。至家在本州县者，可略予通融，惟不给川资脚费。倘第一次回家，适值有事，断非一月能办结者，准其多住一月，于本年内即不得再行回里，其用川资脚费，亦只给一次，毋得有异说"。[1] "总、协理如侵蚀公司款项，经众股东查有实据者，应立时辞退，并着落赔缴；如抗不肯缴或缴不足数，众股东除禀官究追外，仍按律议罚。以次所用之人，如有此项情弊，总、协理亦照此办理。倘扶同隐饰，应将徇庇者一并议罚……总、协理如将公司款项移作别用，或潜营私利，一经觉察，众股东可从重议罚。以次所用之人，如有此项情事，经总、协理觉察者，亦照此办理。"[2] "各分号每月终将存销各矿及现存银钱数目并号中开支各款缮具详细清折，报明总公司汇核列表，每月报告董事会一次，谓之月报。"[3]

① 1908 年 10 月 7 日《晋阳公报》。
② 民国八年（1919 年）10 月 24 日奉部批准并备案之《山西保晋矿务公司章程·第十三节　惩罚》。
③ 民国八年（1919 年）10 月 24 日奉部批准并备案之《山西保晋矿务公司章程·第三节　纲要》。

保晋公司的货币资金支出主要包括生产经营性支出与非生产经营性支出两类。保晋公司对于自身在采购、生产、销售等环节因业务需要而发生的资金支出需求，列支与否及数额的大小，可由董事会及管理层根据客观情况自行决定，也就是说，保晋当局对于生产经营性货币资金支出具有可控性。这儿主要提及的是非生产经营性货币资金支出，这类支出与企业日常的生产经营活动没有直接联系，其支出与否及数量的多少与企业未来的现实经济收入也无直接关联，但却关乎企业利润的留存及股东的收益状况。

对于非生产经营类货币资金支出，又分两种情形：一是企业自身可以调整与控制的支出；二是企业无法控制，必须列支的货币资金流出项目。如民国二十三年（1934 年）3 月 31 日：《大同矿业公司董事会民国二十三年第一次常会会议纪录》有这样的议项 "大同乡村师范经费，每月 850 元，教育捐不敷时，拟由公司借垫，可否，请公决。（经理梁航标提）"。董事会经过讨论达成的决议是 "准由公司酌量借垫"。对于这种具有一定公益性质的地方教育事业借款，其与企业的生产经营活动没有任何关联，支出与否及金额的大小，完全由保晋公司根据自身的实际财务状况自行决策，具有很强的自主性和可控性。

值得关注的是，保晋公司还有一类与企业自身生产经营无关的支出，如 "税收" 与 "捐输" 支出，这两项支出尽管与企业的日常生产经营活动没有直接关系，但却是不得不列支的款项，而且支付金额又基本上是由政府单方面规定，没有调整与商讨的余地。保晋公司 "购买矿地，如系民地，其粮即随地过户，由公司照赋完纳；如系官地，照章纳租……各矿纳税，悉遵照矿业条例缴纳……矿产出口，仍照奉准免税案办理……凡关于工程所用各项机器、各种材料，运至开采之地，应照章完纳关税……请领探矿、开矿执照，其照费悉遵条例照缴……凡探矿、采矿，均按照条例取具保结"。[1] 保晋公司 "于前清宣统元年（1909 年）三月间，呈请财政部税务处核准豁免井口等税 5 年。嗣后历请展免，尚蒙照准。民国十三年（1924 年）4 月间免税期满，迭请援案展免，未获准行。故自是年（1924 年）4 月起，即照章纳税，计每车出境须纳捐洋 2 元，嗣又增加 5 角，而不出境者，仅增收煤厘 1 元 1 角 7 分 6 厘，此尚国家之正税也。乃自军兴以后，杂税骤增，摊款日钜，自民国十三年

---

[1]　民国八年（1919 年）10 月 24 日奉部批准并备案之《山西保晋矿务公司章程·第九节　赋税》。

（1924 年）10 月起至民国十九年（1930 年）底止，本公司计出过特种库卷 17733.600 元，资本登记费 14318.203 元，兵差垫款 20864.800 元，临时军费 20500.000 元，两次防务借款 18790.498 元，临时铺捐 32954.690 元，六厘公债 37500.000 元，六厘借款 3881.000 元，粮秣捐 38333.000 元，北伐军费捐款 10000.000 元，编遣库券 5000.000 元，平定驻军给养费 5000.000 元，以上共计 224975.791 元①。此外，自民国十五年（1926 年）12 月起，省署征收护路费，按正太运价为 25% 抽收。民国十九年（1930 年）7 月护路费取消，改征火车货捐，每车定为 7 元，统计又支付洋 316500 余元。而平定学款，每车 1 元 3 角，兵差捐每车 1 元，以及省外之获鹿捐、警捐等项尚未计算在内。"②对于"税收"与"捐输"两项支出，不仅直接影响到保晋公司的利润留存，而且挤占了大量的生产经营用货币资金，在很大程度上制约了企业的正常发展。

四、保晋公司的利润分配管理

利润分配是指企业依据国家有关规定、企业章程及投资者决议等，对企业当年可供分配的利润所进行的分配。通常情况下，利润包括税前利润与税后利润，鉴于税收特有的强制性，企业本身根本无法抗拒，是一项硬性支出，因此，企业的利润分配绝大多数情况下都特指税后净利润的分配。

保晋公司章程规定"公司每年结帐，将应支各款一律开除，谓之净利"③，"本公司所得净利，分为 20 成，先提 2 成为公积，其余 18 成按股分配……本公司所提公积，专为弥补资本损失，维持股利平匀之用"。④尽管保晋公司章程如此规定，但各分公司在各自利润分配政策的制定及实际利润分配过程中，则视具体情况而略有出入。据民国二十三年（1934 年）3 月 31 日《大同矿业公司董事会民国二十三年第一次常会会议纪录》记载，保晋公司大同分公司经理梁航标曾提出了"公司自开办至民国二十二年（1933 年）底，纯

---

① 原始史料记载为"224975.791 元"，而将上述各项加总为"224875.791 元"，比原始史料记载的汇总数"224975.791 元"少 100 元，两项不符，有待进一步考证。

② 常旭春、白象锦：《保晋公司报告书稿·第九章　本公司营业状况》（民国十九年）。

③ 民国八年（1919 年）10 月 24 日奉部批准并备案之《山西保晋矿务公司章程·第三节　纲要》。

④ 民国八年（1919 年）10 月 24 日奉部批准并备案之《山西保晋矿务公司章程·第五节　股分》。

盈 136423.34 元，应如何分配，请公决案"的专项议案，董事会成员经过讨论，达成了"遵照公司合同规定，公积二成，共洋 27000 元外；甲方四成，共洋 54000 元；乙方四成，共洋 54000 元；其余 1423.34 元转入下年。所有甲、乙两方之红利，定于民国二十三年（1934 年）4 月 15 日分发"的最终决议。另外，据民国三十五年（1946 年）11 月 1 日《保晋公司董事会与善林堂、同德堂合资营业合同》记载，其第六条"分利"针对"甲方（保晋公司董事会）"与"乙方（善林堂、同德堂）"利润分成及亏损负担情况做出明文约定，"每年除一切开支外，纯利以十成计算，资方（指甲乙两方）六成，人力四成。资方由甲乙两方各半分用，人力四成之分配由正、副经理决定。但有亏损时，甲方概不负责"。①

　　企业要进行利润分配，前提条件是有利润可供分配，纵观保晋公司的整个企业发展历程，亏损年份居多，获利年份颇少，据常旭春、白象锦：《保晋公司报告书稿·第九章　本公司营业状况》（民国十九年）所载"保晋公司历年收支盈亏简明表"记载，自光绪三十二年（1906 年）冬季开始筹办至民国十九年（1930 年）底，在历时 24 年的营业期内，除"民国五年（1916 年）8 月至民国十三年（1924 年）12 月"有所盈利外，其余年份均亏损严重，"自开办至民国五年（1916 年）7 月份亏损 879551.700 元；民国十四年度（1925 年）亏损 12881.379 元；民国十五年度（1926 年）亏损 53941.372 元；民国十六年度（1927 年）亏损 355174.498 元；民国十七年度（1928 年）亏损 18941.861 元；民国十八年度（1929 年）亏损 8464.690 元；民国十九年度（1930 年）亏损 24868.260 元"。② 据此不难发现，尽管保晋公司名义上规定了相应的利润分配政策，但是由于真正的获利年份相对较少，因此，保晋公司现实的利润分配行为应当并不多见，而且只可能在收支相抵留有盈余的"民国五年（1916 年）8 月至民国十三年（1924 年）12 月"年度内进行实际的利润分配，然而缘于著者所收史料中并无反映保晋公司利润分配情况的客观记载，故无法展开相应的分析，是为缺憾。

---

① 民国三十五年（1946 年）11 月 1 日，《保晋公司董事会与善林堂、同德堂合资营业合同》。

② 《保晋公司历年收支盈亏简明表（自开办起至民国十九年止）》载常旭春、白象锦：《保晋公司报告书稿·第九章　本公司营业状况》（民国十九年）。

第六章　保晋公司的技术管理

　　无论社会如何变迁与发展，生产技术及其现实运用对于任何一个生产型企业都至关重要。先进的生产技术不仅可以保障企业按照既定计划完成生产任务，创造丰厚的经济收益，提升企业自身的竞争力，而且可以促进企业的可持续发展。对于煤炭类生产企业而言，技术创新及管理更显得尤为重要，其不仅影响与制约着煤炭类企业生产经营活动的正常开展及经济效益的攀升，更关乎着企业财产物资的安全完整、广大从业人员的人身安危及整个社会的和谐与稳定。因此，纵观人类认识、开采、利用、保护煤炭资源的整个煤业发展历程，几乎所有的从业者都无一例外地重视煤炭开采技术的实践创新及现实应用，有力地促进了整个行业煤炭开采技术的改进及管理水平的提升。保晋公司作为山西近代史上最大的煤炭工业企业，前期"用土法办理"，后期则"采用新法极力扩张"。① 本章从保晋公司的技术战略转型、专项生产技术及运用、所属各矿厂的生产技术运用及工程进展概况三方面对保晋公司的技术管理进行相应的阐释与评介，以期读者对其时保晋公司的技术管理思潮及实践运用有一个概要性的认识。

一、保晋公司的技术战略转型

　　纵观保晋公司整个发展历程，随着生产经营实践的不断推进，其在技术管理方面也进行了相应的战略部署调整与转移，主要体现在以下三方面。

---

① 民国八年（1919 年）10 月 24 日奉部批准并备案之《山西保晋矿务公司章程·第三节　纲要》。

（一）前期专业技术人员以洋人为主，后期专业技术人员以国人为主，技术战略导向实现了外援型向自主型的转变

保晋公司自开始筹建直至民国二年（1913年），由于国内矿业专业技术人才异常匮乏，以矿师为核心的专业技术人员主要依赖于洋人，"光绪三十三年（1907年），聘定英国人德鉴明、高克宁二人为矿师……光绪三十四年（1908年），呈准官厅招集商股并续聘英国人阿特来、马丁二人充任矿师……宣统三年（1911年），续聘德国人贝哈格为顾问矿师，并聘德人赛斐尔为矿师"。[①] 但时至民国二年（1913年），伴随国内矿业人才的不断涌现，保晋公司彻底辞退了洋矿师，以矿师为核心的专业技术人员主要依赖于国人，"民国二年（1913年），辞退外国矿师，另延赵奇英光任……民国三年（1914年），赵矿师病故，聘武汉三为矿师，王宪为副矿师……民国六年（1917年）1月，改定公司组织法，分采煤、制铁、营业三部，并聘任李建德为采煤部长，赵铮为制铁部长，王骧兼营业部长……民国六年（1917年）11月，聘赖锡康为副矿师，张继麟为南山事务课长，薛登寿为机务课长……民国七年（1918年）4月，聘白象锦为正矿师……民国七年（1918年）4月，开办铁厂，改任赵铮为厂长，聘张增为副厂长……民国七年（1918年）10月，勘定大同云岗、（煤）峪口矿区，并先办煤峪口，由协理曾纪纲兼任大同经理，并任白象锦为大同副经理兼总矿师，另聘梁上椿为坑务课长，侯德旺为副课长"。[②] 可见，自民国二年（1913年）以后，保晋公司再没有聘任专职的外国矿师，说明到后期，国内特别是保晋公司企业内部的专业技术人员队伍已经得到了相当程度的发展与壮大，保晋公司的技术战略导向实现了外援型向自主型的转变。

（二）前期生产设备主要依赖于外购，后期自主研制的生产设备得到较大程度的运用

保晋公司在整个生产运营过程中，同时使用蒸汽与电力两种原动力，但由于保晋公司不具备制造发电机和电动机的能力，所以生产始终以蒸汽动力为主。其工作方式是利用锅炉产生蒸汽，由蒸汽推动蒸汽机运转，以带动绞车、抽风机和水泵等设备进行工作。对于锅炉、绞车、水泵、抽风机等主要生产设

---

①② 常旭春、白象锦：《保晋公司报告书稿·本公司大事纪》（民国十九年）。

备，保晋公司创办前期，由于不具备自主生产能力，因此，这些设备主要依赖于从外国直接进口或从天津采购，"所需机器已向欧洲订购，并须拨银 100 万两"。① 但伴随保晋铁厂的创办，自主生产能力的不断提升，许多主要生产设备开始使用自制产品，而且占有相当大的比重。民国二十三年（1934 年），保晋铁厂便制造出 150 马力的水管式锅炉；民国二十六年（1937 年），保晋公司平定各矿厂共有锅炉 29 台，其中保晋铁厂自制的有 18 台，占锅炉总数的62.07%。保晋公司所使用的绞车（即卷扬机），起初从外国进口，后又改购于天津；从民国十三年（1924 年）起，保晋铁厂已经开始制造绞车，到民国二十六年（1937 年），自制的蒸汽绞车功率达到 120 马力。民国二十六年（1937 年），保晋公司平定第一矿厂安装了 2 台保晋铁厂制造的电绞车，但由于没有配备电动机，并未投入生产。当时，保晋公司平定各矿厂共有绞车 19台，总功率为 938 马力，其中自制的 11 台（占绞车总量的 57.89%），功率为428 马力（占总功率的 45.63%）。保晋公司所使用的主要排水设备水泵，原先也是从国外或天津购入，从民国八年（1919 年）起，保晋铁厂开始生产水泵。据民国二十六年（1937 年）统计，当时共有水泵 45 台，总功率为 276.5马力，其中自制的 43 台（占水泵总量的 95.56%），功率为 156.5 马力（占总功率的 56.60%）。可见，保晋公司运作到后期，自主研发与生产能力得到了大幅度提升，自制生产设备得到了广泛运用，不仅内销了产品，而且逐步摆脱了单纯依赖外购设备的被动局面，节约了大量的采购成本，在一定程度上保障了保晋公司的正常生产。

（三）前期片面注重生产技术，后期开始关注安全防范技术及其运用

保晋公司运营前期，只注重经济效益的提升，片面追求煤炭产量，缺乏必要的安全防范意识，安全责任事故频频发生，造成了巨大的人员伤亡及财力、物力损失。保晋公司平定第二矿厂（燕子沟煤矿），"宣统二年五月十一日（1910 年 6 月 17 日），工人不慎，引火爆炸，多数受伤。宣统二年六月四日（1910 年 7 月 10 日），包工马姓用黑火药开凿，火又突发，全井爆炸，工人 8名，全数炸毙。宣统三年（1911 年）四月，有工头左某立约包办，专用人力

---

① 1908 年 4 月 23 日《时报》载《山西经营煤矿之踊跃》。

下凿，至宣统三年五月七日（1911 年 6 月 3 日），该工人等在井下引火吃烟，沼气被燃，矿工 9 名，同时被伤……民国四年（1915 年）9 月间，复拟用电炮开凿，于是捞去淤渣，装入黄药，引以电线，离开井口 6 丈余，用电机引放，炮响如雷，全井震动，幸未伤人，而井口机件均被轰起"[1]，"自宣统二年（1910 年）至民国四年（1915 年）间……因井内发生沼气而爆炸者计 4 次，前后死工人 12 名，并将井架等机件毁损"[2] 保晋公司平定第三矿厂（贾地沟煤矿），"民国十六年（1927 年），于大赛鱼村择定地点，开凿斜井，旋亦以出火险停工"[3] 鉴于沉痛的事故教训，保晋公司不得不转变战略部署，开始关注安全防范技术及其实践运用。为了保障正常的生产运营秩序，保晋公司逐步加强了矿井通风技术、瓦斯防治技术、排水技术、生产照明技术等在现实生产中的运用。关于上述几项安全防范技术，参见本著本章"二、保晋公司的专项生产技术及运用·（四）保晋公司的煤炭生产安全防范技术"的相应内容，这里不再赘述。

二、保晋公司的专项生产技术及运用

煤炭产业作为一个特殊的高危行业，对于生产技术及安全管理都有严格的质量要求。下面分别从煤炭勘探技术、煤炭开采技术、煤炭运输与提升技术、煤炭生产安全防范技术、煤炭筛选技术五方面对保晋公司的专项生产技术进行相应的评介。

（一）保晋公司的煤炭勘探技术

保晋公司进行煤炭资源的开发，遵循"先探后采"的基本原则，"谨遵矿业条例，先请领探矿执照，如探明确系可采，然后再领采矿执照"[4] 保晋公司在没有进行事先勘探的情况下，是不会进行盲目开采的。

保晋公司对于煤炭资源的勘探，初期主要进行实地考查并结合长期积累

---

① 常旭春、白象锦：《保晋公司报告书稿·第六章　各矿厂及各分公司大略情形》（民国十九年）。
②③ 《山西保晋矿务公司经营概要·第四章　采矿》。
④ 民国八年（1919 年）10 月 24 日奉部批准并备案之《山西保晋矿务公司章程·第三节　纲要》。

的经验而判定各地的煤炭资源禀赋情况。"土人每视山上石脉，即知炭之有无。"①

民国七年至八年（1918～1919年），保晋公司"遵照部颁矿业条例，呈领矿区，注册立案"。②在矿区得到法定认可并注册的情况下，保晋公司组织专业技术人员，对所属矿区的地质、煤层进行了相应的勘探与分析，并绘制了"平定、大同矿区总图"，特别是在大同矿区，伴随钻探工程的不断推进，绘制了多处"钻孔图"。为使读者能够对保晋公司的煤炭勘探结果有一个较直观的了解，兹将民国十九年（1930年）常旭春、白象锦《保晋公司报告书稿》中对保晋公司矿区及其面积、地质、煤层和储量的实地勘测结果记述如下：

1. 保晋公司勘探的矿区及其面积

保晋公司在平定、阳泉附近所领煤矿区，计11处，曰简子沟、燕子沟、小南沟、贾地沟、先生沟、平潭垴、汉河沟、四角山、桃林沟、李家沟、龙桥沟，面积共计54方里357亩6分2厘5方丈15方尺50方寸。大同、左云采矿10区，曰石岩庄、兴旺村、黑龙王庙沟3处，总名为煤峪口矿区；吴官屯、马营洼、南姜家湾、北姜家湾、红圈梁5区，总名为云岗矿区，连同黑沟、磨石涧2区，计面积82方里347亩1分30方丈23方尺。晋城探矿2区，曰河东村、小张村，计面积7方里322亩29方丈48方尺。寿阳探矿1区，曰陈家河，计面积4方里301亩19方丈60方尺。以上共计采、探矿24区，计面积149方里248亩7分2厘24方丈46方尺50方寸。③

2. 保晋公司勘测的地质及其煤层状况

保晋公司"各矿煤层，厚度不一，均极丰富"。④

平定各矿，地质构造颇整齐，岩石层序亦井然不紊。大略可分三段：东段如娘子关一带，即太行山区域，为冀州系所构成，于广厚之泥凝灰岩、石灰岩中，并无煤铁两矿；自此以西则石灰岩中，铁矿露头，遍地有之，如五渡、桃坡、杨家庄、烟里、林里、千亩坪、三郊、杨树沟等村，均为铁矿区，自北至南狭长如带，此为中段，在冀州系石灰岩之上，煤系之下，中有铁矿，系铁二氧三所成，色红棕或黄色，时作核状，并多气孔，无一定形式，分布甚广，而

---

① 乾隆版《平定州志》。
②③ 常旭春、白象锦：《保晋公司报告书稿·第四章 本公司煤藏》（民国十九年）。
④ 常旭春、白象锦：《保晋公司报告书稿·第三章 本公司组织》（民国十九年）。

以石灰岩之裂缝中所含最丰富。过此以西即为西段，如平潭垴、李家庄、冯家庄、汉河沟以至蒙村、赛鱼等处，均为煤田分布之区，概由水成岩所构成，其主要岩石为砂岩、石灰岩、页岩、泥板岩、砾岩等。此石灰岩中含燧石质，土人名曰固石，常为采煤最重要之标识，盖一遇固石，即知其距煤层已不远也。至煤层属古生代之煤系，常介于砂岩及页岩之间，共分十余层，自上而下，有2尺、7尺、1尺、3尺、4尺2寸、1丈8尺等层，距地表多在30丈上下。保晋公司通常所采煤层计1丈8尺，为本煤田最重要之层，此层中间夹有薄层页岩，土人因别之为上脉及下脉。上脉中复析为：小麻生、大麻生、小斗、大斗、胶炭、底三尺6层，下脉中复析为：连堰、大脆炭、糊炭、地麻生4层。煤层略由东北而倾斜于西南，约七八度，时依地层为波纹式或斜坡式，且杂有微小之断层。[1]

　　保晋公司对平定一带的煤层状况进行了实地勘测，认为平定地区7个煤层中，仅有七尺煤、四尺煤、丈八煤3个煤层可采，保晋公司只采厚5.5公尺之丈八煤层，对于七尺煤、四尺煤"任凭土窑采取，不加干涉"。[2]

　　现将保晋公司勘测的平定一带煤层情形及丈八煤层具体情形列出，如表6-1和表6-2所示。

表6-1　保晋公司平定一带各煤层情形

单位：公尺

煤层名	厚度	各层间距离*	可采否	附　注
七尺煤	2.130	至二尺煤48.000	可	土窑之开采者，公司不加干涉
二尺煤	0.610	至一尺煤12.200	否	—
一尺煤	0.305	至四尺煤11.300	否	—
四尺煤	1.220	至二尺煤14.300	可	土窑之开采此层者，公司不加干涉
二尺煤	0.610	至欢喜煤39.600	否	—
欢喜煤	0.244	至丈八煤0.305	否	—
丈八煤	5.500	—	可	公司现采取之煤层

　　注：*此处原史料中并没有标明计量单位，著者推断其计量单位应当为"公尺"。

　　资料来源：《山西保晋矿务公司经营概要·第三章　煤田》。

---

　　① 参见：常旭春、白象锦：《保晋公司报告书稿·第四章　本公司煤藏》（民国十九年）。
　　② 《山西保晋矿务公司经营概要·第三章　煤田》。

表6-2　保晋公司平定一带丈八煤层各层情况

单位：公尺

层　数		土　名	厚度
上脉	第一层	小麻生	0.305
	第二层	大麻生	0.305
	第三层	小斗	0.305
	第四层	大斗	0.305
	第五层	胶炭	0.610
	第六层	底三尺	0.915
下脉	第七层	连堰	0.610
	第八层	大脆炭	0.610
	第九层	糊炭	0.610
	第十层	地麻生	0.915
合　计			5.490

资料来源：《山西保晋矿务公司经营概要·第三章　煤田》。

　　大同、左云、怀仁之地质，年代颇形浅近。截至民国十九年（1930年）之前，已发现者，概为中生代侏罗纪之煤田。其煤层上部之岩石，为砾岩、页岩、含燧石之石灰岩、砂岩等。煤层斜度，各地不一。已发现之煤，约有3层，最厚者2丈2尺，次七八尺至丈余，最薄者四五尺。保晋公司所采煤峪口矿区之九尺煤，距地表341尺9寸。民国十年（1921年）5月间，在距此竖坑之东南510尺处，用钻机探钻，计钻深329尺，即达后来民国十九年（1930年）所探之九尺煤层，共钻深389尺4寸，名曰煤峪口矿区第1号钻孔。至民国十四年（1925年）5月，为再探下级煤层计，遂于坑内采煤区又复钻探，至257尺10寸下，见煤层4尺5寸，此为第二主要煤层，名曰5尺煤。又至363尺2寸下，见煤层12尺10寸[①]，是为第三主要煤层，名曰12尺煤。共钻深382尺4寸，亦即停止。查此第三主要煤层，距地表共深704尺11寸，诚最有价值之煤层也。至第2号及第3号钻孔，或因适遇断层，或因机械力薄，虽未完竣，亦可藉以参考。上述为煤峪口矿区之煤层。至云岗矿区，面积较

---

　　① 此处关于"12尺10寸"煤层的表述，的确存在置疑，但数次核对原始史料，的确为如此表述，在没有其他相关史料比照与佐证的情况下，著者不敢臆断，现仍以原史料中记载的"12尺10寸"为据。

大，煤量更丰。民国十一年（1922 年）3 月 8 日，在云岗矿厂之吴官屯区内，开始试探。至民国十一年（1922 年）5 月 11 日，钻深 258 尺 8 寸下，见 18 尺 7 寸之第一煤层。民国十一年（1922 年）5 月 16 日，又于深度 352 尺 7 寸下，见 9 尺之第二煤层。民国十一年（1922 年）5 月 26 日，复于 493 尺 6 寸下，见 5 尺之第三煤层，共钻深 500 尺 4 寸，而工程告竣，名曰云岗矿区第 1 号钻孔。[①]

晋城地质与平定一脉相连，同属水成岩所构成。惟煤层距地表较近，自丈八煤层以上，为黑坩、黑砂石、夹坩黄土及黄土层，此层较厚，约六七十尺。截至民国十九年（1930 年）之前，保晋公司所采主要为 2 丈煤层。[②]

寿阳地质亦属古生代之石炭系，主要岩石为石灰岩及红绿砂岩。煤层分 4 层，第一层厚 3 尺 6 寸，中夹页岩，分为上下各 1 尺 8 寸两层；第二层厚 9 尺；第三层厚 7 尺；第四层厚 18 尺，页岩、石灰岩，介于其间。民国十九年（1930 年），保晋公司所采为 9 尺煤层。[③]

3. 保晋公司勘测的煤炭储量

"山西煤田丰富，甲于全国……诚极大之富源，无穷之宝藏也。本公司采煤地点，于开办之初，即勘定平定、大同、晋城、寿阳四处，为全省煤藏最富之区，兼有烟、无烟两矿。"[④] 兹将民国十九年（1930 年）保晋公司在平定、寿阳、晋城、大同 4 个地域 10 个矿区勘测的煤炭资源储量情况统计如表 6-3 所示。

表 6-3　保晋公司煤炭储量统计

地域	区名	矿区面积	煤层厚度（尺）	煤层体积（立方尺）	储煤数量（吨）
平定	（1）简子沟	6 方里 506 亩 5 分 6 厘	18	404627400	14450978
	（2）燕子沟	8 方里 96 亩 4 分 2 方丈 84 方尺 50 方寸	18	476976312	17034868
	（3）贾地沟	9 方里 535 亩 1 方丈	18	582661800	20809350
	（4）先生沟	4 方里 9 亩 56 方丈 41 方尺	18	234353538	8369769
	（5）平潭垴	2 方里 25 亩 48 方丈 36 方尺	18	120227048	4293680
	（6）汉河沟	1 方里 287 亩 59 方丈 75 方尺	18	89423550	3193698
	（7）李家沟	1 方里 425 亩 31 方丈 80 方尺	18	104277240	3724187

①②③④　常旭春、白象锦：《保晋公司报告书稿·第四章　本公司煤藏》（民国十九年）。

地域	区名	矿区面积	煤层厚度 (尺)	煤层体积 (立方尺)	储煤数量 (吨)
寿阳	(8) 陈家河	4 方里 301 亩 19 方丈 60 方尺	9	13292640	3955703
晋城	(9) 河东村	1 方里 448 亩 1 方丈 95 方尺	20	118563900	3528687
大同	(10) 黑龙王庙沟	9 方里 99 亩 57 方丈 65 方尺	9	267837885	7971365
总计		47 方里 314 亩 23 方丈 96 方尺 50 方寸		2412241313[①]	87332285[②]

注：①各矿区煤层体积进行加总为：2412241313 立方米，而据原史料记录为：2438822165 立方米，存在差异，此处取实际加总数。

②各矿区储煤数量进行加总为：87332285 吨，而据原史料记录为：87332317 吨，存在差异，此处取实际加总数。

资料来源：常旭春、白象锦：《保晋公司报告书稿·第三章　本公司组织》（民国十九年）。

保晋公司仅上述 10 个矿区勘测的煤炭储量已有 8733 万余吨，若将其余矿区及上部 4 尺、7 尺两煤层加入计算，所藏之量，自当更加丰富。

需要说明的是，以上仅仅从技术结果层面，对保晋公司组织相关专业技术人员、利用特定的专业技术手段，对所属矿区的面积、地质、煤层及其储量等实地勘测结果进行了阐述，鉴于史料的匮乏及著者煤炭地质勘探知识的贫乏，无法对相应的勘探技术及其实践运作过程展开详尽的论述，是不为足。

（二）保晋公司的煤炭开采技术

保晋公司各矿区由于地质条件及煤炭资源质地的不同，采煤方法也不相同，现以平定、大同两矿区为例，对保晋公司的煤炭开采技术加以说明。

平定各矿煤层整齐，采煤方式俱用"房柱法"，即先开掘干道，每进 100 丈，开左右巷道两条，作为通风运煤之路；巷道以内，复每进百丈，向左右各开行道一条，即形成长宽各百丈之大煤柱。此大煤柱复渐分为小煤柱，长宽各七八丈以至 11 丈不等。至巷道，高约 9 尺，宽自 8 尺以至 2 丈不等，视煤层之软硬而异。至采煤程序，即将 1 丈 8 尺之煤层，平分为上下两层，先取其下层 9 尺，次取上层之底 3 尺，余 6 尺留作顶盖，以省支柱之工，兼作防水之用。一俟达到矿区边界，即行回采，由远而近，将其下层煤迹，用土石填塞，然后尽取其上层所留之 6 尺煤。关于具体的采煤方法，由于平定所产之煤必须成块才有销路，因此不能使用炸药爆破落煤，平定各矿厂只能采用"搬根凿壕法"。所谓"搬根凿壕"，是指将欲采之煤之左、右、底三边，先以人力用长柄之铁镢，刨成宽1尺、深约八九尺之濠沟。惟底边前面留煤柱尺余，以代支柱。及刨掘既成，先撤去底边之煤柱，再于上边用铁錾稍事钻凿，煤即由其自重自行坠下。如煤质坚硬，未能即自坠下，用炸药炸之使坠，然后用锤剖之成块，运出坑外。至工作效率，按块煤平均计算，每工每日能产煤0.5吨左右。[①]

"平定各坑内之巷道，因煤顶颇为坚固，使用支柱极少，间有顶盖不坚之处，则用一梁二柱支撑，以防崩塌。如为干道，则用砖、石、洋灰圈揎。"[②]保晋公司平定各矿厂使用坑木很少，吨煤平均支柱费民国十七年（1928年）为0.0062元，民国十八年（1929年）为0.0086元，民国十九年（1930年）为0.0012元。[③]保晋公司平定矿区所采之煤炭，"质坚纹密、采掘甚难"，"限于交通，非成60华斤以上之大块，不易销售"，因此，"坑内采掘，须择坚实之处，其煤质较松者，则弃置不采"。[④]保晋公司的采煤方式"习用房柱法，以煤作柱，既不能多容矿工，遗弃之煤量亦夥"。[⑤]变形房柱法是一种采掘混合的采煤方法，采煤主要靠掘进，回采所占的比例不大。变形房柱法采煤所用的工具，全部是手工工具。通常使用的有铁镢、铁锹、铁锤、铁錾、条筐和木担等。民国八年（1919年），保晋公司向美国购置割煤机1台，并在平定第二矿厂以旧有空气压缩机压风试验，但未获成功。当时，由于末煤无销路，所以全被弃置井下，回采率不超过20%。[⑥]因此，尽管平定煤炭资源极其丰富，但保晋公司的煤炭开采与利用率并不高。

保晋公司平定各矿厂的采煤工人在长期的生产实践中，掌握了"皮口"、"皮槽"[⑦]的观察技巧，能够有效预防片帮冒顶事故。

大同矿区采煤系用"长壁变形进采法"。坑道分行道、支道、纬道、风道、风眼数种。行道上宽9尺，下宽11尺，高尽煤层，沿煤层走向进掘。支道宽6尺，高6尺5寸，与行道作角60度左右。纬道宽5尺，高6尺，与支道作角60度及90度。风道、风眼纯为通风，按需风之多寡，开宽4~6尺，高6~9尺，

---

①② 常旭春、白象锦：《保晋公司报告书稿·第七章　各矿工程设施状况》（民国十九年）。

③ 参见：《阳泉煤矿史》编写组：《阳泉煤矿史》，山西人民出版社，1985年版，第78页。

④⑤ 常旭春、白象锦：《保晋公司报告书稿·第五章　平定硬煤与各大煤矿之特殊情形》（民国十九年）。

⑥ 参见：《阳泉煤矿史》编写组：《阳泉煤矿史》，山西人民出版社，1985年版，第70页。

⑦ "皮口"、"皮槽"是平定当地采煤工人的口头专业术语，即"裂隙"的意思。

与行道作角 90 度左右。东西两面为避免运煤拥挤，各开与行道同样之道一。凡此各道，均沿煤层底板进行。至采煤区域，并不甚广，只用长壁变形连继进采，一法采掘，纯用人力及炸药。大同煤矿，因系半烟煤质，顶盖较松，所用支柱亦较多。至坑木种类，以杨、松、榆等木为多，皆购自寿阳、宁武等处。①

（三）保晋公司的煤炭运输与提升技术

煤炭作为一种特殊的资源型产品，不仅需要在井下开采出来，而且必须通过一定的方式与手段输送到井上，才可能销售出去，以获取相应的经济收益。因此，保晋公司也特别注重煤炭运输技术与提升技术的现实运用。

1. 保晋公司的煤炭运输技术②

保晋公司的煤炭运输方式，依据运输区域、运输动力的不同而区分为不同的类型。

（1）依据煤炭资源运输区域的不同，主要包括井下运输与井上运输。井下运输是指把采好的煤炭从采煤岔头运至井底；井上运输是指把矿井口的煤炭运送到火车站货场。

保晋公司各矿厂的井下运输多采用轨道运输，"坑内运搬，不论竖坑、斜坑，均于坑内敷设轻便铁道，凡采煤场采下之煤，即用人工抬送，装入煤车，运至坑底"③。保晋公司各矿厂在井下主要运输巷道中铺设轻便铁轨，轨上运行矿车，将煤块从采煤岔头运至井底。轻轨大多是每米 12 磅，也有少量是 9 磅的，还有一部分是保晋公司自制的生铁轨。据统计，民国十年（1921 年），保晋公司平定第一矿厂、平定第二矿厂两矿井下共铺设轻轨 1465 米；民国十二年（1923 年），保晋公司平定第三矿厂井下铺设轻轨 288 米；到民国十九年（1930 年），保晋公司平定各矿厂铺设的轻轨总数达到了 21740 米，各采煤岔头均可直接将煤块装入矿车，推至井底。运煤矿车分为铁车、铁架车、四角铁木混合车和平台车等式样，容量均为 0.5 吨。据统计，民国十年（1921 年）各矿厂矿车总数为 221 辆，其中井下 84 辆，占 38.01%；民国十二年（1923 年）矿车总数为 451 辆，其中井下 273 辆，占 60.53%；到民国十九年（1930 年），矿车总数增至 1185 辆；到民国二十六年（1937 年），又增至 1543 辆。

---

①③　常旭春、白象锦：《保晋公司报告书稿·第七章　各矿工程设施状况》（民国十九年）。
②　这部分内容在撰著过程中主要参阅了《阳泉煤矿史》编写组：《阳泉煤矿史》，山西人民出版社，1985 年版，第 71~73 页。

矿车数量的不断攀增，说明保晋公司的生产能力与运输能力都在不断提升。

保晋公司的井上运输因地而宜，采用轨道运输和畜力运输两种方法。保晋公司平定第一矿厂、平定第二矿厂均位于正太路旁，井口至正太路有轨道相接，煤车从井下提出地面，可直接推至本矿厂道岔装车。平定第三矿车至赛鱼火车站也铺了轻轨，但由于中隔桃河，运输并不正常。冬季，河水干枯，煤车可直接过河；夏季，水发河涨，只好拆除轻轨，靠畜力驮运过河。平定第四矿厂先用矿车将煤炭运至石卜咀储煤场，然后再换用骡马，驮至巩窑洼铁路道岔装车。平定第五矿厂无轨道之便，开始只能由骡马驮至阳泉火车站，到民国八年（1919 年），保晋公司在铁厂和阳泉火车站之间架设空中索道，才用它代替了第五矿厂的畜力运输。平定第六矿厂无轨道之便，只能由骡马将煤炭驮至阳泉火车站。至于保晋公司大同矿厂，"（因）距平绥路之口泉站约 7 里许，现已安有 32 磅之轻便铁轨，并用 110 马力之小机车，拉运 10 吨及 5 吨之煤车，转运极为便利"。[①]

（2）依据煤炭资源运输动力的不同，主要包括人力运输、畜力运输、重力运输和机械运输。

人力运输是指以矿工的人力作为原动力，运送煤炭的方式。保晋公司平定各矿厂虽然在井下、井上都使用了一定数量的矿车来运输，但这些矿车大都是靠人力推运的。矿工们将矿车从采煤岔头推至井底，又从井口推至火车站，速度慢，强度大，尤其是上坡，更吃力。

畜力运输多用于无铁道运输之便的矿厂。如保晋公司平定第六矿厂的井上运输完全是靠畜力完成的，平定第三矿厂、第四矿厂、第五矿厂的井上运输也不同程度地使用过畜力。

重力运输实际上是一种利用惯性力的运输。它是保晋公司矿工在长期的生产实践中发现和利用的一种特殊运输方式。其方法是在坡的上部开掘一个洞室，洞室内垂直安设自动轮（俗称"王八轮"），轮上系着钢丝绳。绳的一端拖向坡底，挂住一个空车；另一端在坡上，挂住一个重车。重车下坡时，利用惯性力把空车带上坡来，如此循环往复，进行运输。当坡度在 5 度以上时，就可利用重力运输。重力运输经济、简便，被保晋公司广泛使用。

机械运输主要指有极绳蒸汽绞车运输和无极绳蒸汽绞车运输。有极绳蒸汽

---

① 常旭春、白象锦：《保晋公司报告书稿·第七章　各矿工程设施状况》（民国十九年）。

绞车运输，是利用蒸汽绞车滚筒运转的动力，通过钢丝绳，直接牵引矿车。这种运输方法适用于起伏巷道。无极绳蒸汽绞车运输则是把钢丝绳环装在巷道相反两头的轮子上（其中一个是驱动轮），蒸汽绞车带动驱动轮运转，使张紧的钢丝绳沿着一个方向连续运行，以此带动矿车运输。采用无极绳蒸汽绞车运输，具有矿车摘挂均匀、运输连续平稳的特点，但摘挂矿车劳动强度大，占用人手多；同时，无极绳蒸汽绞车运输钢丝绳磨损严重，时常需要替换废绳，给保晋公司造成了一笔不小的经济支出。无极绳蒸汽绞车运输适用于近水平煤田，平定煤田呈近水平状态，因此这种运输方法被普遍使用。

架空索道运输也属于机械运输。平定第五矿厂和保晋铁厂距阳泉火车站仅有一里之遥，但中隔桃河，河幅颇宽，欲造大桥，力不从心。民国八年（1919年），保晋公司以2万元巨资，委托日本大阪安全索道株式会社，在保晋铁厂和阳泉火车站之间架设了一条全长762.5米的单线式索道。通过这条索道，每日可将保晋铁厂和平定第五矿厂的产品约300吨运至阳泉火车站。

2. 保晋公司的煤炭提升技术①

矿井的煤炭提升主要是指把采好的煤炭从井底提升至井上地面。保晋公司煤炭提升的方法有人力提升、畜力提升和机械提升三种。

人力提升主要适用于竖井，其方法是井口安装木制辘轳，辘轳两头各装绞把，8人分两组，轮流绞动，将煤块提升至地面。

畜力提升主要适用于斜井，其方法是由人牵骡马等畜力入井，将煤炭驮出矿井。

机械提升一般是用蒸汽绞车把煤炭提升出地面。如果是竖井，则是在井口上装设铁制或木制井架，井架上并排装置两个天轮；井口安置蒸汽绞车，绞车滚筒上缠绕的钢丝绳套过两个天轮，分别把两个绳头垂入井下，滚筒转动，两个绳头一上一下，交替着把煤炭从井底提升上来。开始，井底炭块是用铁链绑缚或圆筐装载的；后来，改用罐笼装载，矿工们将载煤矿车推入罐笼，即被连车带煤一起提升出井口。如果是斜井，则用蒸汽绞车带动无极绳，将载煤矿车牵引出井。

竖井提升的罐笼有大有小，均为单层。各个竖井安装的井架也不尽相同，平定第一矿厂、平定第二矿厂是铁制的，因此，承载与提升能力相对较强，每

---

① 这部分内容在撰著过程中主要参阅了《阳泉煤矿史》编写组：《阳泉煤矿史》，山西人民出版社，1985年版，第70~71页。

次可提升半吨矿车 2 个；平定第三矿厂、平定第四矿厂是木制的，因此，承载与提升能力则相对较弱，每次可提升半吨矿车 1 个。平定第一矿厂与平定第四矿厂的斜井，则是用无极绳蒸汽绞车提升。

平定第二矿厂燕子沟煤矿，其东竖井是保晋公司产量最大的矿井，其煤炭提升能力在保晋公司各矿井中是首屈一指的。该井井架由工字钢装置而成，高度 12.95 米，天轮直径 1.675 米，罐笼 1 层，罐笼可装 2 矿车，罐道用料 40磅钢轨，罐笼、载煤车和钢丝绳共重 3 吨，绞车为齿轮连接式、功率 80 马力、滚筒直径 1.83 米，钢丝绳直径 31.8 毫米、股数 6、丝数 19，速度每分钟 122米，卷扬时间每次 1 分钟，提煤重量 1 吨，最大日提升能力 1200 吨。

（四）保晋公司的煤炭生产安全防范技术

为了保障矿井的安全生产，保晋公司不得不注重矿井通风技术、瓦斯防治技术、排水技术、生产照明技术等在现实生产中的运用。

1. 保晋公司的矿井通风技术

矿井通风是煤炭类企业进行正常生产的最基本环节。如果不进行矿井通风，就不能保证井下正常的氧气输送，直接威胁着井下矿工的生命；如果不进行矿井通风，就不能有效冲散井下生产过程中积聚的一氧化碳、二氧化碳、二氧化氮、二氧化硫、硫化氢、沼气等有毒气体，矿工的生存都难以保障，生产更无从谈起；如果不进行矿井通风，就不能对井下恶劣的气候条件进行有效调节，直接制约着正常生产。通过科学有效的矿井通风，能够供给井下足够的新鲜空气，满足井下矿工对氧气的基本需求；能够冲淡井下有毒气体和粉尘，保证正常的安全生产；能够适度调节井下气候，创造较为良好的工作环境。

保晋公司平定各矿厂，除第一、第二两矿厂安有大风扇外，其余各矿坑内，均用自然通风法。自然通风的方式是：每对矿井至少有两个通向地面的井口，这些井口按照一定的方式与井下若干巷道相连通。巷道内装置密闭墙、风门等设施，以引导风的流向。至大同矿内，亦用自然通风，风自第二井自然流下，以各道口风门之开闭，随意逼于所需之处，复由第一井流出。"按逐日之视察，每人每分钟约得新鲜空气 21 立方尺。"[1]

保晋公司平定六大矿厂的基本通风情况[2]如下：

---

[1]　常旭春、白象锦：《保晋公司报告书稿·第七章　各矿工程设施状况》（民国十九年）。

[2]　参见：《阳泉煤矿史》编写组：《阳泉煤矿史》，山西人民出版社，1985 年版，第 74 页。

平定第一矿厂通风方式为两翼对角式。由二、四两斜井进风，由两翼的第一斜井和第一竖井回风。据民国九年（1920年）测定，该矿厂总入风量为每分钟657~705立方米。后来，该矿厂安设西罗哥式抽风机1台，抽风量为每分钟3932立方米，但未经常投入运转。

平定第二矿厂通风方式为立井并列式。东竖井入风，西竖井回风。在东西两竖井未贯通之前，用铅铁板圈成风筒，悬挂井内，吹入蒸汽，进行通风，风量为每分钟80~90立方米。后来，该矿厂安设西罗哥式抽风机1台，抽风量为每分钟5243立方米，但也未经常投入运转。

平定第三矿厂通风方式为立井中央并列式。第一竖井入风，第二竖井回风。据民国九年（1920年）测定，该矿厂总放风量为每分钟423~478立方米。

平定第四矿厂包括东井、中井和西井，原先互不相通。中井和东井沟通之后，这两对矿厂均由北竖井入风，南竖井回风。据民国九年（1920年）测定，该矿厂总入风量为每分钟495~543立方米。

平定第五矿厂由北、中两个斜井入风，南斜井回风。据民国九年（1920年）测定，该矿厂总入风量为每分钟655~885立方米。

平定第六矿厂由南竖井入风，北竖井回风。据民国九年（1920年）测定，该矿厂总入风量为每分钟490~577立方米。

由于自然通风风压小、风量少，致使井下缺氧严重、温度很高。据统计，每年七八月保晋公司平定各矿厂的井下温度都在25摄氏度以上，有的竟高达31摄氏度；同时，由于风量不足，致使井下瓦斯积聚较为严重，瓦斯燃烧事故频繁发生。[1]

2. 保晋公司的瓦斯防治技术

瓦斯是指井下以甲烷（CH_4）为主的有毒、有害气体的总称，是各种气体的混合物，它含有CH_4、二氧化碳、氮气和数量不等的烃以及微量的稀有气体等，但主要成分是CH_4。我们通常情况下所说的瓦斯一般是指甲烷。煤矿瓦斯如果得不到有效治理，可能出现的危害形式有：瓦斯窒息、瓦斯燃烧、瓦斯爆炸、瓦斯爆炸引起的煤尘爆炸或火灾等。在我国，一次死亡10人以上的特大事故中，瓦斯爆炸引发的事故占70%左右。瓦斯引发的事故成为煤炭资源开

---

① 参见：《阳泉煤矿史》编写组：《阳泉煤矿史》，山西人民出版社，1985年版，第73~74页。

采与利用有史以来对安全生产威胁最大的因素。

关于瓦斯防治，最有效的方法就是矿井通风，除此之外，保晋公司在长期的生产实践中，创新性地发明并利用了根治井壁瓦斯涌出的特殊方法——"圈壁排放法"。保晋公司平定第二矿厂即燕子沟矿，自宣统元年（1909年）开凿东竖井以后，井壁岩石层涌出大量瓦斯，先后4次发生爆炸事故，致使多人伤亡，建井工程几经停顿。为了防治瓦斯，保晋公司先后聘请中外矿师多名，但均束手无策。后来，保晋公司的技术人员筹划采用圈砌井壁、密闭瓦斯的土办法进行开凿，结果防住了瓦斯，使多年停产的矿井终于凿成。矿井建成之后，又拆去旧圈，用水泥灌注井壁，以密闭瓦斯；并于壁内砌筑空洞，接以铁管，将瓦斯引入小井，再由小井排出井外。此后，该矿厂开凿西竖井时，也遇到了瓦斯，使用上述方法，同样治住了瓦斯，顺利完成了建井工程。保晋公司采用"圈壁排放法"，根治了井壁瓦斯涌出，解决了中外矿师无法解决的疑难问题，的确具有创新意义。①

3. 保晋公司的排水技术

在矿井建设和生产过程中，大气降水、含水层水、断层水、采空区水等水源通过各种渠道涌入矿井，形成矿水。这些矿水如果得不到有效排放，将直接阻碍矿井的正常生产。

保晋公司平定各矿坑内，顶板颇坚，水量较少，其日行之水，或赖人力挑担，或用压机排汲，或顺坑道上凿就之水渠，集流于蓄水池内，再用抽水机排出坑外。平时挑水时间约三四个小时，有时因遇大水，延长至20个小时。保晋公司大同矿区，分三级排水，在第二井底稍南掘容积2500立方尺之蓄水池一处，名曰井底总水站，煤层散水由水沟及水泵导入总站，是为第一级；又由井底140尺之水层下，掘有容积2000立方尺之蓄水池，总站之水，悉排于此，是为第二级；由此排出地面，是为第三级。②

保晋公司所使用的最主要排水工具是水泵。水泵也称抽水机、排水机、唧筒或泵浦。按其工作方式，可分为离心式和往复式两种；按其动力，可分为蒸汽式和电动式两种。保晋公司各矿厂大部分都使用离心式蒸汽泵。通常情况下，保晋公司的排水系统由蓄水池、水泵和管路三部分构成。③

---

①③　参见：《阳泉煤矿史》编写组：《阳泉煤矿史》，山西人民出版社，1985年版，第75页。

②　参见：常旭春、白象锦：《保晋公司报告书稿·第七章　各矿工程设施状况》（民国十九年）。

兹将保晋公司平定各矿厂排水设备的利用情况①简述如下：

平定第一矿厂，民国九年（1920 年）前用水泵 2 台，排水能力均为每分钟 0.373 立方米。民国十九年（1930 年）前增加电动水泵 1 台，排水能力为每分钟 0.35 立方米。到民国二十六年（1937 年），该矿厂共有水泵 20 台，其中井下排水泵 6 台，每台的排水能力为每分钟 0.328 ~ 0.492 立方米；备用水泵 10 台，每台的排水能力为每分钟 0.098 ~ 0.933 立方米；锅炉用泵 4 台。

平定第二矿厂，民国九年（1920 年）前用水泵 2 台，排水能力分别为每分钟 0.455 立方米和 0.545 立方米。民国十九年（1930 年）前，为了预防透水事故发生，从美国开办的慎昌洋行购回威尔式双筒水泵 1 台，出水管径 6 寸，扬程 152.5 米，排水能力为每分钟 2.282 立方米。到民国二十六年（1937 年），该矿厂共有水泵 5 台，其中 70 马力 1 台，排水能力为每分钟 2.282 立方米；50 马力 1 台，排水能力为每分钟 0.983 立方米；5 马力 3 台，排水能力为每分钟 0.164 立方米。

平定第三矿厂，民国九年（1920 年）前无排水设备。民国十九年（1930 年）前用水泵 2 台，排水能力各为每分钟 0.145 立方米。到了民国二十六年（1937 年），该矿厂共有水泵 8 台，其中井下排水用水泵 5 台，排水能力为每分钟 0.164 立方米；锅炉用泵 3 台，均为小型。

平定第四矿厂，民国九年（1920 年）前，该矿厂东井有水泵 1 台，排水能力为每分钟 0.295 立方米。民国十九年（1930 年）前，有水泵 2 台。到了民国二十六年（1937 年），共有水泵 7 台②，其中 10 马力 2 台，排水能力为每分钟 0.492 立方米；8 马力 1 台，排水能力为每分钟 0.328 立方米；5 马力 1 台，排水能力为每分钟 0.164 立方米。

平定第五矿厂，民国九年（1920 年）前，该矿厂使用水泵 2 台，出水管径 3 寸，排水能力分别为每分钟 0.295 立方米和 0.455 立方米。后该矿厂井下透水，矿井被淹，生产停止。

平定第六矿厂，民国十九年（1930 年）前，该矿厂有水泵 1 台，排水能力为每分钟 0.295 立方米。

---

① 参见：《阳泉煤矿史》编写组：《阳泉煤矿史》，山西人民出版社，1985 年版，第 75 ~ 76 页。

② 原资料中记载的此处水泵数量为"7 台"，而其后阐释时包括"10 马力 2 台、8 马力 1 台、5 马力 1 台"，合计为 4 台，与资料中记载的"7 台"不符。著者认为，或者是资料中记载有误，应当为"4 台"；或者是此处提及的"7 台"，除包括上述的"4 台"外，还包括前述"民国九年（1920 年）前 1 台、民国十九年（1930 年）前 2 台"，这样算来，也应当为"7 台"。

4. 保晋公司的生产照明技术

煤矿井下作业，如果没有必要的照明设备、设施或工具，不用说提升采煤效率了，矿工的人身安全都面临着严重的威胁。因此，著者特意将生产照明技术列入煤炭生产安全防范技术予以评介。保晋公司"各矿坑内所用之灯，有油灯、安全灯、电灯三种"。①

油鳖灯是古代沿袭下来的一种照明工具，它是用铜、铁或陶瓷制成的小圆壶型灯，前有壶嘴角即灯头，后有小柄，便于手携口咁。油鳖灯是明火灯，所以经常引起瓦斯燃烧。保晋公司在日常的生产过程中，井下照明大量使用油鳖灯，民国八年（1919年）日用灯数量最高时可达2132盏。

安全灯也是保晋公司使用的照明灯具之一。它主要是供公司经理、厂长和高级职员下井时使用的。由于这种灯造价太高，所以很少使用。据有关资料统计，民国八年（1919年）至民国十一年（1922年），保晋公司平定各矿厂每日平均使用灯数也不过数盏；民国十七年（1928年）至民国十九年（1930年），用灯范围扩大到工务员，每日平均使用灯数也只有四五十盏。

民国七年（1918年），保晋公司在平定第二矿厂安设1.9千瓦发电机，试用电灯照明成功。此后，保晋公司的电灯照明便由少到多，逐渐发展起来。民国十五年（1926年），平定第一矿厂、第三矿厂分别安设发电机，第一矿厂安设45千瓦三相交流发电机1台，第三矿厂安设15千瓦三相交流发电机1台。民国二十一年（1932年），平定第二矿厂、第四矿厂更换和安装发电机，第二矿厂将原有1.9千瓦发电机更换成15千瓦三相交流发电机；第四矿厂在竖井安设了2台两相直流发电机，功率均为4千瓦。据统计，民国九年（1920年）平定各矿厂和总公司机关，共安装电灯600余盏；民国十九年（1930年），保晋公司各矿厂每日平均使用的电灯数是439盏。保晋公司平定各矿厂的照明电灯是利用蒸汽作为原动力来带动发电机供电的。由于电力有限，照明电灯只能安装在井下主要运输巷道和井底车场。其余地方，还主要靠油鳖灯和安全灯照明。②

为了便于读者对其时保晋公司的生产照明状况有一个较为直观的了解，兹将保晋公司民国十七年（1928年）至民国十九年（1930年）照明工具使用情况列出，如表6-4所示。

① 常旭春、白象锦：《保晋公司报告书稿·第七章　各矿工程设施状况》（民国十九年）。
② 参见：《阳泉煤矿史》编写组：《阳泉煤矿史》，山西人民出版社，1985年版，第77~78页。

表6-4 保晋公司照明工具使用情况统计

(民国十七年至民国十九年)

项 别		民国十七年 (1928年)	民国十八年 (1929年)	民国十九年 (1930年)	合 计
油灯	每日平均使用数(盏)	711	1102	1232	—
	全年经费(元)	14313.50	26762.58	28845.21	69921.29
电灯	每日平均使用数(盏)	380	393	439	—
	全年经费(元)	2937.27	2903.29	1814.68	7655.24
安全灯	每日平均使用数(盏)	42	47	56	—
	全年经费(元)	231.77	413.02	477.36	1122.15
合 计(元)		17482.54	30078.89	31137.25	78698.68

资料来源:常旭春、白象锦:《保晋公司报告书稿·第七章 各矿工程设施状况》(民国十九年)。

(五)保晋公司的煤炭筛选技术

保晋公司为了能够有针对性地对其煤炭产品进行科学合理的筛选,分别对平定、大同、晋城、寿阳四处所属矿区的煤质进行了化验与分析,认为:"平定所产之煤为无烟煤,质坚而纹密,色纯黑,有光泽,不易染手。常成大块而产出,比重为一.三五,所含炭分颇富,常在80%以上,热量亦高,不易燃烧,灰分较多,略含磷硫,仅宜于火炉厨灶[1]之用……大同煤质,系半烟煤质,下部性脆,有光泽,少具炼焦性,上部质坚而黑,焦性殆无,纯炭成分平均在60%以上。凡火车、轮船,以及各种工厂,皆适用之……晋城之煤,亦属无烟,色纯黑,有光,性坚硬不易染手,为上等无烟煤,纯炭成分为79.8%,煤内含气质甚多,灰分甚少,宜于火炉及土法炼铁之用……寿阳煤质,半属烟煤,黑色无光,碎块极多,质坚硬有粘性,灰分极少,纯炭成分平均为65%,火车、轮船用之最宜。惟不宜炼焦,是其缺点。"[2]

保晋公司将所产煤炭按其单块煤炭的重量不同区分为大煤、中煤、小煤、碎煤、末煤5个不同的等级。单块煤炭重量在100斤以上者为大煤;60~100斤为中煤;20~60斤为小煤;20斤以下为碎煤;末煤特指煤炭碎末。保晋公司对

---

① 据原史料记载,此处为"皂"字,但著者据前后文意分析,此处应当为"灶"字。
② 常旭春、白象锦:《保晋公司报告书稿·第三章 本公司组织》(民国十九年)。

于煤炭的筛选主要在井下就地进行，"当煤工在坑内凿得煤时，由领岔之工头，按煤块之大小，分为大、中、小、碎、末五级，各置一处，以便运输"。[①] 采煤工在工作面采得块煤之后，按照领岔指定地点分级置放；运输工将煤块分级装入煤车，运输上井；井口设专人估秤，然后再运至储煤场，分级存放待销。

兹将民国十七年（1928年）至民国十九年（1930年）保晋公司各矿区不同等级煤炭的产量及比重情况列出，如表6-5所示。

表6-5　保晋公司各矿区产量及比重情况

（民国十七年至民国十九年）

处别	煤别	民国十七年（1928年）		民国十八年（1929年）		民国十九年（1930年）	
		产量（吨）	百分率（%）	产量（吨）	百分率（%）	产量（吨）	百分率（%）
平定	大煤	51568.74	46	67042.08	37	98737.22	47[①]
	中煤	13392.14	12	20531.69	11	20791.68	10
	小煤	6974.67	6	9331.49	6[②]	13155.76	6
	碎煤	28419.29	25	56813.56	31	56156.85	26
	末煤	12853.63	11	27976.30	15	23678.58	11
	合计	113208.47	100	181695.12	100	212520.09	100
大同	中煤	32442.00	52	41962.45	41	59791.48	46
	末煤	29816.00	48	59975.00	59	71259.51	54
	合计	62258.00	100	101937.45	100	131050.99	100
寿阳	碎煤	2036.26	16[③]	2481.36	22	1973.76	17
	末煤	11100.07	84[④]	8570.04	78	9724.91	83
	合计	13136.33	100	11051.40	100	11698.67	100
晋城	大煤	869.05	56	—	—	5524.41	25
	末煤	682.36	44	806.25	100	16264.82	75
	合计	1551.41	100	806.25	100	21789.23	100

注：①原史料记载为"47%"，著者计算结果为"46%"，但根据前后逻辑关系推导，如果其他数据不变的情况下，此处只能取"47%"，才能满足前后逻辑关系，故取原史料中载明的"47%"。

②原史料记载为"6%"，著者计算结果为"5%"，但根据前后逻辑关系推导，如果其他数据不变的情况下，此处只能取"6%"，才能满足前后逻辑关系，故取原史料中载明的"6%"。

③原史料载明的计算结果为"17%"，但著者通过计算，认为应当为"16%"。

④原史料载明的计算结果为"83%"，但著者通过计算，认为应当为"84%"。

资料来源：常旭春、白象锦：《保晋公司报告书稿·第七章　各矿工程设施状况》（民国十九年）。

① 常旭春、白象锦：《保晋公司报告书稿·第七章　各矿工程设施状况》（民国十九年）。

据表6-5可知，保晋公司平定矿区煤炭产品的成块率极高，而且其外销产品以块煤为主，因此，大煤与中煤的筛选工作相对简单，但对于小煤、碎煤与末煤，筛选起来却有一定的难度，当然平定矿区由于碎煤与末煤销售困难，因此，大多数情况下则弃之不理；大同矿区的煤炭产品仅仅区分为中煤与末煤两类，非此即彼，筛选工作也相对简单；寿阳矿区的煤炭产品以碎煤与末煤为主，难以成块，筛选工作较为困难；晋城矿区的煤炭产品主要区分为大煤与末煤两类，各具一极，筛选工作最为简便。

三、保晋公司所属各矿厂的生产技术运用及工程进展概况[①]

为了便于读者对保晋公司所属各矿厂综合运用各专项技术的情况有一个较为深入的认识与了解，现将各矿厂的生产技术运用及工程进展情况分述如下。

(一) 平定第一矿厂的生产技术运用及工程进展情况

保晋公司平定第一矿厂，即铁炉沟煤矿，于清光绪三十二年（1906年），即已开凿见煤，计有竖坑口2座，坑口以卷扬机提煤。时至民国五年（1916年），每日大块产额已增至200余吨。民国六年（1917年）7月，因与邻矿建昌公司屡起纠葛，同时被水淹没而被迫停产。同时，由于先前在旧竖坑之东，曾另凿斜坑口2座，恰恰也于民国六年（1917年）7月见煤，名为娘娘庙斜坑。又于大简子沟内另开第一竖坑，亦经见煤。民国八年（1919年）8月，于斜坑内安设便道，积极进行，产煤日渐增多。惟厂面逼近正太铁路，难期发展，因与正太路局协商，将铁道向北移置，自民国八年（1919年）9月兴工，至民国九年（1920年）10月竣工。该厂面积计展宽30余亩。民国十二年（1923年）7月，复将大简子沟之旧竖坑，另行改造，口径放为14尺，并安设高车、罐笼、罐道。民国十三年（1924年）底，简子沟之竖坑，井峒圈砌及机械安设各项工程全部竣工。民国十四年（1925年），从事圈砌环门、开辟

---

① 这部分内容在撰著过程中，主要参阅了民国十八年（1929年）3月《山西保晋矿务公司第十一次股东常会营业报告》；常旭春、白象锦：《保晋公司报告书稿·第六章 各矿厂及各分公司大略情形》（民国十九年）；《山西保晋矿务公司经营概要·第四章 采矿》。

煤岔、开山取土、修垫厂面，并于下厂铺设正太道岔，每次可容 16 辆车至铁炉沟斜坑。因卷扬机之拉力甚小，提煤有限，故于民国十五年（1926 年）2月，将铁炉沟斜坑口之卷扬机更换为 7200 尺之钢绳，改为无极缆绳；同时，也将简子沟之卷扬机更换为 5500 尺之钢绳，也改为无极缆绳循环旋转。这样，煤车随时挂运，既省人工，运煤亦便。

为了便于读者对保晋公司平定第一矿厂的技术运用及其工程进展情况有一个较为直观的了解，现将《山西保晋矿务公司经营概要·第四章　采矿》所载《保晋公司第一矿厂矿井表》附录如下（见表6-6）。

表6-6　保晋公司平定第一矿厂矿井情形

项别＼井别	第一斜坑	第二斜坑	第三斜坑	第一井
种类	斜井	斜井	斜井	直井
形式	圆拱	圆拱	方形	圆形
大小（公尺）	2.13×2.44	1.83×2.13	1.83×1.83	直径 4.27
深度（公尺）	坡长 13.2	坡长 13.4	坡长 13.7	68.5
镶砌	石灰石及砂石	—	—	石灰石及洋灰
用途	通风、提煤	出风、行人	进风、行人	出风、行人、排水
建造年月	民国六年（1917 年）10 月	民国六年（1917 年）3 月	血坑	民国七年（1918 年）3 月
完成年月	民国七年（1918 年）10 月	—	—	民国八年（1919 年）12 月
开凿费用（元）	2381.59	1060.00		13185.43
平均斜坡度（度）	11	12	12	—
每日出煤量（吨）	150	—		150
最大产煤能力（吨）	400	—		400
附注	每日出煤量及最大产煤能力，均依每日工作一班，自早六时至晚六时论			

资料来源：《山西保晋矿务公司经营概要·第四章　采矿》。

（二）平定第二矿厂的生产技术运用及工程进展情况

保晋公司平定第二矿厂，即燕子沟煤矿，于光绪三十四年（1908 年）由英矿师德鉴明筹划开工，至宣统元年（1909 年）夏季，安设机器，择定距铁路 40 余丈处开一竖坑，掘下未及 6 丈，即遇流沙，设法支撑，未著成效，遂即填废。宣统元年（1909 年）10 月，在此坑之西，相距 28 丈处，另辟新坑，凿深至 12 丈余，石缝中时发沼气，遇火即燃。宣统二年五月十一日（1910 年 6 月 17 日），工人不慎，引火爆炸，多数受伤。宣统二年六月四日（1910 年 7 月 10 日），包工马姓用黑火药开凿，火又突发，全井爆炸，工人 8 名，全数炸毙。宣统三年（1911 年）四月，有工头左某立约包办，专用人力下凿，至宣统三年五月七日（1911 年 6 月 3 日），该工人等在井下引火吃烟，沼气被燃，矿工 9 名，同时被伤。嗣请德国矿师贝哈格及中国矿师邝荣光，先后到矿勘验，均力主停办。民国四年（1915 年）9 月，复拟用电炮开凿，于是捞去淤渣，装入黄药，引以电线，离开井口 6 丈余，用电机引放，炮响如雷，全井震动，幸未伤人，而井口机件均被轰起。民国六年（1917 年），总稽核王骧与同仁等筹议，仍用人力开凿，或设电灯，以取光亮，苟谨慎从事，必能渐底于成。因此，在民国七年（1918 年）1 月开工，先用石工开凿，复安保险电灯，日夜施工，直至民国八年（1919 年）9 月 15 日，于 32 丈 3 尺 5 寸处见煤。煤下复续凿 2 丈 8 尺，共计 35 丈 1 尺 5 寸，井口内径 14 尺，即所称东井者也。此后即开掘坑道，圈砌井峒，并于沼气发生之处，另行筑壁，垒成空洞，接以铁管将沼气引入小井内，放入井外空气中。保晋公司的专业技术人员曾将沼气加以试验，计每方寸为气压 45 磅，气外存水，如在 3 丈以下，则沼气沸腾犹如滚水，全井发声不可响迩。民国九年（1920 年）9 月，复安设罐笼、罐道，于民国九年（1920 年）12 月 5 日开车出煤。惟矿井通风，必须两口相通，方能供人呼吸，因在距东井约 60 余丈处①，开凿一内径 13 尺之竖坑，名为西井。民国七年（1918 年）1 月开工，因坑水浩大，施工较难。为节省工费计，并未安设机器，仅以人工开凿。延至民国十二年（1923 年）5 月底，始行圈砌完竣，计共深 32 丈 2 尺。至东井坑内，正遇断层，以致极硬之石灰岩，错叠为二，非开凿石道，不足以达西段之煤层。当即积极进行，如期凿通。平定第二矿厂西干道依水平线，由石层凿进达 300 余丈，此道为矿区内出煤孔道，兼为泄水、通风之要路。东、南两干道，亦已掘至平整煤层，煤质尚属优良，惟行道渐远，风力渐弱，因于民国十五年（1926 年），择定地点开凿风峒，并安设西罗哥式风机一具，每分钟可抽风 16 万立方尺，坑内通风畅达，且沼气

---

① 原史料中此处为"因在距东井约六十余处"，但据著者推导，此处应当是漏写了一个"丈"字，应当为"因在距东井约六十余丈处"。

危险亦可避免。因为厂面存煤颇感狭隘，故将南站台土冈加以开辟，厂面足敷应用。至此，坑内坑外一切设施，均已布置就绪，产煤日见增多。

为了便于读者对保晋公司平定第二矿厂的技术运用及其工程进展情况有一个比较直观的了解，现将《山西保晋矿务公司经营概要·第四章　采矿》所载《保晋公司燕子沟第二矿厂东西两井情形列表》附录如下（见表6-7）。

表6-7　保晋公司燕子沟第二矿厂东西两井情形

项别 ＼ 矿井	东井（第一号井）	西井（第二号井）
形式	圆	圆
直径（公尺）	4.26	3.96
深度（公尺）	107.00	98.00
镶砌	网形砂石及洋灰	网形砂石及洋灰
用途	排水、提煤、出风	进风及上下材料
建造年月	宣统元年（1909年）十月	民国七年（1918年）1月
完成年月	民国八年（1919年）9月	民国十年（1921年）9月
开凿费用（元）	91351.66	13317.00
每日出煤量（吨）	300	—
最大出煤能力（吨）	1200	—

资料来源：《山西保晋矿务公司经营概要·第四章　采矿》。

（三）平定第三矿厂的生产技术运用及工程进展情况

保晋公司平定第三矿厂，即贾地沟煤矿，于清光绪三十二年（1906年）用土法开办，共凿东、西两竖坑，至宣统元年（1909年）2月见煤，并于麻地巷开凿两竖坑，因水大停工，惟此坑口与贾地沟坑口距离甚近，只以中间隔有砂岩断层，矿厂截为两段。民国八年（1919年）1月间，由贾地沟坑道内将此断层凿通，两矿得以合并。至施工情形，前均用土法开采。自民国七年（1918年），始拟定扩充计划，首将西坑口廓大，次即安设高车、锅炉，出煤日多。惟转运专恃驴、骡，殊感困难。因此，于民国七年（1918年）冬季，由厂内至赛鱼车站铺设轻便铁轨四里余，运输于是便利。民国八年（1919年），复在东庄沟开凿口径10尺之竖坑口1座，民国九年（1920年）告成，并在东部虎尾沟收买马头老窑，以期扩张坑道。民国十三年（1924年）间，第一坑口改设 2.5 吨之高车，并设罐笼、罐道，坑内之煤得以尽量提取。惟前建之临时便道，每年拆修，颇费工资，又兼当地人民，藉词阻挠，时起事端，因于民国十六年（1927 年）1 月，在大赛鱼村择定地点，开凿斜坑，作为出煤之孔道，嗣以出险而停工，后仍借便道运输，以资节省脚价。

为了便于读者对保晋公司平定第三矿厂的技术运用及其工程进展情况有一个比较直观的了解，现将《山西保晋矿务公司经营概要·第四章　采矿》所载《保晋公司贾地沟第三矿厂东井西井二井情形表》附录如下（见表6-8）。

表6-8　保晋公司贾地沟第三矿厂东井西井二井情形

矿井名称	第一号井西井	第二号井东井
种类	直井	直井
形式	圆	圆
井口直径（公尺）	2.74	2.74
深度（公尺）	67.0	82.3
镶砌材料	砂石	砂石
用途	提煤、出风	进风、上下材料
建造年月	光绪三十二年（1906 年）七月	光绪三十二年（1906 年）七月
完成年月	宣统元年（1909 年）二月	宣统元年（1909 年）二月
开凿费用（元）	20254.96	8324.42
每日出煤量（吨）	200	—
最大产煤能力（吨）	500	—

资料来源：《山西保晋矿务公司经营概要·第四章　采矿》。

（四）平定第四矿厂的生产技术运用及工程进展情况

保晋公司平定第四矿厂，即先生沟煤矿，此矿系光绪三十二年（1906 年）九月，由同济公司接收而来，当时早已见煤，计老先生沟有竖坑口 2 座，即名中井。庄庄沟有竖坑口 2 座，即名东井。段家碑有竖坑口 2 座，即名西井。东井向用机器提煤，西井则用辘轳绞升。民国七年（1918 年），将中井口径扩大为 10 尺。民国八年（1919 年），复扩展厂面。民国十二年（1923 年）间，即于中井坑口安设锅炉、高车，以便提取煤斤。至东井、西井或邻接他矿，蓄水为患；或开采已久，坑内几空，业于民国十三年（1924 年）间先后停工。因该矿距阳泉站较远，转运专恃驴、骡，既属迂缓，又耗脚资，后铺设轻便铁路，直达正太线旁之矿窑洼，以利运输，而节糜费。又因先生沟矿区南部突出，故于民国二十年（1931年）另凿斜井，以开采南部之煤。

为了便于读者对保晋公司平定第四矿厂的技术运用及其工程进展情况有一个比较直观的了解，现将《山西保晋矿务公司经营概要·第四章　采矿》所载《保晋公司先生沟第四矿厂各矿井情形表》附录如下（见表6-9）。

表6-9　保晋公司先生沟第四矿厂各矿井情形

矿井名称	第一号井	一号副井	第二号井	二号副井
种类	直井	直井	斜井	斜井
形式	圆	长方	半圆拱	半圆拱
大小（公尺）	直径3.05	长2.44，宽1.82	高2.44，宽2.44	高2.44，宽2.44
深度（公尺）	55.00	53.00	坡长122.00	坡长122.00
镶砌材料	砂石、石灰石	—	砂石、石灰石	砂石、石灰石
用途	上下人及出煤	通风	上下人及出煤	上下人及通风
建造年月	民国八年（1919年）	民国八年（1919年）	民国二十年（1931年）10月	民国二十年（1931年）10月
完成年月	民国十一年（1922年）	民国十一年（1922年）	民国二十一年（1932年）3月	民国二十一年（1932年）3月
开凿费用（元）	5148.21	未详	5092.65	未详
每日出煤量（吨）	250	—	60	—
最大出煤能力（吨）	500	—	500	—
斜坡度数（度）	—	—	35	30

资料来源：《山西保晋矿务公司经营概要·第四章　采矿》。

（五）平定第五矿厂的生产技术运用及工程进展情况

保晋公司平定第五矿厂，即平潭垴煤矿，于民国六年（1917年）3月开办，同年6月即见煤层，计有竖坑、斜坑各1座。惟斜坑之南，原有保华利斜坑2座，停办数年，蓄水甚多，民国七年（1918年）8月，由保晋公司收买，将蓄水排尽，与本矿相通，所出之煤均由驴、骡入坑，驮运至一里许之阳泉本厂。出乎意料的是，此矿于民国九年（1920年）8月4日，由于坑内出水，势极狂猛，虽经设法镶堵，卒未见效，遂于次日全被淹没。嗣于民国九年（1920年）冬月①间，收买郗姓废水窑1处，计有斜坑1座、竖坑2座，因即开工吸水，规划采煤，办理数年，尚有成效。嗣因煤质低劣，煤层错乱，又兼坑水甚大，需工颇巨，即使经营，难以望利，故于民国十六年（1927年）7月即行停办。

（六）平定第六矿厂的生产技术运用及工程进展情况

保晋公司平定第六矿厂，即汉河沟煤矿，系于光绪三十二年（1906年），从同济公司手中接收而来，当时并未见煤，由保晋公司继续开凿，于光绪三十三年（1907年）十一月始行凿成，有竖坑口2座，坑口安有高车、锅炉，坑内铺设轻便铁道，所产煤质，甚是优良。只以距阳泉站有15里之遥，道路崎岖，转运甚难，脚资激增，所产之煤，难望大利。该矿厂附近各矿蓄水甚巨，时患渗浸，妨碍进行，曾经设法镶堵，未至酿成大患。但多数煤岔竟致堵塞，产煤因之减少，且坑内采掘多年，行道率逾一里以外，转运、通风均感不便。原计划择地开凿风峒，亦以经济拮据无法进行。总体而言，平定第六矿厂的工程进展情况并不顺利。

（七）保晋公司大同分公司的生产技术运用及工程进展情况

保晋公司于清宣统元年（1909年）在大同设立分厂，开采煤矿。其在大同县属者为永定庄1区。在左云县属者为秦家山、磨石涧2区。在怀仁县属者为树儿洼、黑沟、千金峪、马石岭4区。以上各处，多系沿用旧窑，加以修理。然或因坑水侵占难以工作，或因土法开采出煤维艰，且距平绥路甚远，运输不易，销路亦滞，因于民国五年（1916年）全行停工。嗣以口泉镇有修筑支路之议，因于大同县城西南煤峪口，测定矿区3处，复于云岗测定矿区5处。民国七年（1918年）9月，在煤峪口、黑龙王庙沟矿区内，正式施工。先开凿第一竖坑，外径17尺，并设置锅炉、高车、水泵，以便提渣排水。民国十年（1921年）5月，复在竖坑东南设机钻探。民国十一年（1922年）3月，钻深至329尺下，发现9尺煤层。民国十一年（1922年）3月8日，又于云岗之吴官屯矿区内开工试探，计钻深500尺4寸见煤层3层。民国十一年

---

① 冬月，即农历十一月。

（1922 年）6 月 8 日，所开外径 17 尺之竖坑，亦掘透 9 尺煤层。当即圈砌窑峒，安设罐笼、罐道，开掘坑内行道，以便出煤。民国十一年（1922 年）11月 2 日，复开凿第二竖坑，直至民国十三年（1924 年）6 月，凿到主要煤层，计深 347 尺 6 寸，煤厚 7 尺 6 寸。另外，大同分公司于民国十四年（1925 年）5 月，在 9 尺煤下，距 363 尺 2 寸处复探见一主要煤层，厚 12 尺 10 寸。民国十四年（1925 年）10 月以后，即从事安设直接动作双汽筒式之卷扬机及高 40尺钢铁高车架。民国十五年（1926 年）春，安设妥当，开机提煤，一昼夜间可提四五百吨。此时，本计划将坑内工程大事扩展，以期多产煤斤、尽量提取，乃军事忽兴、交通梗阻，遂于民国十五年（1926 年）7 月初完全停工。民国十五年（1926 年）9 月，战事结束，复行开工，然亦未敢急进。迨至民国十六年（1927 年）10 月，军事又起，危险愈甚，兵灾匪患屡次骚扰，一切工程又复停辍。总计 3 年之间，采煤区共掘进 21907 尺 7 寸。大同分公司矿井坑内行道四通八达，产量日渐增多。高车提煤能力，虽日产 1200 吨，亦绰有余裕。至坑外运输，则矿厂至口泉站距离 7 里之便路，也已经于民国十九年（1930 年）5 月建筑完竣，并用小机车拉运煤炭。

（八）保晋公司晋城分公司的生产技术运用及工程进展情况

保晋公司晋城分公司所属五里铺矿厂，于清宣统三年（1911 年）开办，先后凿有元、亨、利、贞 4 个竖坑，口径各 9 尺，坑深各 17 尺，并设高车、锅炉，提取煤斤。所产煤质，利于化铁。民国九年（1920 年），因该矿采掘多年，进行不易，复于河东村矿区内开竖坑 2 座。民国十三年（1924 年）11月，又凿竖坑 1 座，计深 19 丈 9 尺，煤厚 2 丈。民国十六年（1927 年）5 月，因五里铺旧坑煤床采掘殆尽，停止工作，并呈请将该矿区注销。

（九）保晋公司寿阳分公司的生产技术运用及工程进展情况

保晋公司寿阳分公司，原系接收寿荣公司之荣家沟及收买陈家河之旧坑，沿用旧法，从事开采。因坑道弯曲，出煤提水，均感不便，费工多而出煤少，绝无经营之价值。因于民国八年（1919 年）8 月，在陈家河另凿一口径 8 尺之竖坑。至民国九年（1920 年）秋季，凿至主要煤层，厚 9 尺余。当即安设高车、锅炉、水泵，汲水提煤，每月产煤达 1000 余吨。

（十）保晋铁厂的技术状况

保晋铁厂于民国六年（1917 年）11 月，经保晋公司第三次股东大会议决设立铁厂；民国七年（1918 年）4 月，开始筹办铁厂，赵铮任厂长，聘张增为副厂长；民国十年（1921 年）2 月，订定铁厂简章及组织大纲；[①] 民国十一年（1922 年），保晋铁厂正式营业。民国十四年（1925 年），铁厂根基渐固，本可徐图发展，却因交通阻塞，熟铁销路完全停滞，生产熟铁的 400 余名工人全部失业，仅凭借机器、火砖、磁料等制造品以暂时维持现状。民国十五年（1926 年）度，虽复受交通阻塞影响，各货仍难外销，然因山西省所需洋生铁，既不能通过天津、汉口等港口输入，又较数年前用量加多，故而保晋铁厂利用这一市场契机，开试熔矿炉，以资供给，幸制出之铁成分尚优，与我国汉阳铁质仿佛，并与外来洋生铁功用相同，对于造铁炼钢均称适宜，民国十五年（1926 年）8 月 1 日方出此铁，但开炉伊始耗费颇巨，统计民国十四年（1925 年）、民国十五年（1926 年）两年度内营业状况，尚共有 3 万余元之亏损。至民国十六年（1927 年），炉工日见熟练，炉况较前尤佳，出铁数量增多，成本自可减轻，故总结账目，除抵补前两年亏损外，共盈余洋 71000 余元。但由于交通阻塞，保晋铁厂产品，本省不能全数购用，而外销则寥寥无几，库存巨增，损失很大。

为了便于读者对保晋公司所属各矿厂的坑口设置情况有一个总体性的显性认识，兹将民国十九年（1930 年）《保晋公司报告书稿·第六章　各矿厂及各分公司大略情形》所载《保晋公司各矿坑口表》附录如下（见表 6-10）。

表 6-10　保晋公司各矿坑口情况

矿　别	坑　别	口　径	深　度	开凿年月	完成年月	用途
第一矿厂 （共 4 个 坑口）	①斜坑	7×6 尺	600 尺	—	民国八年（1919 年）买	通风
	②斜坑	6×9 尺	450 尺	民国六年（1917 年）10 月	—	提煤
	③斜坑	6×6 尺	450 尺	民国七年（1918 年）	—	通风
	④竖坑	14 尺	250 尺	民国七年凿民国十三年改造	民国十四年（1925 年）	提煤
第二矿厂 （共 2 个 坑口）	①东竖坑	14 尺	351 尺 5 寸	宣统元年（1909 年）十月	民国九年（1920 年）11 月	提煤
	②西竖坑	13 尺	300 尺 5 寸	民国七年（1918 年）1 月	民国十二年（1923 年）5 月	通风

---

① 参见：常旭春、白象锦：《保晋公司报告书稿·本公司大事纪》（民国十九年）。

续表

矿　别	坑　别	口　径	深　度	开凿年月	完成年月	用途
第三矿厂 （共3个 坑口）	①一竖坑	12尺	220尺	光绪三十二年（1906年）	宣统元年（1909年）	上风 提煤
	②二竖坑	10尺	260尺	光绪三十二年（1906年）	宣统元年（1909年）	下风 提煤
	③三竖坑	8尺	180尺	—	民国九年（1920年）10月买	通风
第四矿厂 （共6个 坑口）	①中竖坑	10尺	210尺	宣统元年（1909年）	宣统二年（1910年）	提煤
	②中竖坑	4×6尺	210尺	宣统元年（1909年）	宣统二年（1910年）	通风
	③西竖坑	4×6尺	180尺	光绪三十三年（1907年）	光绪三十四年（1908年）	出水
	④西竖坑	10尺	250尺	光绪三十三年（1907年）	光绪三十四年（1908年）	通风
	⑤东竖坑	8尺	170尺	光绪三十三年（1907年）	光绪三十四年（1908年）	通风
	⑥东竖坑	4×6尺	170尺	光绪三十三年（1907年）	光绪三十四年（1908年）	通风
第五矿厂 （共4个 坑口）	①斜坑	6×6尺	120尺	—	民国七年（1918年）买	停办
	②斜坑	6×6尺	110尺	—	民国七年（1918年）买	停办
	③斜坑	6×6尺	100尺	民国六年（1917年）5月	—	停办
	④竖坑	4×6尺	80尺	—	民国六年（1917年）买	停办
第六矿厂 （共3个 坑口）	①竖坑	8尺	190尺	光绪三十二年（1906年）	光绪三十三年（1907年）	提煤
	②竖坑	5×8尺	190尺	民国十五年（1926年）6月	民国十六年（1927年）5月	通风
	③竖坑	5×8尺	180尺	光绪三十二年（1906年）	—	作废
大同煤峪口 （共2个 坑口）	①一竖坑	14尺	341尺 9寸	民国七年（1918年） 9月	民国十一年（1922年） 6月见煤	提煤
	②二竖坑	12尺	347尺 6寸	民国十一年（1922年） 11月	民国十三年（1924年） 6月见煤	出水 通风
寿阳陈家河 （共2个 坑口）	①竖坑	8尺	241尺 9寸	民国八年（1919年）8月	民国十年（1921年）7月	出水 提煤
	②斜坑	4×4尺	340尺 9寸	—	民国三年（1914年）买	上下 工人
晋城河东村 （共4个 坑口）	①竖坑	11尺	190尺1寸	民国九年（1920年）2月	民国十年（1921年）4月	提煤
	②竖坑	10尺	180尺	民国九年（1920年）2月	民国十年（1921年）4月	塌陷
	③竖坑	10尺	199尺	民国十三年（1924年） 2月	民国十三年（1924年） 11月	出水 通风
	④竖坑	7尺	206尺	民国二十年（1931年） 1月	民国二十年（1931年） 5月	出水 通风
备　注	保晋公司当时共有9个矿厂，30个坑口					

资料来源：常旭春、白象锦：《保晋公司报告书稿·第六章　各矿厂及各分公司大略情形》（民国十九年）。

第七章　保晋公司的安全生产管理

对于任何一个企业，安全问题不仅直接影响着其经济效益的提升，而且关乎企业的可持续发展。人类自发现煤炭、认识煤炭、开采煤炭以来，安全问题一直是制约与困扰煤炭开采工作的一个老生常谈却又始终无法彻底克服与逾越的重大课题。保晋公司作为一个煤炭类生产企业，安全问题更是头等大事，时刻面临着来自瓦斯、煤尘、水、火等意外灾害的侵袭，危险无处不在，"以出险而暂行停工"[①] 的情形时有发生。因此，保晋当局出于提升产能、提升效益与实现企业自身可持续发展的内在需求，制定了相应的安全生产规章制度，力求尽可能做到事先预测与防范，事后紧急避险与处理，最大限度地防范与降低财产损失与人身伤亡，保障与维系企业的正常运转。兹就保晋公司井下、井上两大系统的安全生产管理状况阐释与评析如下。

一、保晋公司井下安全事故防范及管理

客观上讲，保晋公司相当重视所属各矿区的井下安全防范工作，"各坑内，凡有碍卫生之事，均不避费款，竭力除之"。[②] "各坑内，凡不足 16 岁之童子，概用于轻小工作，以保身体而重人道"，[③] 名义上是关注童工的安危，其实更深层次地讲，是出于防范井下安全责任事故的考虑。下面从井下安全防范设施的创建、井下安全防范材料与器具的配备、井下安全防范操作规程、井

---

① 常旭春、白象锦：《保晋公司报告书稿·第六章　各矿厂及各分公司大略情形》（民国十九年）。
② 《保晋公司坑内保安规则》收录于虞和寅：《平定阳泉附近保晋煤矿报告》，民国十五年（1926年）3 月，农商部矿政司印行。
③ 《保晋公司坑内保安规则》。

下专项安全事故的防范四方面对保晋公司的井下安全防范及管理状况加以说明。

（一）保晋公司井下安全防范设施的创建

保晋公司为了保障井下从业人员在突发意外事故时能够有所躲避，最大限度地减少人员伤亡，特意创建有"专用人行道"、"避难峒"与"保险路"。"各坑内之总巷、分巷，凡用作转运煤车要路者，如无特备之往来行道，亦须于路之两旁，备有藏人峒，两峒相距至远不过200尺。俾往来之人有所藏避，不致为钢绳、煤车所伤损……各坑内备有保险路，以备正路有塌陷及起火等事，得由保险路而出，不致伤命。"① 同时，为了使井下意外受伤人员能够迅速在第一时间得到及时的医疗救治，在井下创设有"救急所"，"各坑内分设救急所，备有各种救急器具，以资迅速救人，不致误事"。②

（二）保晋公司井下安全防范材料与器具的配备

保晋公司为了预防井下意外事故的发生，配备有必要的"自阻机关"、"电质"、"灯具"等安全防范器材，"各坑内之冷风机上，必须有自阻机关。电机上除有自阻机关外，更须用阻电质，包藏各机关，以防电击……各坑内之人马，均备有足用之风、极亮之灯，不致有碍卫生，及不因视线不清以致受害"。③同时，为了保障在井下突发意外事故时，能够最大限度地降低险情、挽救损失与救护伤员，备有一定的救险材料与急救器具，"各坑内，备有救火、堵水之一切质料，以防不测……本公司拟购新式救生器若干具，以备各坑内救人于爆炸及起火之后"。④

（三）保晋公司井下安全防范操作规程

保晋公司为了保障井下各项工作的安全有序推进，制定了较为严格的工作流程与操作规程，"各坑内于每早工人未入坑之前，坑务员先入坑查验一次，如无危险，方准工人入坑作工，以保无虞……各坑内于工人作工之际，各坑务员分段察视，以免煤顶塌陷、炸气发现、水火忽至，致伤工人等事……各坑内凡取煤凿石，如用特别炸药时，均须将炸药装齐，俟工人换班之际，由公司特

---

① ② ③ ④　《保晋公司坑内保安规则》。

雇之放炮熟手，用极长之电线连接电匣，依次放之……各坑内之工作处，如有邻接旧煤坑者，向前工作，须用 8 尺之钻孔钢杆，先钻孔试验，的确无蓄水及毒气等物，方可前进，以保平安"。① 保晋公司对于除气、火、水以外的"其他危险，如煤顶陷落，煤底罅裂，煤柱倾圮等。每日由该坑坑务员及监工人等，于上下工时巡视一次，如煤顶松软，则设法掘下；如煤底罅裂，则以土石填塞；如煤柱倾圮，则用木支撑"。②

（四）保晋公司井下专项安全事故的防范

保晋公司在井下的现实运营与管理过程中，主抓了"防气、防火、防水"三大安全事故专项防范工程。

1. 防气

井下煤炭开采过程中，一个很大的威胁就是有毒气体，这些气体从井下煤层或岩层中涌出，对人体会形成极大的伤害，主要包括一氧化碳、二氧化碳、沼气、硫化氢、二氧化氮、二氧化硫等。沼气与二氧化碳可使人窒息；一氧化碳、二氧化氮、硫化氢、二氧化硫可使人中毒；沼气，也就是通常所说的瓦斯，特别容易引发爆炸，是煤矿事故爆发的最大隐患之一。保晋公司主抓的"防气"工程，主要是指瓦斯的防治，因为这种气体既会致人死亡，又特别容易引发爆炸，危害甚大。保晋公司对于瓦斯的防治，主要有"通风"与"抽排"两种方式。

据常旭春、白象锦《保晋公司报告书稿·第六章　各矿厂及各分公司大略情形》（民国十九年）所载《保晋公司各矿坑口表》统计，当时平定、大同、寿阳、晋城 4 个矿区共拥有 9 个矿厂、30 个坑口，其中除 6 个坑口或停办、或作废、或塌陷外，尚有 24 个坑口正常运行，这其中又有 14 个坑口具有通风功能，占在运行坑口总数的 58.33%，可见保晋公司对于矿井通风的重视程度。平定第一矿厂（即铁炉沟煤矿）"至第一斜坑之东，原有土人牛八斤之聚源窑一座，于民国八年（1919 年）11 月售予本公司，先时尚可出煤，现则藉以通风"。③"各坑内备有反转风向之路，如遇危险，得以迅速将风向改转，

---

① 《保晋公司坑内保安规则》。
② 虞和寅：《平定阳泉附近保晋煤矿报告·第二十二章　危险预防》，民国十五年（1926 年）3 月，农商部矿政司印行，第 87 页。
③ 常旭春、白象锦：《保晋公司报告书稿·第六章　各矿厂及各分公司大略情形》（民国十九年）。

不致蔓延。"①

保晋公司平定矿区"煤质系属无烟煤，爆发气甚少，惟第二矿厂东井内掘下 12 丈余处，其石缝中常有沼气，以致爆发数次。现时已将井峒圈就，并将沼气逼令由小井放出风塔之上；其西井亦然，用铁管将沼气引出井外，故现时不致发生危险。又其他各矿厂，本无爆发气，特购安全灯、试沼气灯数种"。②

保晋公司平定第二矿厂（即燕子沟煤矿），"石缝中时发沼气，遇火即燃"，引发了多起意外事故，"宣统二年五月十一日（1910 年 6 月 17 日），工人不慎，引火爆炸，多数受伤。宣统二年六月四日（1910 年 7 月 10 日），包工马姓用黑火药开凿，火又突发，全井爆炸，工人 8 名，全数炸毙。宣统三年（1911 年）四月，有工头左某立约包办，专用人力下凿，至宣统三年五月七日（1911 年 6 月 3 日），该工人等在井下引火吃烟，沼气被燃，矿工 9 名，同时被伤……民国四年（1915 年）9 月间，复拟用电炮开凿，于是捞去淤渣，装入黄药，引以电线，离开井口 6 丈余，用电机引放，炮响如雷，全井震动，幸未伤人，而井口机件均被轰毙"。③"自宣统二年（1910 年）至民国四年（1915 年）间，凿深至 12 丈余，因井内发生沼气而爆炸者计 4 次，前后死工人 12 名，并将井架等机件毁损。"④ 由于平定第二矿厂的瓦斯事故频频发生，故而保晋公司加大了对该矿厂瓦斯的治理力度，采取"圈壁排放法"防治了瓦斯涌出与爆发的危险，"于沼气发生之处，另行筑壁，垒成空洞，接以铁管将沼气引入小井内，放入井外空气中"。⑤同时，为了防止瓦斯爆炸事故的再度发生，保晋公司加大了对平定第二矿厂照明与通风设施的投资力度，"本矿坑内现时使用之灯，有油灯、安全灯及电灯三种。电灯用于第二矿厂，因该厂坑内常有沼气，开井时曾爆发数次，故自民国七年（1918 年）11 月以来，坑内俱用电灯，以防危险"。⑥"（平定第二矿厂）于民国十五年（1926 年），择定地点开凿风峒，并安设西罗哥式风机一具，每分钟可抽风 16 万立方尺，将来

---

① 《保晋公司坑内保安规则》。
② 虞和寅：《平定阳泉附近保晋煤矿报告·第二十二章　危险预防》，民国十五年（1926 年）3 月，农商部矿政司印行，第 86 页。
③⑤ 常旭春、白象锦：《保晋公司报告书稿·第六章　各矿厂及各分公司大略情形》（民国十九年）。
④ 《山西保晋矿务公司经营概要·第四章　采矿》。
⑥ 虞和寅：《平定阳泉附近保晋煤矿报告·第十六章　点灯法》，民国十五年（1926 年）3 月，农商部矿政司印行，第 52 页。

坑内通风既能畅达，沼气危险亦可避免。"①

2. 防火

保晋公司"为预防火患起见"，特制定了相应的防范措施，规定"坑内如有煤气，则严禁工人吸烟或带引火物质，每日下坑工作之时，并在坑口检查一次……坑内须预备水、土、沙石及铁车等。如有发火之处，即由要隘填塞，或将着火之物用铁车运出，或将着火之处用水灌灭……将来拟购救命器若干具，如有着火、发烟及爆发之处，即着用救生器，前往该地，极力施救……将来设置煽风机，拟别设一风道，如有爆炸情事，风向得以反转，俾火患不致蔓延"。② "各坑内使用保险灯者，倘有灯灭者，须至一定之地，着专司燃灯人燃之，不得自行放锁，违者送官究治，处以相当之惩罚。"③ "取火药至坑内时，除坑务员验明注账外，须藏于坚固之箱内。煤工凿就药孔时，得随时领火药及导线放入孔内，用土填紧。俟换班退出之时，煤工自燃黑火药线。公司特备之燃保险炸药人，依次用极长之电线接连电匣燃之。如有不燃者，俟24时之久，方准由旁另凿新孔重事轰炸。炸后，须检出不燃之火药后为止。如不燃之火药成为零碎，不易检出，则该地之末煤或渣滓，全行送出坑外僻静之地，设法埋藏消灭……坑内如有煤气者，仅许用保险炸药，以保无虞。"④

需要说明的是，尽管保晋公司为防范井下火灾事故的发生而制定了表面看似严格的规章与制度，但在现实生产运营过程中，却存在许多重大火灾隐患，"该矿坑内水量不多，空气既甚干燥，而所产粉煤，又俱弃于坑内，向不运出，以致坑内炭尘粉飞，且烟具及发火等具，一任工人携带入坑，至严寒时期，工人又常在坑烧煤以取暖，该矿虽属无烟煤，似无发生爆发之虞，究非妥善之道"。⑤保晋公司规定："坑内如有煤气，则严禁工人吸烟或带引火物质"，言外之意，如果坑内没有检测出煤气，则允许矿工吸烟或带引火物质。事实上，鉴于当时煤气检测手段与方式的相对落后，且井下条件瞬息万变，这样的约束性规则形同虚设，在现实中很难实行。正因为保晋公司井下安全生产管理缺失、矿工安全防范意识淡薄及违规违章操作，井下因明火引发的责任事故频

---

① 民国十八年（1929年）3月《山西保晋矿务公司第十一次股东常会营业报告》。

②⑤ 虞和寅：《平定阳泉附近保晋煤矿报告·第二十二章 危险预防》，民国十五年（1926年）3月，农商部矿政司印行，第87页。

③ 《保晋公司坑内保安规则》。

④ 《保晋公司管理火药规则》收录于虞和寅：《平定阳泉附近保晋煤矿报告》，民国十五年（1926年）3月，农商部矿政司印行。

频发生，"宣统二年五月十一日（1910 年 6 月 17 日），工人不慎，引火爆炸，多数受伤。宣统二年六月四日（1910 年 7 月 10 日），包工马姓用黑火药开凿，火又突发，全井爆炸，工人 8 名，全数炸毙……宣统三年五月七日（1911 年 6 月 3 日），该工人等在井下引火吃烟，沼气被燃，矿工 9 名，同时被伤"。① 平定第三矿厂（贾地沟煤矿），"民国十六年（1927 年），为求减近运煤往正太路之距离，于大赛鱼村择定地点，开凿斜井，旋亦以出火险停工"。②

3. 防水

保晋公司平定矿区在 20 世纪 20 年代，"各矿厂坑内水量不多，所备各种大小唧筒，尚属敷用，又备有洋灰、石灰、毛毡、木石等物，并开排水道，以防水患。如水量较小，则设法用人力或唧筒排泄于外；如水量甚多，则测明出水地点，用洋灰、木石等物择地堵塞，并于坑内实测图上注明，以便防避"。③

由于保晋当局作出了平定矿区"各矿厂坑内水量不多"的主观判断，因此，对于水患的防范在思想上存在一定程度的疏忽与大意，尽管也制定了上述防水措施，但在现实生产中却很难奏效，水灾事故时有发生，严重影响了保晋公司平定各矿厂的正常运营，"民国六年（1917 年）9 月间，本公司第一要矿铁炉沟，因与建昌公司毗连，致被山水将窑峒淹没，公司产煤顿以减杀"。④ "民国六年（1917 年）9 月，竟随建昌煤井同时被水淹没。"⑤ 平定第三矿厂（即贾地沟煤矿），"于麻地巷开凿两竖坑，因水大停工"。⑥ 平定第四矿厂（即先生沟煤矿）之东井与西井存在"邻接他矿，蓄水为患"⑦的潜在危险。平定第五矿厂（即平潭垴煤矿），"于民国六年（1917 年）3 月开办，6 月即见煤层，计有竖坑、斜坑各 1 座。惟斜坑之南，原有保华利斜坑 2 座，停办数年，蓄水甚多，民国七年（1918 年）8 月，由本公司收买，将蓄水排尽，与本矿相通，所出之煤均由驴、骡入坑，驮运至一里许之阳泉本厂。讵意此矿于民国九年（1920 年）8 月 4 日，由坑内出水，势极狂猛，虽经设法镶堵，卒未见效，遂于次日全被淹没。嗣于民国九年（1920 年）冬月间，收买郗姓废水窑一处，计有斜坑一、竖坑二，因即开工吸水，规划采煤，办理数年，尚有成

<hr>

① ⑥ ⑦　常旭春、白象锦：《保晋公司报告书稿·第六章　各矿厂及各分公司大略情形》（民国十九年）。

② ⑤　《山西保晋矿务公司经营概要·第四章　采矿》。

③　虞和寅：《平定阳泉附近保晋煤矿报告·第二十二章　危险预防》，民国十五年（1926 年）3 月，农商部矿政司印行，第 87 页。

④　常旭春、白象锦：《保晋公司报告书稿·第一章　本公司沿革》（民国十九年）。

效。嗣因煤质低劣，煤层错乱，又兼坑水甚大，需工颇钜，即使经营，难以望利，民国十六年（1927年）7月即行停办"。[①] 平定第五矿厂"本矿新庄窝横坑，前以蓄水甚大，无法进行，择定矿区南部，另凿新口，讵意坑内水势不亚旧坑，昼夜排汲，尚见减退"。[②] 平定第六矿厂"本矿附近各矿蓄水甚钜，时患渗浸，妨碍进行，曾经设法镶堵，未至酿成大患"。[③]

至于保晋公司除平定以外的其他矿区，因水患而停工停产的情形也时有发生。保晋公司大同矿区，"因坑水侵占难于工作"[④]；"寿阳陈家河矿区采掘多年，半已空虚，又兼坑内水大，块煤产量渐减"。[⑤]

二、保晋公司井上安全事故防范及管理

保晋公司对于井上安全事故的防范，侧重于火灾的预防、易燃易爆危险品管理及日常生产运营秩序的维护。

（一）保晋公司井上安全防范设施、设备的购建

保晋公司同其他煤炭类企业一样，井下安全形势较复杂，因此，其将绝大部分的人力、物力与财力都投放到了井下生产及其安全防范上，对于井上的安全防护工作，保晋公司则仅仅重点考虑火灾的预防，因此，保晋公司所购建的大部分井上安全防范设施与设备均是防火设施、设备或器具。保晋公司"拟于各大矿厂预备救火机，以资随地救火……各矿厂拟预备自来水管于各紧要建筑物，倘有不虞，即用橡皮管连之，以资救急而免蔓延……本公司于不甚紧要之建筑物，亦均置有大水缸，以资救火……各矿厂之紧要建筑及机械，拟将来保险，若此，则每年所费无多，倘有不虞，不至大受损失"。[⑥]

（二）危险生产用品管理

保晋公司为了防范意外安全事故的发生，对于易燃、易爆等危险品制定了

---

①④　常旭春、白象锦：《保晋公司报告书稿·第六章　各矿厂及各分公司大略情形》（民国十九年）。
②③⑤　民国十八年（1929年）3月《山西保晋矿务公司第十一次股东常会营业报告》。
⑥　虞和寅：《平定阳泉附近保晋煤矿报告·第二十二章　危险预防》，民国十五年（1926年）3月，农商部矿政司印行，第87页。

相应的管理制度，以杜绝意外事故的发生。下面以火药为例，说明保晋公司对危险生产用品的管理。火药作为一种新式煤炭生产企业的必备生产用品，易燃易爆，保晋公司对其管理严格而规范，并制定了相应的《保晋公司管理火药规则》，规定"各矿厂之储火药库，须建设于僻静之地，其距离以脱有爆炸危险，不致伤损人命、房屋及火车道为度……储火药库须建设于干燥之地，其形势以通风便利、无直接窗户，人抛及风吹火物不入者，为合格。库里以木为之，门窗质料以铁为之，库外标以'药库险地、远避为宜'等字，且于库之四周，筑以围墙，俾资深邃……管理火药库人须小心谨慎者。凡入库取火药，或漉扫库内，不得穿带有铁质之鞋，以防生火之危险……坑务员所差之向库取火药人，须小心谨慎者。所取之药，如为保险炸药，用无罅隙之木匣即可；如为黑火药，必须铁匣或木匣而有铁里者，以防遇火出险……保险炸药及其导线与黑火药，在药库内储藏时，须各有木格为界之定地，不得混杂，以防互相导引而生危险……火药库内，不准吸烟，不准用油灯入内。领火药及装火药人，俱不得吸烟及近有火物之地"。①

（三）矿警管理

保晋公司为了"保护公司安全及维持矿场之秩序"，② 防范与制止突发事件，在公司内部配备了专职矿警，并制定了《保晋公司矿警规则》，规定"参酌矿场警察局所所组织章程，设置矿警长1名，警士若干人，以保护本公司之安全，并维持矿厂之秩序……所有矿警全归总务处庶务股管理……矿警应由警长分配办理护卫、弹压、差遣、递送等事……各厂所派矿警人数，应随时陈明总务处核定分配……各厂如遇临时发生事故，得向总务处请派矿警，藉资镇摄……各厂工役如有违章犯法情事，轻则由矿警酌办，重则备文送行官厅，依法惩办……矿警镇压二人，如力有未逮时，应通知本站警察所或平定县警察所协同办理……矿警如有不遵规则，及有伤名誉等事，由警长陈明总务处核办"。③

综上所述，我们不难发现，保晋公司为了保障与维护正常的生产运营秩

---

① 《保晋公司管理火药规则》。

② 虞和寅：《平定阳泉附近保晋煤矿报告·第二十五章　地方公益及矿警》，民国十五年（1926年）3月，农商部矿政司印行，第93页。

③ 《保晋公司矿警规则》收录于虞和寅：《平定阳泉附近保晋煤矿报告》，民国十五年（1926年）3月，农商部矿政司印行。

序，的确投入了一定的人力、物力与财力，并且制定了一些相关的安全防范规章制度，但由于理论与现实的严重脱节，特别是广大从业人员安全意识的淡薄，安全形势依然相当严重，责任事故频频发生，在很大程度上影响与制约了保晋公司的正常运转及后续发展。

第八章 保晋公司的商业品质、历史作用及启示

任何一项历史性专题研究，除了应当还原历史一个本来面貌外，更应对现实经济运行或文化建设起到一定的助推作用，最终实现历史文化研究与现实经济的双重互动，这才是研究工作的最终归属。我们对保晋公司开展专题研究，其主旨不仅仅在于探究保晋公司的历史发展脉络与内在管理机制，更应当侧重对其管理方略的研析与商业品质的提炼，最终为现实经济运行特别是现代企业管理提供一定的借鉴与启迪。

一、保晋公司的商业品质

通过对保晋公司整个发展历程的系统梳理，特别是对其企业性质、管理体制、人力资源管理、财务管理、技术管理、安全生产管理等方面的深入研究，不难发现保晋公司在商业运作及对外交往过程中折射出了爱国性、创新性、守法性、自律性、人本性、公平性、坚韧性、公益性八方面商业品质。

（一）爱国性

保晋公司应客观局势的需要，诞生于轰轰烈烈的山西争矿运动中，是以山西绅商为首的广大山西民众爱国卫权民族主义精神的结晶。"晋省山脉绵亘，矿产丰富，就煤矿言之，其储量之广大，质料之优良，尤为各省所不及。海通以远，西人足迹遍内地。艳羡之余，横生觊觎，登诸报纸，著为专书，而捷足先登之福公司，遂于光绪二十四年（1898 年），以一纸合同，攫去平、盂、潞、泽、平阳府属采矿、制铁、转运之权。三晋人士，竭数年之力，奔走呼吁，誓死抗争，一面创设保晋矿务公司，以树自办之基础，而示争矿之决心，

卒于光绪三十三年，偿福公司以 275 万两之巨款，始得废约自办之结果。"①
"概自争矿以旋，吾晋人士，始悉矿产之重要，奔走呼嚷，努力奋斗，卒将英
商福公司攫去之矿权，借款赎回，创设保晋矿务公司，集资自办。"②

　　保晋公司在筹办过程中及创办后，为了避免重蹈历史覆辙，明文规定严禁
洋人入股，不允许山西民众将自有矿地售于外国人。保晋公司"创设之初，
资本微薄，采煤有限，其目的注重于消极的抵制洋商，保守矿产"，③"惟收华
股，不收洋股。附股者如私将股票售于外人，经本公司查知或经他人转告，立
将所入之股注销不认"。④ 民国三年二月初二（1914 年 2 月 26 日）《保晋公司
与平定各村社续订按地入股合同》明文规定，"矿线内之村庄，公司既许与股
分，该村线内之地，不得私自卖与外人及外州县人，以防流弊，即或本村住户
买卖，亦必须通知本村村长、地方，会同公司查明，实非外人或外州县人，方
准出卖……矿线内之村人，如有将自己地私售外人者，其所得地价尽数归公，
仍由公司会同各村村长、地方公议重罚，并将卖主一家逐出社外；从中说合之
人，亦照此办"。保晋公司与平定各村社之所以在合同中约定"凡矿线以内之
地，不准私行卖与外人及外州县人"，其出发点是"诚恐搅入洋股，致起交涉，
地方受害……如有前项私行受贿，盗卖矿地、矿窑等情，务各认真查察，照章
罚办，不服送官究惩，总期外人不得插足，以免矿权破坏，致干全省诘责"。

　　另外，时至宣统元年（1909 年），由于山西地方政府财政空虚，"亩捐收
数年仅 30 余万两，不敷按批交付赎（矿）款"，特以 1 分的利息收益"向商
家借垫款项"，保晋公司"顾念矿案为地方公益所关，慨允借垫"，"将所集股
本暂时借用 1179305 两 9 钱 3 分，即照本公司股息 8 厘之数出息"。⑤ 可见，保
晋公司为了确保千辛万苦收回的矿权不至于再度丧失，不仅借垫巨额赎矿款，
而且自愿降息，利息收益不以"1 分"计，而以"8 厘"计，其民族大义精神
与爱国性可见一斑。

（二）创新性

　　保晋公司开山西近代工矿业之先河，在投资理念、企业定性、生产方式、

---

① 常旭春、白象锦：《保晋公司报告书稿·第一章　本公司沿革·附：争矿赎矿概略》（民国十九年）。
② 常旭春、白象锦：《保晋公司报告书稿·绪言》（民国十九年）。
③ 常旭春、白象锦：《保晋公司报告书稿·第三章　本公司组织》（民国十九年）。
④ 《保晋矿务总公司简章》。
⑤ 常旭春、白象锦：《保晋公司报告书稿·第二章　本公司股份》（民国十九年）。

人事管理、获利途径等方面均有创新之举。

1. 保晋公司在投资理念上，创新性地实现了传统的商业资本向新式工业资本的转型过渡

保晋公司所集股本，其主体资金来源于山西民间旧商号、商人家族与商人。据1908年8月28日《晋阳公报》登载《商办保晋矿务总公司第一期收股清单》反映，当时最大的两笔民间股金，均系出自晋商代表人物渠本翘与乔景俨之手，"候选道乔景俨：10000股计50000两；总理渠本翘：10000股计50000两"。另据1908年8月25日至1910年11月7日的《晋阳公报》记载，保晋公司在创办初期的确吸纳了不少民间资本，其中集资500股以上者，依时间顺序摘录如下：荣宅1000股，有恒堂1200股，王梦渔574股，张九章1000股，郝双裕堂500股，大德通600股，大德恒600股，三晋源600股，存义公600股，大盛川600股，合盛元600股，世义信600股，钱行1680股，承槐堂何宅500股，张联五560股，梁寿联520股，太谷现钱行1739股，太谷王三槐堂1650股，榆次世和堂常900股，榆次世荣堂常600股，榆次象贤堂侯600股，平遥天成亨600股，平遥平帮票号1200股，平遥彩帛行660股，平遥蔚丰厚600股，平遥新泰厚600股，平遥毛忠恕堂960股，平遥百川通600股，代州敦睦堂冯600股。据上述史料不难发现，保晋公司的主要资金来源于山西旧商号、商人家族与商人，这些资金原本主要用于传统性的商业投资或保守性消费，投资保晋公司，则实现了商业资本向工业资本的转型过渡，这种资金流向的转型对于传统封建晋商本身就是一个巨大的挑战，他们不仅接受了挑战，而且创新性地将多年积累的商业资本投放到了以保晋公司为载体的近代工矿业。这种投资理念的更新与转轨，也促使部分山西传统封建商人逐步演进为近代民族资产阶级。

2. 保晋公司在企业定性上，创新性地实现了由传统的"无限责任制"向新式"有限责任制"的转型过渡

明清晋商称雄中国商界五百余年，创造了中外商业史上的奇迹，但时至清末民初，却日渐衰退下来，究其原因，除了各种客观外在因素的影响外，晋商商号"无限责任制"企业定性的内在缺陷，更是其破败的一大内因。一旦某处商号资不抵债，宣告破产，不仅该处商号需要拿出全部剩余资产偿还债务，股东出资所开设的其他关联商号及家庭内部财产也负有连带偿还义务，真可谓"牵一发而动全身"。为了规避这种企业定性的内在缺陷，保晋公司"于光绪三十四年（1908年）呈奉农工商部批准并经奏明在案，定名为'山西商办全

省保晋矿务有限公司'"，① 将企业"股份有限公司"的特性在《保晋矿务总公司简章》与《山西保晋矿务公司章程》中均作出了明确规定，同时"呈奉农工商部批准并经奏明在案"，得到了法定认可。这样一来，保晋公司创新性地实现了"无限责任制"向"有限责任制"的转型过渡，同时郑重对外承诺"本公司既名为有限公司，即有亏折，绝不向股东追移"。② 保晋公司"股份有限公司"的企业定性，使广大股东以出资额为限对公司承担有限责任，既解决了原有股东的后顾之忧，又有利于招揽新股东投资入股，在企业定性上实现了创新性的突破。

3. 保晋公司在生产方式上，力求用"新式机器作业方式"逐步代替"传统的手工作业方式"

"本公司旧用土法办理，现已采用新法极力扩张。"③ 保晋公司营业前期，主要利用"铁镢、铁锹、铁锤、铁錾、条筐、木担"等器具进行人工开采，时至 20 世纪 20 年代，出于维护矿工人身安全、提升生产效能的考虑，保晋当局极力主张利用国外的先进采煤机械进行新式开采，"割煤机业经向美国订购数种，刻下运到者只有一种，用空气压力发动，正在设备之时"。④ 保晋公司开创了山西近代利用机器设备开采煤炭资源的新纪元。

4. 保晋公司在人事管理上，创新性地推行了"考试录用"制度

保晋公司前期在录用职员时，聘用山西旧商号从业职员居多，而且仅仅以"函荐"方式为主，"本公司既以商务为宗，则所用号友自宜多用商人，一依晋商向例，须取有确实铺保……并无论何人，公司均按商人看待"。⑤ "本公司职员，除重要者由正、副经理商承董事会聘用外，其余均系函荐"，其结果是"其人之能力，既不得而知，品行又无从稽考，只凭一纸介绍，格于情面，遂即录用，殊非正当之道，难免滥竽之人"。时至民国十九年（1930 年），保晋公司为了能够真正录用到德才兼备的人才，决定对普通职员的任命，从民国二十年（1931 年）起，在函荐的基础上，根据岗位实际需求，通过考试来决

---

① 民国八年（1919 年）10 月 24 日奉部批准并备案之《山西保晋矿务公司章程·第一节 定名》。
② 《保晋矿务总公司简章》。又见民国八年（1919 年）10 月 24 日奉部批准并备案之《山西保晋矿务公司章程·第五节 股分》。
③ 民国八年（1919 年）10 月 24 日奉部批准并备案之《山西保晋矿务公司章程·第三节 纲要》。
④ 虞和寅：《平定阳泉附近保晋煤矿报告·第九章 采煤》，民国十五年（1926 年）3 月，农商部矿政司印行，第 33 页。
⑤ 民国八年（1919 年）10 月 24 日奉部批准并备案之《山西保晋矿务公司章程·第四节 职任》。

定是否最终录用，"对于普通职员，改用考试制度，凡有荐举职员者，必须用函件通知公司，先行登记，遇有需用人材之时，由公司定期召集，分别考试，如能合格，再行录用"。[①]

5. 保晋公司在获利途径上，创新性地利用"无形资产"而获利

传统封建晋商"重信讲义"、"以义制利"，在实践中严把产品质量关、注重企业信誉，凝练与打造了一批价值不菲的无形资产，但却并不洞晓通过无形资产而谋利的内在机理。民国三十五年（1946 年）11 月 1 日，保晋公司董事会在与善林堂、同德堂签署合资营业合同时，则以月租金 60 万元出让"石家庄保晋分公司"名义的使用权，同时"将其石家庄东厂不动产之滋息作资本 2000 万元"[②] 进行投资入股，通过"商誉"与"土地使用权"等无形资产而获利。

（三）守法性

保晋公司在筹办创建、章程制定、探矿采矿、赋税缴纳等方面，均依照当时的法定要求，按章办事、合法合规。保晋公司"于前清光绪三十二年（1906 年）冬间，由刘君懋赏、冯君济川等禀请山西巡抚恩萰棠创设，开采全省矿产。次年（即清光绪三十三年，1907 年）春，复经山西京官赵国良等拟具章程，并举渠本翘为总理、王用霖为协理，呈请农工商部奏准立案，公司于是成立"。[③]《山西保晋矿务公司章程》"系民国七年（1918 年）股东常会修正，于民国八年（1919 年）1 月 16 日呈请农商部注册，民国八年（1919 年）3 月 18 日转奉部批准予注册，发给执照，嗣经董事会遵批修正，复行呈请备案，于民国八年（1919 年）10 月 24 日奉部批准予备案"。[④] 保晋公司在探矿与采矿过程中，"凡勘得何处何种矿产，谨遵矿业条例，先请领探矿执照，如探明确系可采，然后再领采矿执照"。[⑤] 可见，保晋公司无论是探矿还是采矿，均都首先向政府申领相应的执照，然后方才从事具体的实际操作，做到了"持证从业"。保晋公司为了尽可能获取政府的扶持，依章依规缴纳各种赋税，"公司购买矿地，如系民地，其粮即随地过户，由公司照赋完纳；如系官地，

---

① 常旭春、白象锦：《保晋公司报告书稿·第十章　本公司将来进行计划》（民国十九年）。
② 民国三十五年（1946 年）11 月 1 日，《保晋公司董事会与善林堂、同德堂合资营业合同》。
③ 常旭春、白象锦：《保晋公司报告书稿·第一章　本公司沿革》（民国十九年）。
④ 民国八年（1919 年）10 月 24 日奉部批准并备案之《山西保晋矿务公司章程·第十五节　附则》。
⑤ 民国八年（1919 年）10 月 24 日奉部批准并备案之《山西保晋矿务公司章程·第三节　纲要》。

照章纳租……各矿纳税，悉遵照矿业条例缴纳……矿产出口，仍照奉准免税案办理……凡关于工程所用各项机器、各种材料，运至开采之地，应照章完纳关税……请领探矿、开矿执照，其照费悉遵条例照缴……凡探矿、采矿，均按照条例取具保结"。①

（四）自律性

保晋公司为了保障自身的健康有序运营，比较注重强化企业内部从业人员的自律性建设，对于广大职员与矿工均规定了相应的约束性条款。对于行政管理系统的从业职员，保晋公司规定，"在事人等，如有舞弊等事，股东均有查察之权，如查有实据，按律罚办"，②"总、协理如侵蚀公司款项，经众股东查有实据者，应立时辞退，并着落赔缴；如抗不肯缴或缴不足数，众股东除禀官究追外，仍按律议罚。以次所用之人，如有此项情弊，总、协理亦照此办理。倘扶同隐饰，应将徇庇者一并议罚……总、协理如将公司款项移作别用，或潜营私利，一经觉察，众股东可从重议罚。以次所用之人，如有此项情事，经总、协理觉察者，亦照此办理……总、协理于月报、年报，报告不实，意图隐骗，及公司人等伪造股票息折、图记，骗取利息，一经发觉，众股东可送官严究，除罚办外，仍治以应得之咎。各分号有此等情弊，总、协理亦照此办理"，③"自总办理依次均不得沾染嗜好暨酗酒嫖赌凡一切不名誉之事，违者以犯规论"。④保晋公司对于生产系统的矿工，在招录时以"毫无嗜好"为合格，在日后的生产过程中，也特别强调德行自律，"本公司各矿厂雇用各项工人时，得由各矿厂自行雇佣，其雇工之时，当验明该工人体格精壮，毫无嗜好、疾病，为合格……各矿厂各种工人，对于执事人员之指挥，务必服从。对于同等工人之交接，务必谦和。不得聚赌，不得豪饮，不得吸食鸦片，不得私服金丹，不得口角斗殴，不得挟带违禁货物，违者立即开除名额"。⑤

（五）人本性

保晋公司在日常运营管理过程中，一定程度上渗透了"以人为本"的管

---

① 民国八年（1919年）10月24日奉部批准并备案之《山西保晋矿务公司章程·第九节　赋税》。
② 《保晋矿务总公司简章》。
③ 民国八年（1919年）10月24日奉部批准并备案之《山西保晋矿务公司章程·第十三节　惩罚》。
④ 1908年10月7日《晋阳公报》。
⑤ 《保晋公司矿工服务细则》。

理理念，我们可以从安全设想与预防、事故处理与救援、福利制度及抚恤规则的制定等方面窥见一斑。

保晋公司为了尽可能地避免意外事故的发生，最大限度地减少人员伤亡，要求"各坑内之总巷、分巷，凡用作转运煤车要路者，如无特备之往来行道，亦须于路之两旁，备有藏人峒，两峒相距至远不过200尺。俾往来之人有所藏避，不致为钢绳、煤车所伤损……各坑内于每早工人未入坑之前，坑务员先入坑查验一次，如无危险，方准工人入坑作工，以保无虞……各坑内于工人作工之际，各坑务员分段察视，以免煤顶塌陷、炸气发现、水火忽至，致伤工人等事……各坑内之冷风机上，必须有自阻机关。电机上除有自阻机关外，更须用阻电质，包藏各机关，以防电击……各坑内备有保险路，以备正路有塌陷及起火等事，得由保险路而出，不致伤命……各坑内之人马，均备有足用之风、极亮之灯，不致有碍卫生，及不因视线不清以致受害……各坑内备有反转风向之路，如遇危险，得以迅速将风向改转，不致蔓延……各坑内，凡不足16岁之童子，概用于轻小工作，以保身体而重人道……各坑内，凡有碍卫生之事，均不避费款，竭力除之……各坑内，备有救火、堵水之一切质料，以防不测……各坑内之工作处，如有邻接旧煤坑者，向前工作，须用8尺之钻孔钢杆，先钻孔试验，的确无蓄水及毒气等物，方可前进，以保平安"。[1]"各矿厂之储火药库，须建设于僻静之地，其距离以脱有爆炸危险，不致伤损人命、房屋及火车道为度。"[2]为了考虑过往行人的安全，保晋公司要求火药库外"标以'药库险地、远避为宜'等字，且于库之四周，筑以围墙，俾资深邃"。[3]

保晋公司为了在不可避免的意外事故发生之后，极力救护伤员，要求"各坑内分设救急所，备有各种救急器具，以资迅速救人，不致误事……本公司拟购新式救生器若干具，以备各坑内救人于爆炸及起火之后"，[4]"将来拟购救命器若干具，如有着火、发烟及爆发之处，即着用救生器，前往该地，极力施救"。[5]

保晋公司对于职员与矿工都制定有在一定程度上体现"以人为本"特性的相关福利性规定。对于职员，"公司每日依次备具三餐，已不至枵腹从

---

① ④ 《保晋公司坑内保安规则》。

② ③ 《保晋公司管理火药规则》。

⑤ 虞和寅：《平定阳泉附近保晋煤矿报告·第二十二章 危险预防》，民国十五年（1926年）3月，农商部矿政司印行，第87页。

公……烟茶两项，公司自酌中置备，以供众用……自总办理依次每年回家，只准两次，不得逾一月，由公司酌给相当川资脚费"。① 对于矿工，"工人除每日工作完毕休息外，依当地习惯，每月于旧历朔、望两日及春、夏、秋、冬四节，各休息一日……工人于每日工毕，除附近有家者，各归舍食宿外，其外籍工人，皆住于各矿特备之宿舍，由公司供给火、电、炕、席等物，不收租费……各矿备有各种药品，专供职工领用，不取药资，复延用医生之，以便随时疗治之疾病，其有肢体受伤或罹重病者，则送往平定友爱医院或附近医院诊治，药资亦由公司支付……凡有因工受伤，酌给假日，并予调治，因而死亡者，每名给予恤金……工人下班时，得由厂内挑取碎炭一筐，不取价款，但以自烧为限"。② 除了上述福利性规定外，保晋公司还利用业余休闲时间，组织矿工参与各种体育运动，丰富矿工的精神生活，"各矿厂之休息日期，以每月初一及十五两日为度。至休息日应有之博欢鼓兴等具，应设法组织矿工俱乐部，设备手球、足球、网球，以节劳动而爽精神"。③

保晋公司对于伤亡职员或矿工，制定了相应的抚恤制度，"本公司所用职员，若在号病故，另送三个月薪水。至所延矿师、技师，倘有意外之事，华人照职员办理；洋人由内地聘用者，照华人办理，由外洋聘用者，加倍送六个月薪水，以示体恤。其余各峒所用工人，有压毙淹毙等事，每名给埋葬费 30两"。④ 对于矿工，"压毙、淹毙者，每名给与抚恤费大洋 45 元，并由公司备具棺木，且得令其各回原籍；其因路远无力搬柩者，公司特购义地葬埋之……因伤死亡者，须按其死亡情节，给与前条金额或三分之二以下之恤金；至于购棺葬埋，一如前条所定……因公负伤者，须立刻送之附近医院医治，医药等费由公司代付，且帮贴米面。伤愈后，仍令就业；其因负伤太重，致身体残废不能服务者，得酌量给与恤金；肢体不能动作者，须设法派与能办事件，以示体恤"。⑤

需要说明的是，保晋公司上述数方面规则与制度，与现代新式煤炭类生产企业在安全设想与预防、事故处理与救援、福利待遇及抚恤事宜等方面相比，的确相差甚远，不可同日而语，但在当时的社会背景、生产条件及主流思潮影

① 1908 年 10 月 7 日《晋阳公报》。
② 常旭春、白象锦：《保晋公司报告书稿·第八章 工人》（民国十九年）。
③ 《保晋公司矿工服务细则》。
④ 民国八年（1919 年）10 月 24 日奉部批准并备案之《山西保晋矿务公司章程·第十二节 恤赏》。
⑤ 《保晋公司矿工抚恤规则》。

响下，能够制定出这些在很大程度上体现"以人为本"特性的规则与制度，已经实属不易，是一个很大的进步了。

（六）公平性

保晋公司在对内集资、职员管理与对外购地、同业竞争的过程中，均体现了一定的公平性。

保晋公司对于以货币资金、矿地、公款等不同形式投资入股的各位股东，均一视同仁，毫无差别对待，"本公司既为商办，其入股者，无论何人，均认为股东，一律看待"。① "凡有以矿地作股者，按地作价，按价分股，仍以五两为一股，一律填给股票息折，毫无歧视……如有将官款及地方各项公款拨入公司为股本者，亦以五两为一股，给票付息等事照前一律办理，虽有要需不得提取。"② 同时，对于公司内部所聘职员，"无论何人，公司均按商人看待"，③ "本公司所用人等，如因公与他人成讼者，地方官应秉公讯断，从速结理，以免拖累误公，公司亦不得袒庇。若系个人私事，公司概不过问"。④

保晋公司在矿地购买及与其他地方煤矿的同业竞争中，都体现了一定程度的对外公平性。保晋公司规定，"凡公司购地，皆凭中介绍公平议价，与平人交易无异，绝无勒价强买等事。倘地为公司所必需，而地主抬价居奇者，即请公正绅董，照左右毗连之地，议给相当价值，地主不得再有异议"。⑤ "线内矿师勘定应用之地，公司固不得勒买，地主亦不得居奇，由本地绅民公平估价，有愿以地作股者，亦由绅民公平作价入股……公司出银买到之地，凡地内应出赋税、钱粮，由公司完纳；其以地入股之赋税、钱粮，仍由地主完纳。"⑥ "凡公司所购之地内有坟墓、庐舍者，务设法绕避，不得侵占。"⑦ 保晋公司在所属矿区以外，并不排斥其他地方煤矿与土人小煤窑进行资源开采，而且力求和谐共处，"本公司为开辟本省利源起见，期将各种矿产一律开采，以兴地利而裕

---

① 《保晋矿务总公司简章》。又见：民国八年（1919 年）10 月 24 日奉部批准并备案之《山西保晋矿务公司章程·第五节　股分》。

② 民国八年（1919 年）10 月 24 日奉部批准并备案之《山西保晋矿务公司章程·第五节　股分》。

③ 民国八年（1919 年）10 月 24 日奉部批准并备案之《山西保晋矿务公司章程·第四节　职任》。

④ 民国八年（1919 年）10 月 24 日奉部批准并备案之《山西保晋矿务公司章程·第十一节　保护》。

⑤⑦　民国八年（1919 年）10 月 24 日奉部批准并备案之《山西保晋矿务公司章程·第三节　纲要》。

⑥ 民国三年二月二日（1914 年 2 月 26 日），《保晋公司与平定各村社续订按地入股合同》。

民生，并提倡地方自办，以辅公司之不及"，① "凡各村庄土人旧有之窑，仍由土人采取，其余公司未经买到之地，亦准土人自己开采，并不禁止……公司之窑与土人之窑设于地内，两家掘通，由本地绅民验明划界，将掘通之处作为瓯脱公地，东家不得西侵，西家不得东占，以昭公允"。②

（七）坚韧性

纵观保晋公司的整个发展史，可谓是一部自强不息的曲折奋斗史，面对连年亏损、运营资金的先天不足与后继乏力、难以承受的高昂运输费用等客观现状，保晋当局始终奋力抗争，力求打破残局而有所突破与发展，其"坚韧性"彰显于表。

保晋公司"自开办至民国五年（1916 年）7 月底，计亏银 599900 余两，合洋 879000 余元"。面对自开办伊始，连续十年的严重亏损，保晋当局并没有放弃，"自民国五年（1916 年）后，本公司竭力整顿，产额日增"。③ "崔总理接事后，首向官厅清算亩捐，渐将借垫之款收回，于是添购机器，设置工程，增加产额，竭力整顿，移总公司于阳泉，以期就近统摄，议各矿之分立，俾便分别管理。并派员调查平（定）、盂（县）铁矿，以定开采方针，与正太路局订立奖励远销运煤减价办法，向交通部请准核减京汉运价，竭力推广销路。民国六年（1917 年），改定公司组织，分设采煤、制铁、营业三部，开付（民国）五年度股息，公司营业蒸蒸日上……公司经济，因亩捐之拨还继续进行，稍为充裕。故工程力事扩充，销路逐渐推广，营业日见起色，旧亏按年弥补。"④ 通过对内对外多方位的努力，"民国五年（1916 年）8 月至民国十三年（1924 年）12 月"间，保晋公司连续 8 个年度有盈无亏，"除将旧亏全数补清外，尚余洋 10000 余元"。⑤ 但民国十三年（1924 年）之后，情势却大大出乎意料，陡然逆转，"本公司旧亏完全补清，营业方期发展。不意内乱开始，战祸蔓延，交通梗阻，运输困难。民国十五年（1926 年）战祸又起，铁路之联运取消，运煤之价章加重，工程陷于停顿，金融周转不灵"，⑥ "自民国十四年（1925 年）至民国十九年（1930 年）年底，营业疲滞，逐年亏累"。⑦ 针对日益恶化的外在客观情势，保晋当局因时就势，采取了各种补救措施，"因将次

---

① 民国八年（1919 年）10 月 24 日奉部批准并备案之《山西保晋矿务公司章程·第二节　宗旨》。
② 民国三年二月初二（1914 年 2 月 26 日），《保晋公司与平定各村社续订按地入股合同》。
③⑤⑦ 常旭春、白象锦：《保晋公司报告书稿·第九章　本公司营业状况》（民国十九年）。
④⑥ 常旭春、白象锦：《保晋公司报告书稿·第一章　本公司沿革》（民国十九年）。

要矿厂，酌量停办……与山西省银行订立垫款合同，以资支持危局……向境内推销，冀免积压"。① 保晋公司"自民国十四年（1925 年）举行常会后，数年以来，干戈扰攘，时局纠纷，交通梗阻，运销奇滞，工程则时行停顿，营业则愈见阽危，加以捐税繁兴，摊款日钜，金融周转愈感拮据"，局面岌岌可危，但由于以常旭春为首的当局者"茹苦含辛、极力维护"，以至于"业务不至废弛"，②"勉强支持，幸得过渡"。③

"平定硬煤，富甲全国，煤质之佳，誉溢中外，然所赖以运销外省者，仅恃正太路之窄轨，而运费之奇重，为中国各路所未有"，鉴于沉重的运费，保晋公司当政者再三申请减免，"查原章硬煤运价，每吨每公里洋 3 分 2 厘，清宣统初年，经渠前总理禀请晋抚咨明邮传部核准，仅将联运京汉路以外者减为吨里 5 角 4 分 4 厘④，而不登京汉车者照旧。民国五年（1916 年）以来，崔前总理，迭请减轻，至民国七年（1918 年）始将普通运价减为吨（公）里 3 分，联运京汉以外者，将底价定为吨（公）里 2 分 9 厘，并按里数之远近分为八等，按 20 吨车，给予 3 元 3 角以至 16 元之减价。民国九年（1920 年）二三月间，崔前总理迭向交通部及该路局竭力交涉，待至民国九年（1920 年）5 月 1 日，始将普通运价改为吨（公）里 2 分 6 厘，联运底价改为吨（公）里 2 分 5 厘……至于平汉路运价原章亦重，虽经邮传部改定联运价核减一次，然较各大矿核减之数，仍属过重。至民国六年（1917 年），迭向交通部请求核减，始由交通部饬知京汉路局，比照福中、正丰两公司，特定晋煤整列车为每吨每公里 6.825 厘，计由石庄至天津或北京，每车 20 吨较前运价可省 17 元有余，晋煤畅销，赖有此耳"。⑤ 可见，保晋当局者为了降低煤炭终端售价，提高市场竞争力，推广煤炭销售市场，煞费苦心，数次请求核减运价，通过坚持不懈的努力，毕竟取得了一定的成效。

由于资金先天不足与后继乏力、赋税与捐输繁重、运费奇高、战乱不断，保晋公司"无日不在风雨飘摇之中"，⑥但却始终不屈不挠、自立图强，正是缘于这种内在"坚韧性"，才使企业得以延喘数年之久，直至民国二十六年（1937 年）10 月 30 日日军占领阳泉才被迫最终停业。

---

① ③ ⑥ 常旭春、白象锦：《保晋公司报告书稿·第一章 本公司沿革》（民国十九年）。
② 民国十八年（1929 年）3 月，《山西保晋矿务公司第十一次股东常会营业报告》。
④ 原始史料中记载的数据确实如此，该数据有待进一步核实，著者推断也可能为笔误。
⑤ 常旭春、白象锦：《保晋公司报告书稿·第九章 本公司营业状况》（民国十九年）。

（八）公益性

保晋公司在整个企业发展历程中，尽管资金先天不足，获利甚微，亏损数额较大且期限较长，但始终不乏对地方教育事业、赈灾、公债券等公益性项目的投资。保晋公司"并未附设学校及医院，惟于附近各小学校及平定医院，每年酌助经费若干，又遇有地方水旱各灾，亦酌捐若干，以赈济之……阳泉设立国民小学校一处，特助临时费洋200圆，常年费洋100圆；平潭垴国民学校年助洋40圆；石卜嘴国民学校年助洋40圆；第五区高等小学校年助洋50圆；小阳泉国民学校年助洋40圆；冯家庄国民学校年助洋50圆；前庄村国民学校年助洋30圆；地方公款局学费常年大洋1600圆；旱灾赈济款约35000圆；平定医院年助洋300圆"。① 民国十四年（1925年）年底，保晋公司累计持有公益性有价证券45050.870元，其中："三年公债10.000元、五年公债28960.870元、赈灾公债140.000元、无息公债2500.000元、特种库券13440.000元。"民国十五年（1926年）年底，保晋公司累计持有公益性有价证券28940.870元，其中："三年公债10.000元、五年公债17543.870元、赈灾公债140.000元、无息公债1875.000元、特种库券8962.000元、短期公债410.000元。"民国十六年（1927年）年底，保晋公司累计持有公益性有价证券40046.870元，其中："内国公债12323.870元、赈灾公债140.000元、无息公债1250.000元、特种库券5382.000元、短期公债410.000元、六厘善后债券19835.000元、金库券706.000元。"② "自民国十三年（1924年）10月起至民国十九年（1930年）底止，本公司计出过特种库卷17733.600元、临时军费20500.000元、临时铺捐32954.690元、六厘公债37500.000元、粮秣捐38333.000元、北伐军费捐款10000.000元、编遣库券5000.000元、平定驻军给养费5000.000元……平定学款每车1元3角，兵差捐每车1元。"③ 需要说明的是，保晋公司发生的上述公益性支出，并不一定全部都出于主观自愿，许多债券的购买与捐输的支出带有一定的政府强制性，但无论如何，这些实际支出客观上

---

① 虞和寅：《平定阳泉附近保晋煤矿报告·第二十五章　地方公益及矿警》，民国十五年（1926年）3月，农商部矿政司印行，第93页。

② 原始数据来源于：民国十四年（1925年）、民国十五年（1926年）、民国十六年（1927年）3个年度各自的《保晋公司财产目录三项（各业投资、有价证券、本届存煤）详数表》，载民国十八年（1929年）3月《山西保晋矿务公司第十一次股东常会营业报告》。

③ 常旭春、白象锦：《保晋公司报告书稿·第九章　本公司营业状况》（民国十九年）。

缓解了地方财政压力，具有一定的公益性。

二、保晋公司的历史作用

保晋公司作为一个特定时代的产物，对于山西近代煤业史发展、晋商转型、阳泉市创建、现代企业管理均有一定的积极作用，具体体现在以下几方面：

（一）保晋公司作为山西近代最大的民营工矿企业，开创了山西近代煤业史发展的新纪元，在一定程度上奠定了山西近现代基本的煤业格局

山西省煤炭资源丰富，开采历史悠久。"山西煤田丰富，甲于全国……诚极大之富源，无穷之宝藏。"① 在山西省阳泉市平定县境内，距县城东南 50 里，有一座东浮山。满山浮石，颜色红褐。相传，这里有女娲炼石补天的遗灶。明弘治至嘉靖年间，詹事府詹事兼翰林院学士陆深路经平定，听到关于东浮山多产石炭，是女娲氏炼石补天遗灶处的传说之后，曾召集当地"土人"和"学士大夫"进行了解，他们众口一词，都说这个传说由来已久。陆深为此特撰写了《浮山遗灶记》。明嘉靖九年（1530 年），平定知州在东浮山内立碑，碑上全文镌刻了《浮山遗灶记》。陆深在其所著《河汾燕闲录》中还写道："石炭即煤也。东北人谓之楂，南人谓之煤，山西人谓之石炭。平定所产尤胜，坚黑而光，极有火力，史称女娲氏炼五色石以补天，今其遗灶在平定之浮山，予谓此即后世烧煤之始。"明末学者顾炎武见到陆深的著述后，改变了自己原来认为石炭始于汉朝的见解，采纳了陆深的观点，也认为平定东浮山女娲补天的传说，是后世烧煤的开始。② 女娲氏炼石补天是我国上古时期的神话故事，而且平定东浮山并不产煤，所以我们还不能以此为据，来判定山西省发现和利用煤炭的准确时间。但是，神话传说往往有历史的影子，山西源远流长的煤炭开发史，毕竟在这里得到了生动而形象的描述。宋庆历五年（1045 年），陈尧佐为河东路转运使，他看到当地人民依靠开采石炭维持生计，就奏

---

① 常旭春、白象锦：《保晋公司报告书稿·第四章　本公司煤藏》（民国十九年）。
② 顾炎武：《天下郡国利病书·卷四十六·山西二》。

请免除炭税，① 这说明当时山西地区已经出现了专门开采煤炭的手工业工人。宋庆历后，到宋政和元年（1111 年），有人曾向宋徽宗建议说："河东路铁炭最盛，若官榷为器，以赡一路，旁及陕雍，利入甚广，且以销盗铸之弊。"从山西各煤炭产区来看，煤炭开采的历史都普遍较早。远在北魏时期，大同煤田已经有了一定程度的开发，"水发火山东溪，东北流出山，山有石炭，火之热同樵炭也"。② 唐宋年间，太原煤田也被开采利用，"本煤田远自唐宋年间，即有土窑开采，故古窑对煤田的开发有严重的影响"。③ 北宋仁宗年代，阳城一带"冶铸铁钱，民冒山险输矿炭"。④ 可见，时至北宋，山西部分区域的煤炭开采与利用已经形成了一种较常见的社会现象。《元一统志》在叙述盂县物产时说："炭窑 13 处，去县南招贤村，岁办官课。"⑤ 明洪武四年（1371 年）成书的《太原府志》，在记述平定物产时说："炭窑二处，西沟一处，谷里一处。"除了平定之外，据《明一统志》记载，寿阳也是生产煤炭的主要县份。康熙和乾隆年间的《寿阳县志》、乾隆年间的《盂县志》和《平定州志》，都把煤炭列在物产志的第一位上。据乾隆《平定州志》记载，"土人每视山上石脉，即知炭之有无，穿地至三、四十丈者，其坚者槌之难碎，燃之耐久"。清嘉庆二十四年（1819 年）初夏，大水淤没了固庄沟，"炭窑内洇浸工人、驴骡四五十口"。⑥ 到了清末，平定所属蒙村一带，有居民二百余家，其中"朝而往，暮而来，奔走于窑冶者则十有八九"。⑦ 时至 19 世纪末 20 世纪初，虽然山西省各地的煤炭资源得到了进一步开发，但是仍然依赖于单纯的传统手工开采方式，井下工作环境恶劣、生产效率低下。同时，当时山西煤炭资源的开发大都属于民间自发的无组织分散型开采，规模小、回采率低，资源浪费现象极其严重。

保晋公司伴随震惊中外的"山西争矿运动"应运而生，"为开辟本省利源起见，期将各种矿产一律开采，以兴地利而裕民生"，⑧ 力求摒弃传统的手工

---

① 《宋史·陈尧佐传》。

② 北魏郦道元：《水经注·卷十三·漯水》。据考证，漯水即大同附近的桑干河；火山东溪正是大同矿区的口泉沟。

③ 《山西煤田地质·太原西山煤田》，煤炭工业出版社，1960 年版。

④ 《宋史·列传第二十四》。

⑤ 《永乐大典·卷五千二百一》。

⑥ 清光绪《平定州志·张元珠传》。

⑦ 清光绪十三年（1887 年）蒙村清泉亭庙内所立石碑。

⑧ 民国八年（1919）10 月 24 日奉部批准并备案之《山西保晋矿务公司章程·第二节　宗旨》。

开采方式，尝试性地运用新式机器进行煤炭资源的机械化开发，其开创了山西近代煤业史发展的新纪元。保晋公司的诞生，在山西近代煤业发展史上实现了几个突破与飞跃。首先，保晋公司以"股份公司"的形式集股经营，将山西民间广为散布的大量商业资本积聚起来进行集中式煤业开发，使煤炭开发主体的规模由小到大，煤炭开发能力与生产规模都得到了大幅度提升。其次，保晋公司以"总公司、分公司、分销处"的形式进行多区域联合运作，实现了由民间分散的无组织自发无序开采向大规模综合集中经营模式的转变；同时，不仅实现了山西省内"阳泉、大同、晋城、寿阳"等煤炭主产区的关联运作，而且通过"产、销"一体化运营，拓展了销售市场，使山西的煤炭产品畅销全国各地。最后，保晋公司突破了长期延续的传统手工开采模式，向国外采购大型煤炭开采设备尝试机械化开采，"旧用土法办理，现已采用新法极力扩张"。① 可见，保晋公司在生产规模、运作模式、营业区域及开采手段等方面，均有了实质性突破，可以说，保晋公司开创了山西近代煤业史发展的新纪元。

保晋公司创建伊始，便根据客观情况制定了自己的发展战略部署，"晋省各种矿产到处皆有，断难同时并举，拟先从矿产最富、开采较易之处入手，一俟基础稳固，即可推及全省"。② 因此，保晋公司"采煤地点，于开办之初，即勘定平定、大同、晋城、寿阳四处，为全省煤藏最富之区，兼有烟、无烟两矿"，③ "总公司设于阳泉，分公司设于寿阳、大同、晋城者，开采煤矿兼办营业"。④ 保晋公司在平定、阳泉附近所领煤矿区，计11处；大同、左云采矿10区；晋城探矿2区；寿阳探矿1区。⑤ 保晋公司在阳泉、大同、晋城、寿阳等地设厂开矿进行大规模的煤炭资源开发，为各矿区属地后来的资源开发与利用进行了必要的矿厂布局、开采技术、专业人才、机械设备、先期经验的积淀。阳泉市之所以在新中国成立后能够打造并建设成全国最大的无烟煤基地，大同市之所以能够成为公认的"煤都"，晋城市之所以能够成为山西煤炭主产区之一，除了缘于国家及山西省的煤炭产业布局规划及各地的不懈努力与探索外，更离不开保晋公司的先期奠基作用。不难发现，保晋公司在一定程度上奠定了山西近现代基本的煤业格局。

---

①② 民国八年（1919年）10月24日奉部批准并备案之《山西保晋矿务公司章程·第三节　纲要》。

③⑤ 常旭春、白象锦：《保晋公司报告书稿·第四章　本公司煤藏》（民国十九年）。

④ 常旭春、白象锦：《保晋公司报告书稿·第三章　本公司组织》（民国十九年）。

（二）保晋公司的创办，在一定程度上实现了山西民间商业资本向工业资本的转变，促使部分传统封建晋商逐步演变为近代民族资产阶级

明清晋商纵横驰骋中国商界五百余年，创造了中外商业史上的奇迹，通过巨额的商业利润，积累了大量的物质财富。这些富裕之后的山西商人，将手中拥有的巨额资金，除用于捐输助饷、购置土地、投资高利贷、窖藏、宗族活动和封建慈善事业及奢侈消费等封建性支出外，其他剩余资金均依然用于商业投资，几乎很少涉足工业投资，绝大部分资金仍然滞留于流通领域。保晋公司应"赎矿自办"之客观情势而诞生，其资本来源除极少部分"公股"外，绝大部分来源于民间"商股"，其主体资金来源于山西商人、商号、商行或商人家族。如据 1908 年 8 月 25 日至 1910 年 11 月 7 日的《晋阳公报》记载，晋商大亨渠本翘集资 50000 两合 10000 股、乔景俨集资 50000 两合 10000 股；另外，许多晋商名号也踊跃入股，且数目不菲，"大德通 600 股、大德恒 600 股、三晋源 600 股、存义公 600 股、大盛川 600 股、合盛元 600 股、世义信 600 股、平遥天成亨 600 股、平遥蔚丰厚 600 股、平遥新泰厚 600 股、平遥百川通 600 股"；一些商行也集体合资入股，"钱行 1680 股、太谷现钱行 1739 股、平遥平帮票号 1200 股、平遥彩帛行 660 股"；一些商业望族也以家族名义投资入股，"榆次世和堂常 900 股、榆次世荣堂常 600 股、榆次象贤堂侯 600 股、平遥毛忠恕堂 960 股"。这样看来，保晋公司的运营资本主要来源于明清山西商人商业利润中的留存资金，这些资金从各个山西商人、商号、商行或商人家族手中而转注到保晋公司，实现了商业资本向工业资本的转型。

保晋公司通过集资入股的方式，促使部分山西民间商业资本转变为工业资本，这本身就是一个巨大的实质性飞跃。整个中国传统封建社会，一直奉行"士、农、工、商"的等级排序，商人始终处于整个封建社会的最低层，因此，我们很难在官方史籍或志书中找到记载商人商业活动行为或业绩的相关记载。之所以出现这样的等级排序，一方面缘于封建政权的主导统治思想及长期形成的世俗观念，另一方面则缘于民众的切身体会与领悟。中国人受传统儒学及"官本位"思潮的长期影响，"士"为首的观念被大众广泛接受，似乎合情合理，那么，对于"农"、"工"、"商"与经济活动行为有直接关系的三个阶层，之所以出现等级排序的差异，更缘于这三项经济活动的实质性内在机理。在封建社会，无论是传统"农业"，还是"小手工业"，通过现实的运营活动，

均会产生一定的社会附加值，即通过农民或小手工业者的劳作，一般都会使整个社会财富产生一定的增值，而传统的商业活动行为则不会产生整个社会财富的增值效应。人们时常称商人为"奸商"，民间流传有"无商不奸、无奸不商"之说法，其实，这的确富有一定的经济学哲理。商人通过自身的商业活动行为，并不会使整个社会的财富得以增加，之所以出现盈、亏现象，缘于社会财富的再分配，有盈就有亏，有赚钱的商人，也必然会有亏本的商人。商人赚钱，要么通过压低商品采购价，要么通过提升商品售价，要么通过同业之间的非正当竞争。总之，商业活动只能使社会财富在不同的主体或社会成员之间出现流动性差异，而不会导致整个社会财富的增加；换句话说，商业资本运行并不能带来社会财富的增值。这么一个简单的经济学道理，其实我们的先人早已洞察并谙晓其中的内在机理，只是不能用现代经济学语言加以描述，故而冠商人以"奸商"之称。工业资本与商业资本最本质的区别在于其在现实运作过程中，能够带来整个社会财富的增值。保晋公司作为一个典型的近代民营工矿企业，其运营资金明显具有工业资本的特性；同时，保晋公司在组织生产劳动的过程中，存在大量的雇佣劳动关系，明显具有资本主义的生产性质。保晋公司"既以商务为宗，则所用号友自宜多用商人"，[①] 说明保晋公司管理当局以山西旧商号从业人员居多，同时这些管理人员中，不乏投资股东，如保晋公司第一任总经理渠本翘，既是清末封建晋商的杰出代表人物之一，又是企业最高行政管理者，还是最大的个人投资商，其投资与管理保晋公司这么一个具有雇佣劳动关系的煤炭类工矿企业，明显已经具备了民族资产阶级特性。据此，我们认定，保晋公司的成功创办，不仅在一定程度上实现了山西民间商业资本向工业资本的转变，而且促使部分传统封建晋商逐步演变为近代民族资产阶级。

（三）保晋公司对于中共第一城——阳泉市的创建，起到了一定的奠基作用

目前，阳泉市是山西省最小的一个地级市，却是全国最大的无烟煤生产基地，现辖四区两县（即城区、矿区、郊区、开发区和平定县、盂县）。同时，阳泉市还有另一张城市名片，那就是"中共第一城"，现在党史界与学

---

① 民国八年（1919年）10月24日奉部批准并备案之《山西保晋矿务公司章程·第四节　职任》。

术界已经达成基本共识，普遍认为阳泉市是中国共产党亲手缔造的第一座人民城市。

这里，我们有必要对阳泉市的历史沿革作一简要说明。客观上讲，阳泉市属地可谓历史悠久，但阳泉市本身却是一座历史短暂的新兴工业城市，"民国三十六年（1947年）5月4日，以原平定县的一部分设阳泉市，以后一度改称阳泉工矿区。阳泉（工矿区）先后归华北联合行政委员会、华北人民政府、山西省管辖。新中国成立后，阳泉市（初为工矿区，1952年恢复市建置）数度由晋中（榆次）地区（专署）代管，平定县、盂县则属晋中（榆次）地区（专署）。1983年9月，实行市管县体制，平定县、盂县划归阳泉市。此时，阳泉市成为由山西省直辖的下辖两县（平定县、盂县）三区（城区、矿区、郊区）的城市"。① 1993年2月，经山西省人民政府批准阳泉市另行成立了集科技、工业、贸易于一体的省级经济技术开发区。可见，阳泉市的历史极其短暂，是中国共产党在平定县解放后，根据特定情势及后续发展的需要而创建的一座以工矿业为基础的资源型城市。

从经济学的角度讲，城市是一个坐落在有限空间地区内的各种经济市场（包括住房、劳动力、土地、运输等）相互交织在一起的网络系统。中国共产党要创建一座城市，绝非偶然行为，而应当是物质经济基础、人口数量、交通条件、商贸融通、文化氛围等多种因素综合成熟的必然结果。通过对阳泉市行政区划演进与经济、社会、文化发展脉络及保晋公司综合发展历程的比照研究，不难发现，保晋公司为阳泉市的创建起到了经济奠基、人口积聚、交通改善、活跃市场、丰富文化的奠基性作用。

1. 保晋公司为阳泉市的创建奠定了基本的物质经济基础

一个城市的构建，经济基础应当是先决条件，如果没有一定的客观物质条件作支撑，是绝对不可能创建一个新兴城市的。阳泉市于民国三十六年（1947年）5月4日设立后，于1949年9月改称为阳泉工矿区，1952年4月1日方才恢复市的建置。② 我们从当时"阳泉工矿区"的特定命名不难看出，阳泉市创建的经济基础应当是工矿业，具体而言，主要依赖于煤业与铁业两大支柱产业，而阳泉本域这两大主导产业的发展与壮大则在很大程度上归功于保晋公司的奠基作用。保晋公司自民国五年（1916年）8月，将总部从太原市海

---

① 刘高官、张凯：《阳泉百科全书》，山西人民出版社，1997年版，第1~2页。

② 参见：刘高官、张凯：《阳泉百科全书》，山西人民出版社，1997年版，第35页。

子边迁移到了平定县阳泉火车站附近，"并派员调查平（定）、盂（县）铁矿，以定开采方针……民国六年（1917年），改定公司组织，分设采煤、制铁、营业三部"。① 保晋公司以现今的阳泉市矿区为核心，先后创办了六个矿厂，"平定第一矿厂（即铁炉沟煤矿），于前清光绪三十二年（1906年），即已开凿见煤……平定第二矿厂（即燕子沟煤矿），于光绪三十四年（1908年）曾由英矿师德鉴明筹划开工……平定第三矿厂（即贾地沟煤矿），于前清光绪三十二年（1906年）用土法开办，共凿东西两竖坑，至宣统元年（1909年）二月见煤……平定第四矿厂（即先生沟煤矿），此矿系光绪三十二年（1906年）九月，由同济公司接收而来，当日早已见煤，计老先生沟有竖坑口两座，即名中井。庄庄沟有竖坑口两座，即名东井。段家碑有竖坑口二座，即名西井……平定第五矿厂（即平潭垴煤矿），于民国六年（1917年）3月开办，6月即见煤层，计有竖坑、斜坑各一座……平定第六矿厂（即汉河沟煤矿），本矿亦系于光绪三十二年（1906年），由同济公司接收，当时并未见煤，由本公司继续开凿，于光绪三十三年（1907年）十一月始行凿成"。② 保晋公司总部移迁平定之后，在阳泉工矿区通过六大矿厂进行了较大规模的煤炭资源开发与对外销售，"民国六年（1917年）以旋，垫款收回，财力稍裕，遂添购机械，开拓厂面，采煤改用新法，效率力求增进，故产量逐渐加增，只平定一处，每年可产30余万吨，而销场推广，远及海外，每年销量，亦与产量相埒"。③ "晋省煤铁向行销直、豫等省，公司开办后，出矿日多，销路亦渐广，应于所销省份沿途开设行栈，屯积销售，以期逐渐推广，达于江、鄂等省，俟资本充裕，择地开设炼铁厂，以宏制造。"④ "平定硬煤，当正太铁路未通以前，专恃驴、骡驮往获鹿、正定一带，售给民户燃烧。自正太通车后，乃由火车运至石庄，转装京汉，运往南北各站销售。经本公司及各分销处竭力推销，于是保定、北京、天津等处，销路始辟，继则达于上海、镇江、瓜州等处。民国六年（1917年），因与正太路商定远销减费办法，我煤始克运销汉口。民国七年（1918年），海外分销成立，复推销于日本大阪。民国八年（1919年），及于广东、香港。至是晋煤名声大噪，京津谓之红煤，沪汉名为白煤，金以煤质优良，争

---

① 常旭春、白象锦：《保晋公司报告书稿·第一章　本公司沿革》（民国十九年）。
② 常旭春、白象锦：《保晋公司报告书稿·第六章　各矿厂及各分公司大略情形》（民国十九年）。
③ 常旭春、白象锦：《保晋公司报告书稿·第九章　本公司营业状况》（民国十九年）。
④ 民国八年（1919年）10月24日奉部批准并备案之《山西保晋矿务公司章程·第十四节　销场》。

先购用。"① 民国六年（1917 年）11 月，保晋公司第三次股东大会议决设立铁厂；民国七年（1918 年）4 月，开始筹办铁厂，赵铮任厂长，聘张增为副厂长；民国十一年（1922 年），保晋铁厂正式营业，"制出之铁成分尚优，与我国汉阳铁质仿佛，并与外来洋生铁功用相同，对于造铁炼钢均称适宜"。② 保晋公司通过在平定地区进行较大规模的煤铁资源开发、生产与销售，为阳泉地区工矿业的后续发展在专业技术、设施设备、生产管理、对外销售等方面都进行了前期的积累与铺垫，为阳泉市的成功创建奠定了基本的物质经济基础。

2. 保晋公司为阳泉市的创建奠定了一定的人口基础

民国初期，"阳泉虽为平定输出煤铁之总区，惟人口不多，合大、小两村，不过数百家"，③ 但伴随保晋公司在平定一带业务的逐步拓展，阳泉工矿区及其附近一带的人口逐步积聚并增多起来。

据常旭春、白象锦《保晋公司报告书稿·本公司重要职员姓名录》记载，民国十九年（1930 年），当时保晋公司共有重要职员 58 人，在平定地区从业的重要职员为 35 人（其中，总公司 12 人、平定第一矿厂 2 人、平定第二矿厂 2 人、平定第三矿厂 3 人、平定第四矿厂 1 人、平定第六矿厂 2 人、保晋铁厂 13 人）。在这 35 名平定从业的重要职员中，除 3 人为平定籍外，其他 32 人均为外地籍职员，即外地籍职员占到了在平定从业职员总数的 91.43%。另据虞和寅《平定阳泉附近保晋煤矿报告·第七章　职员》记载，当时保晋公司共有重要职员 38 人，除 6 人为平定籍职员外，其余 32 人均为外地籍职员，即外地籍职员占到了在平定从业职员总数的 84.21%。可见，在平定从业的职员明显以外地籍职员占主体，尽管他们绝大部分人并不一定在平定定居下来，但毕竟吃、穿、用、住在平定，对于平定地域经济的带动作用显而易见。

据常旭春、白象锦《保晋公司报告书稿·第八章　工人》记载，民国十九年（1930 年）12 月底，保晋公司各矿厂共有 2884 名矿工，其中平定各矿区矿工数为 1722 名，占各矿区矿工总数的 59.71%，说明当时保晋公司平定矿区的矿工人数占主体比重。同时，山西籍矿工最多，计 2488 名，占矿工总数的 86.27%；河北籍矿工次之，计 333 名，占矿工总数的 11.55%。在这 333 名河北籍矿工中，河北井陉县 79 人、河北曲阳县 95 人、河北省其他各县 159

---

① 常旭春、白象锦：《保晋公司报告书稿·第九章　本公司营业状况》（民国十九年）。
② 民国十八年（1929 年）3 月《山西保晋矿务公司第十一次股东常会营业报告》。
③ 虞和寅：《平定阳泉附近保晋煤矿报告·第一章　阳泉附近地理风土大略》，民国十五年（1926 年）3 月，农商部矿政司印行，第 4 页。

人，就地域而言，这些矿工主要来自邻近晋东地区的河北省各县区，河北籍矿工在保晋公司的从业地点应当是平定某矿厂，其在大同、寿阳、晋城矿区从业的可能性极少。另据虞和寅《平定阳泉附近保晋煤矿报告·第十七章 工人》记载，民国十年（1921 年）5 月，保晋公司平定各矿厂共计拥有矿工 2208人，其中，平定籍矿工为 1693 人，外地籍矿工为 515 人，尽管平定各矿区以本地血统矿工为主，但外地籍矿工毕竟占到了 23.32% 的比重，说明当时平定地区的外来务工人员并不在少数。同时，许多外地籍矿工不仅仅是单个人来平定谋生，更多情况往往是携妻带子、拖儿带女在阳泉矿区附近长期定居下来，使阳泉工矿区的人口数量逐步膨胀起来，为阳泉市的创建奠定了一定的人口基础。

3. 保晋公司在阳泉大规模地开矿设厂，其煤炭产品源源不断地外销，客观上改善了阳泉地区的交通运输条件，为阳泉市的创建提供了一定的交通保障

一个城市的创建必须以对内、对外基本交通运输条件的完善为前提，保晋公司在阳泉的业务拓展与交通运输条件的改善相辅相成、互为因果。

光绪三十三年（1907 年）正太铁路全线通车，并在阳泉专设有停靠站点，保晋公司瞅准了阳泉便利的交通运输条件与丰富的煤炭资源，于民国五年（1916 年）8 月，将总部从太原市海子边迁移到了平定县阳泉火车站附近。保晋公司平定各矿厂距离阳泉火车站远近不一，为了方便对外销售煤炭，极力改善各矿厂的运输条件，"民国八年（1919 年）5 月，开展阳泉总厂，改移岔道及道路"。[1] "平定第一矿厂（即铁炉沟煤矿），惟厂面逼近正太铁路，难期发展，因与正太路局协商，将铁道向北移置，自民国八年（1919 年）9 月兴工，至民国九年（1920 年）10 月工竣。"[2] "平定第三矿厂，距正太路赛鱼站有三里之遥，旧年曾铺设临时轻便铁道，转运煤斤，惟中间隔有大河，夏季必须拆卸，秋季再行铺设，枉费工资，甚不经济。现拟靠山修路，铺设永远便道，以免年年拆修。所有占用地面，业经租购妥当，不久兴工修筑。工竣后可免临时拆修之烦矣。"[3] "平定第四矿厂（即先生沟煤矿），该矿距阳泉站较远，转运专恃驴、骡，既属迟缓，又耗脚资，拟即铺设轻便铁路，直达正太线旁之矿窑

---

① 常旭春、白象锦：《保晋公司报告书稿·本公司大事纪》（民国十九年）。

② 常旭春、白象锦：《保晋公司报告书稿·第六章 各矿厂及各分公司大略情形》（民国十九年）。

③ 常旭春、白象锦：《保晋公司报告书稿·第十章 本公司将来进行计划》（民国十九年）。

洼，以利运输，而节糜费。"① 保晋公司为便利平定各矿厂至正太线之火车站煤运线路的主观努力，客观上却促进了阳泉市内交通条件的改善。

保晋当局清醒地认识到"查路矿两政，相为辅车，矿藉路以运输，路赖矿以维系"。② 平定各矿厂所产煤炭，主要依赖于正太铁路而输往全国各地。"平定硬煤之运输，以正太路为咽喉，平汉路为躯干。"③ 保晋当局对于阳泉至各商埠的里程进行了准确测量，"自阳泉至太原之距离122公里；自阳泉至榆次之距离97公里；自阳泉至石家庄之距离121公里；自阳泉至北平之距离398公里；自阳泉至天津之距离507公里；自阳泉至塘沽之距离551公里"。④ 伴随保晋公司企业规模与业务的拓展，阳泉地区的对外交通运输条件得到了相应的改善，其煤炭产品也源源不断地销往天津、上海等大商埠。"阳泉既处于群山之中，北至盂县则山路崎岖，溪涧纵横，前虽有兴筑荫营、平定矿路之议，迄未实行；往南经平定至昔阳、和顺、辽县，已筑有汽车路；惟煤斤藉以输出之唯一路线，则为正太铁路，西至太原，东越石家庄，绕道平汉、北宁两路，直抵天津塘沽，输往上海。"⑤

总之，保晋公司迁都阳泉及大规模的开矿设厂与业务拓展，在较大程度上改善了阳泉的对内、对外交通运输条件，为阳泉市的成功创建提供了必要的交通保障。

4. 保晋公司在阳泉的煤炭开发与商贸运作，在一定程度上活跃了当地商贸市场，为阳泉市的创建进行了必要的市场准备

阳泉地区，"清末民（国）初，境内主要商业网点分布在平定县城、盂县城、阳泉镇及一些农村集镇所在地，当时境内商业网点1333个，其中平定县1003个，盂县330个"。⑥ 这里并没有阳泉镇商业网点数的确切统计，说明当时的数量应当是极少的。金融机构的多少，是反映一个区域商贸活跃与否的重要标志之一。时至20世纪20年代，平定一带的"金融机关，多设在平定城内。阳泉地方，仅有钱商数家，以资流通"。⑦ 可见，其时阳泉一带的商贸流通现象应当并不活跃。经过十几年的发展，时至民国二十六年（1937年），情

---

① 常旭春、白象锦：《保晋公司报告书稿·第六章　各矿厂及各分公司大略情形》（民国十九年）。
②③　常旭春、白象锦：《保晋公司报告书稿·第九章　本公司营业状况》（民国十九年）。
④⑤　《山西保晋矿务公司经营概要·第一章　矿厂位置及交通》。
⑥　阳泉市地方志编纂委员会：《阳泉市志》，当代中国出版社，1998年版，第671页。
⑦　虞和寅：《平定阳泉附近保晋煤矿报告·第一章　阳泉附近地理风土大略》，民国十五年（1926年）3月，农商部矿政司印行，第4页。

况却发生了很大变化，据统计，当时阳泉境内有"商户619家，^① 分别为平定县278户，盂县183户，阳泉镇158户"，^② 阳泉镇的商户数已不再是先前的寥寥无几，业已发展为158户，占当时阳泉地区商户总数的25.53%，这不得不归功于保晋公司总部移迁阳泉及大规模开矿设厂与人口积聚对当地商贸活动的刺激。尽管缘于日寇的入侵，保晋公司已经于民国二十六年（1937年）10月停止了实质性的生产运营活动，但其时阳泉市城区、矿区一带大致的商业格局与市场已经基本成形，虽然受日寇蹂躏而有所衰减，但尚未伤及元气。"民国二十六年（1937年）后，阳泉沦陷，商业冷落，市场萧条，私营商业者举步维艰，倒闭者甚多。民国三十四年（1945年）日本投降后，境内网点幸存189户，分别为阳泉镇85户，平定县41户，盂县63户。"^③尽管阳泉镇的商户数量也有所减少，但相对于平定、盂县而言则减速放缓，进而比重增加，占当时阳泉地区网点总数的44.97%，说明通过前期的经济铺垫，阳泉镇的商贸活跃程度已经大大超过了平定县与盂县，创建城市的市场条件已经基本具备。

5. 保晋公司为阳泉市的成功创建积淀了一定的文化基础

清末民初，阳泉工矿区的文化娱乐生活比较单调，除平定各村镇过庙会或元宵节等大型节假日有戏曲一类的文化表演外，平日几乎没有任何文化娱乐休闲活动。至于专门的文化娱乐场所与设施，时至20世纪20年代，阳泉地区仍是空白。"民国十年（1921年），张子明、李仲麒等8名商人在阳泉镇集资修建了新华茶园，设简易戏台供民众娱乐。初以说书、闹红火为主，后扩建为'小戏院'，陆续有戏班演出，是为境内第一座专业性文化娱乐场所。"^④ 而此时，在阳泉工矿区内，保晋公司则成立了矿工俱乐部，配备各种娱乐器具与体育器材，供矿工在节假日休闲与娱乐，"各矿厂之休息日期，以每月初一及十五两日为度。至休息日应有之博欢鼓兴等具，应设法组织矿工俱乐部，设备手球、足球、网球，以节劳动而爽精神"。^⑤ 可见，保晋公司对于活跃阳泉文化市场起到了积极的推动作用，为阳泉市的成功创建奠定了一定的文化基础。

---

① 原史料中记载为497家，但将"平定县278户，盂县183户，阳泉镇158户"汇总为619户。
②③ 阳泉市地方志编纂委员会：《阳泉市志》，当代中国出版社，1998年版，第671页。
④ 阳泉市地方志编纂委员会：《阳泉市志》，当代中国出版社，1998年版，第1163页。
⑤ 《保晋公司矿工服务细则》。

（四）保晋公司的管理思潮与运营方略对于当代企业管理有一定的借鉴意义

保晋公司作为山西近代史上一个新式民营工矿企业，在实际的运作与管理过程中，体现了自身特定的管理思潮与运营方略。保晋公司为了最大限度地规避股东投资风险，创新性地实现了"无限责任制"向"有限责任制"的成功过渡，构建了以"主权机关（股东会）、领导机关（董事会）、执行机关（公司）"为组织构架的内部治理机制，职责分明、权限明确。同时，保晋公司加强了自身的制度化建设力度，推行了股东会议制度、董事会决策制度、日常运营管理制度、人力资源管理制度、财务管理制度、安全管理制度、监督监察制度等一系列管理制度。在人力资源管理过程中，探索性地对从业人员的招录方式进行了改革，通过考试的方式选聘职员；同时，通过理论与实践环节的继续教育培训，力求提升广大从业人员的专业技能；另外，保晋公司为了提升工作绩效与防微杜渐，加强了对各矿厂及个人的监督监察与绩效考核力度。在财务管理过程中，通过发行股票、对外举债、留存收益等方式筹集所需资金，规范了对内投资，通过购买股票、兼并或联营等方式进行对外股权投资，加强了营运资金管理，深化了利润分配政策。在技术管理过程中，创新性地发明并利用了根治井壁瓦斯涌出的特殊方法——"圈壁排放法"，解决了当时众多中外矿师均无法解决的技术性难题。保晋公司作为煤炭类生产企业，强抓安全管理，购建了井上、井下安全防范设施、设备，配置了相应的安全防范材料与器具，制定了系列安全操作规程，深化了"防气、防火、防水"三大安全事故专项防范工程，突出了对危险生产用品及安全生产秩序的管理。保晋公司的上述管理思潮与运营方略，对于现代企业管理，特别是煤炭类企业运作，有一定的借鉴与启迪作用。

（五）保晋公司的商业品质对于当代企业价值观、经营理念与企业精神的凝练具有一定程度的示范效应

物质决定意识，意识反作用于物质。任何时候，无论是对于一个国家、一个民族，还是对于一个组织、一个企业，乃至对于每个家庭或单个自然人，物质文明建设与精神文明建设都很重要，两者相辅相成、互为因果。如果没有积极向上的内在精神元素作支撑，势必最终导致国家的败亡、民族的衰落、企业的破产、个人的颓废。保晋公司作为山西近代史上一个典型的民族工业企业，其凝练与折射出的爱国性、创新性、守法性、自律性、人本性、公平性、坚韧

性、公益性等商业品质，对于我们当前进行社会主义精神文明建设，特别是现代企业文化建设具有一定程度的示范效应。

企业文化是企业自身在长期的生产运营及管理过程中所形成的管理思想、管理方式、管理理论、群体意识以及与之相适应的思维方式和行为规范的总和，其具体体现为企业的价值观、经营理念和行为规范。企业文化建设有利于增强企业的凝聚力、向心力，最大限度地调动员工工作的积极性与主动性；企业文化建设有利于引导员工培养正确的思维模式与行为规范，构建和谐、有序、高效的工作环境与运营秩序；企业文化建设有利于增强企业的核心竞争力，促进企业经济效益的提升与实现可持续发展。文化是企业的灵魂，是企业实现持续发展、出奇制胜的法宝。企业如舟，文化似水；水无形而化万物，载舟行可破风浪。企业文化，润物无声，制胜于无形。

企业文化建设应当重视企业战略文化、建设企业人本文化、规范企业制度文化、增强企业创新意识、提升企业公众形象，而保晋公司在这些方面确实具有垂范效应。保晋公司创立伊始就制定了明确的战略目标，"为开辟本省利源起见，期将各种矿产一律开采，以兴地利而裕民生"。① 保晋公司大力奉行"以人为本"的治企理念，在安全设想与预防、事故处理与救援、福利制度及抚恤规则的制定等方面均有体现，"各坑内，凡不足 16 岁之童子，概用于轻小工作，以保身体而重人道……各坑内，凡有碍卫生之事，均不避费款，竭力除之"。② "将来拟购救命器若干具，如有着火、发烟及爆发之处，即着用救生器，前往该地，极力施救。"③ "公司每日依次备具三餐，已不至枵腹从公……烟茶两项，公司自酌中置备，以供众用。"④ 同时，保晋公司制定了《保晋矿务总公司简章》、《山西保晋矿务公司章程》、《保晋公司矿工服务细则》、《保晋公司矿工抚恤规则》、《保晋公司坑内保安规则》、《保晋公司矿警规则》、《保晋公司管理火药规则》等一系列规章与制度，做到了有章可循、有据可依，丰富了保晋公司的制度文化。如前所述，保晋公司在投资理念、企业定性、生产方式、人事管理、获利途径等方面均有创新之处，彰显了其开拓创新精神。另外，保晋公司所折射出的"爱国性、守法性、自律性、公平性、坚

---

① 民国八年（1919 年）10 月 24 日奉部批准并备案之《山西保晋矿务公司章程·第二节　宗旨》。

② 《保晋公司坑内保安规则》。

③ 虞和寅：《平定阳泉附近保晋煤矿报告·第二十二章　危险预防》，民国十五年（1926 年）3 月，农商部矿政司印行，第 87 页。

④ 1908 年 10 月 7 日《晋阳公报》。

韧性、公益性"等商业品质,在极大程度上提升了其公众形象。保晋公司具有强烈的爱国主义精神与民族自尊心,开拓创新、勇于进取,遵章守纪、合法经营,监督监察、注重自律,重情讲义、以人为本,公平交易、合情合理,坚忍不拔、自强不息,热衷公益、奉献社会,这是一笔价值不菲、泽被后世的宝贵精神财富与文化遗产,对于现代企业价值观、经营理念与企业精神的凝练具有一定的垂范效应。

三、保晋公司对现代企业管理的警示

我们看待任何事物,都应当一分为二、实事求是,对保晋公司的研究与审视也不例外。保晋公司作为一个特定时代背景的客观产物,的确发挥了特定的历史作用,但其衰败的内在主观原因,也给我们现代企业管理敲响了警钟。

(一)保晋公司在日常的实践运营过程中,既定的宏观战略目标与具体的战术运用、成文的规章制度与企业的现实运营之间,均存在不同程度的偏差甚至背道而驰的现象,客观上阻滞了企业的正常运转与可持续发展,警示我们在现代企业管理过程中,力求避免理论与实践的脱节

纵观保晋公司的整个发展历程,存在宏观战略目标与具体战术运用、规章制度的制定与企业的现实运营相脱节的情形,致使部分制度形同虚设,没有发挥既定的管理效应。《保晋矿务总公司简章》与《山西保晋矿务公司章程》中均明文规定"本公司所收之股,专为办矿之用,不得挪移他用",但却于宣统元年(1909年)代垫赎矿款 1179305 两 9 钱 3 分,导致保晋公司的可调配资金严重不足,制约了其正常运营与后续发展。《山西保晋矿务公司章程》规定"公司用人办事一以商务为宗,不得丝毫沾染官场气习,亦不沿用各局、所名称",[①] 但客观上保晋公司却与各级政府及地方官僚发生着千丝万缕的联系,而且表现出极强的依赖性,"本公司探矿、开矿,均随时请地方官保护。倘有乡愚妄生浮议,聚众阻挠,或匪徒藉端煽惑,肆意欺凌,均请地方官开导弹

---

① 民国八年(1919年)10 月 24 日奉部批准并备案之《山西保晋矿务公司章程·第二节 宗旨》。

压；如有伤毙公司人等情事，地方官应迅予缉凶，从严惩办……本公司所用人等，如因公与他人成讼者，地方官应秉公讯断，从速结理，以免拖累误公"。①保晋公司表象上制定了较系统与完善的福利与抚恤制度，而现实中则更多地体现为民族资产阶级对广大从业人员的盘剥与压榨，与先前制定的福利政策与抚恤制度之规定大相径庭，没有发挥相应的激励效应。在安全生产管理方面，名义上规定"为预防火患起见……坑内如有煤气，则严禁工人吸烟或带引火物质"，而现实情况却是"烟具及发火等具，一任工人携带入坑，至严寒时期，工人又常在坑烧煤以取暖"，② 规则制定与现实运行明显背道而驰，给安全生产带来了巨大隐患。

当代企业应当以保晋公司为前车之鉴，无论是企业愿景与宏观战略目标的制定，抑或企业内部系列运行规则的出台，还是企业内部文化建设的深化，都应当立足于外在客观时代背景与内在企业现实状况，力求避免规章制度的制定与企业现实运营的脱节，以最大限度地保障企业的既得现实利益与可持续发展。企业在制定愿景目标与宏观战略时，应当统筹考虑自身的历史、现实与未来。企业的发展目标应当立足于现实，且具有前瞻性，以保证组织的理念和价值观适应时代发展的需要。企业在制定内部方针、政策、规章、制度时，必须立足于既定的人力、物力、财力、技术等客观条件及管理现状，因地制宜、因势利导、统筹兼顾，绝不能纸上谈兵，丧失企业内部规则本应具有的指导与约束效力。企业文化建设，必须立足于企业既定的战略目标，统筹考虑企业的行业特性、历史传承与可持续发展、从业人员的职业道德水准及其发展潜能，打造富有自身特色的企业文化。总之，当代企业只有根据自身特定的历史、现实状况及正常发展趋势，制定切实可行的愿景目标、管理制度与运行规则，真正指导与约束企业的生产与运营，才可能最终实现企业的持续、健康、快速发展。

（二）保晋公司缺乏必要的管理团队建设，极大程度上影响了企业的健康、有序运营，警示我们在现代企业管理过程中，应加强对管理人员在招录、使用、后续培养等环节的系统化管理

古往今来，对于任何以盈利为目的的特定经济组织，团队建设必不可少，

---

① 民国八年（1919年）10月24日奉部批准并备案之《山西保晋矿务公司章程·第十一节　保护》。

② 虞和寅：《平定阳泉附近保晋煤矿报告·第二十二章　危险预防》，民国十五年（1926年）3月，农商部矿政司印行，第87页。

且至关重要。明清晋商之所以能够纵横驰骋中国商界五百余年，创造出中外商业史上的奇迹，享誉海内外，很大程度上归因于以"商帮"为基的团体运作模式。明清晋商以地缘关系为联络纽带，打造了一支以"大掌柜"（或称总经理）为首的高效管理团队，结帮而行、团体运营、一致对外，将商号遍设大江南北、长城内外并涉足海外，为世人所瞩目。与明清晋商形成鲜明对比，保晋公司的管理团队建设则相对薄弱，高层管理人员走马换灯、频繁变动，不是主动引退，就是谢绝上任。清宣统二年（1910 年），渠本翘赴京供职，董事局将其推为主持总理，另推刘笃敬为坐办总理；民国元年（1912 年），"渠总理、曾协理函请辞职"；民国五年（1916 年）7 月，刘笃敬以年老力衰为由，竭力辞职；民国十一年（1922 年）10 月，崔廷献调任河东道尹，坚请辞职；民国十一年（1922 年）12 月，董事公推乔殿森为正经理，未就；民国十二年（1923 年）1 月，董事会另推乔映霞为正经理，未到任前；民国十四年（1925年）7 月 10 日，保晋公司召开第十次股东会，曾（纪纲）副经理请辞职。[①]保晋公司高层管理人员的频繁更替，致使企业内部管理政策缺乏稳定性与持久性、人心涣散、政局不稳，缺乏管理团队本应有的凝聚力与向心力，严重影响了企业的健康、有序运营。保晋公司的高层管理之所以出现上述较为混乱的局面，主要归咎于以下两方面原因：其一，保晋公司在选聘企业高层管理人员时，仅仅注重其社会影响与地位的考量，而没有进行必要的事先沟通交流、德行与专业技能测评，对拟任命高层管理人员的思想动态缺乏深入的了解与把控，故公司所聘高层管理人员不是找各种托辞或借口极力辞职，就是根本不愿露面、谢绝上任。其二，保晋公司缺乏对所聘高层管理人员进行必要的职业情操与专业技能的后续培训与教育，致使他们思想涣散、目光短浅，缺乏必要的矿业知识，在管理过程中深感力不从心，辞职也就在所难免。

鉴于保晋公司对高层管理人员失控的深刻教训，现代企业应强化管理团队建设，以保障企业的健康、稳定与有序运营。企业在各级各类管理人员的选聘与任用之前，必须对相关人员的敬业精神、专业技能、职业操守、工作经历进行深入的了解，力争物色到德才兼备的候选人员。同时，在正式聘用前，必须与拟录用人员进行先期的沟通与交流，把握其基本的思想动态，结合其个人职业取向与专业特长，决定是否正式录用。企业在正式录用相关管理人员之后，

---

① 参见：常旭春、白象锦：《保晋公司报告书稿·本公司大事纪》（民国十九年）。

应及时了解其在现实工作中的真实思想动态，急其所急、想其所想，帮助其解决日常工作与生活中的种种困难，使其全身心地投入到现职工作中来，最大限度地提升工作效率。同时，为了保障所聘管理人员能够与时俱进，随时应对复杂多变的外在客观形势，企业应持续、稳定地加强对这类人员的职业道德与专业技能培训，促进其知识的更新与能力的提升。另外，企业还应坚持不懈地加强对全体管理人员团结协作意识与实践工作配合能力的磨炼与培养，以增强整个管理团队的凝聚力、向心力与战斗力，打造一支能够灵活应对瞬息万变市场风云变幻的高端管理团队，保障企业的持续、健康、快速发展。

（三）保晋公司在协调与处理同各级政府及官僚的关系时，职责不清、定位不明，在很大程度上加重了自身额外的经济负担，导致企业的发展举步维艰，警示现代企业在协调与发展同政府的关系时，在合法、合规的前提下，应正确定位、科学决策，而绝不能一味地盲目依存

企业与政府的关系，是一切对外公共关系的基础，能否有机协调与处理好同各级政府之间的关系，直接关系到企业的生存与发展。保晋公司在发展与政府及官僚的关系时，职责不清、定位不明、盲目适从，在很大程度上加大了企业的额外经济负担。保晋公司作为一个民营企业，本应当以发展经济、提升效益为首要目标，但现实运营过程中，在自身难以为继的情况下，鉴于各种外在压力，却更多地担负起了许多政府公共职能。宣统元年（1909 年），保晋公司代垫赎矿款 1179305 两 9 钱 3 分，导致企业自身资金短缺、周转困难、举步维艰。民国十四年（1925 年）底，保晋公司累计持有政府债券 45050.870 元；民国十五年（1926 年）底，保晋公司累计持有政府债券 28940.870 元；民国十六年（1927 年）底，保晋公司累计持有政府债券 40046.870 元。[①]"自民国十三年（1924 年）10 月起至民国十九年（1930 年）底止，本公司计出过特种库卷 17733.600 元、临时军费 20500.000 元、临时铺捐 32954.690 元、六厘公债 37500.000 元、粮秣捐 38333.000 元、北伐军费捐款 10000.000 元、编遣库券 5000.000 元、平定驻军给养费 5000.000 元……平定学款每车 1 元 3 角，

---

① 据民国十四年（1925 年）、民国十五年（1926 年）、民国十六年（1927 年）3 个年度各自的《保晋公司财产目录三项（各业投资、有价证券、本届存煤）详数表》（载民国十八年（1929 年）3 月《山西保晋矿务公司第十一次股东常会营业报告》）中相关项目汇总而得。

兵差捐每车 1 元。"① 保晋公司对于这些政策性项目的列支，承担了一定的政府公共财政职能，加重了自身的经济负担，使企业身陷窘迫之境。保晋公司所集股本，分为"公股"与"商股"。"公股"系地方政府以"亩捐"参股，尽管地方政府不能操控企业的具体运营，但毕竟已经参股，或多或少要行使一定的所有者权利。同时，对于"商股"，尽管绝大部分是向民间商人、商人家族或商号集股，但也不乏官僚参与其中，"抚宪宝（棻）：400 股计 2000 两；藩宪丁（宝铨）：400 股计 2000 两；臬宪志（森）：400 股计 2000 两；道宪曹：400 股计 2000 两；学宪锡：200 股计 1000 两"。② 地方官僚参股保晋公司，虽然初衷在于扶持山西矿务发展，但这一行为本身就给保晋公司的后续发展埋下了隐患，参股官僚作为股东，肯定要关注保晋公司的发展特别是企业内部管理，极有可能凭借其手中的政治特权与个人思维倾向干预与影响保晋公司的正常运营。另外，保晋公司规定董事、监察人的基本任职前提是必须"有 2500 两以上之股银者"，但对于公股持有者的任职资格要求却大打折扣，"公股董事、监察人，以有 1500 两以上之股银者即为合格"，③ 不难发现，保晋公司在企业内部管理过程中，也浸渗了政治性特权倾向，不同股东的不公平待遇出现，在某种程度上影响了企业的公正形象及后续发展。保晋公司作为一个大型民营企业，为政府分忧解愁本无可厚非，但却突破了底线，动摇了企业自身的经济基础，最终的破亡已在所难免。

政企关系的和谐、有序发展，是维护社会稳定、保障企业可持续发展的前提与基础。"前车之覆，后车之鉴！"现代企业在管理过程中，既应当担负必要的社会职能与公益性支出，更应当进行准确的战略定位，厘清企业自身特定的职责权限，绝不能越位，否则势必加重企业自身的额外经济负担，陷入举步维艰的困境。现代企业应当以发展经济为主导思想，明确自身在社会经济发展中的重要地位，在合法、合规经营与照章纳税的基础上，向政府要扶持性政策与良好的外围发展环境。同时，当代民营企业在发展过程中，绝不能为了取得一定的政治靠山，而拉拢个别官员家属或子女参股，或者直接给官员本人暗地配股，这种不合理的现象，势必两败俱伤，既导致官员的牢狱之灾，又导致企业的信誉扫地与后续发展受阻。另外，现代民营企业必须制定切实可行的长远

---

① 常旭春、白象锦：《保晋公司报告书稿·第九章　本公司营业状况》（民国十九年）。
② 1908 年 8 月 28 日，《晋阳公报》登载《商办保晋矿务总公司第一期收股清单》。
③ 民国八年（1919 年）10 月 24 日奉部批准并备案之《山西保晋矿务公司章程·第十节　股东会议》。

发展规划与愿景目标，不能为迎合某些地方政府或个别官员的短期政绩需求，而进行人为商业炒作或投资一些污染环境、影响国计民生的项目，这样的企业势必为社会与历史所淘汰。因此，现代企业应正确定位与有机协调同政府之间的关系，合法、合规，借力发展，最终促进企业自身的全面可持续发展。

参考文献

［1］王智庆、李存华：《晋东商业文化》，科学出版社，2009。

［2］曹慧明：《保晋档案》，山西出版集团·山西人民出版社，2008。

［3］周立业：《保晋公司成立时间考》，阳泉晚报，2008-7-2。

［4］中共阳泉市委宣传部：《山西争矿运动史料与研究》，中国文史出版社，2006。

［5］徐月文：《山西经济开发史》，山西经济出版社，1992。

［6］《阳泉煤矿史》编写组：《阳泉煤矿史》，山西人民出版社，1985。

［7］虞和寅：《平定阳泉附近保晋煤矿报告》，农商部矿政司印行，民国十五年（1926年）3月。

［8］王智庆：《论保晋公司研究的学术意义、社会价值与研究方略》，载《山西高等学校社会科学学报》，2012，24（10）。

［9］王智庆、李存华：《保晋公司创办的原因探析》，载《山西高等学校社会科学学报》，2013，25（12）。

［10］清光绪三十四年六月三日（1908年7月1日），《农工商部请颁山西保晋矿务总公司关防具奏奉旨咨呈》，原件现存于中国第一历史档案馆。

［11］张士林：《石艾乙巳御英保矿纪闻》，武铭勋手抄本，清宣统二年（庚戌年，1910年）。

［12］民国三年二月二日（1914年2月26日），《保晋公司与平定各村社续订按地入股合同》，原件现存于山西省阳泉市档案馆（档案编号：B2-001-0006）。

［13］民国八年（1919年）10月24日奉部批准并备案之《山西保晋矿务公司章程》，原件现存于山西省阳泉市档案馆（档案编号：B2-001-0001）。

［14］民国十八年（1929年）3月，《山西保晋矿务公司第十一次股东常会营业报告》，原件现存于山西省阳泉市档案馆（档案编号：B2-001-0007）。

［15］常旭春、白象锦：《保晋公司报告书稿》，民国十九年（1930 年），原件现存于山西省阳泉市档案馆（档案编号：B2-001-0081）。

［16］《山西保晋矿务公司经营概要》，原件现存于山西省阳泉市档案馆（档案编号：B2-001-0082）。

［17］民国二十三年（1934 年）3 月 31 日，《大同矿业公司董事会民国二十三年第一次常会会议纪录》，原件现存于山西省阳泉市档案馆（档案编号：B2-001-0012）。

［18］民国三十五年（1946 年）11 月 1 日，《保晋公司董事会与善林堂、同德堂合资营业合同》，原件现存于山西省阳泉市档案馆（档案编号：B2-001-0011）。

［19］保晋矿务公司清理小组：《保晋矿务公司股权、产权清理工作计划（草稿）——（内部文件）》（1957 年 7 月 31 日）。

［20］阳泉保晋矿务公司清理小组：《阳泉保晋矿务公司清理小组工作汇报》（1957 年 10 月 29 日）。

［21］山西省财政厅：《关于对阳泉市原保晋矿务公司遗留问题应予处理的批复》（1980 年 12 月 3 日）。

［22］山西省阳泉市革命委员会：《关于原保晋公司财产清理小组支付股息等费由有关单位交拨的通知》（1981 年 4 月 17 日）。

［23］山西省阳泉市财政局：《保晋矿务公司财经清理小组关于对前阳泉保晋矿务公司股份、债务清理情况的报告》（1984 年 8 月 20 日）。

后　记

值此书稿杀青、付梓出版之际，感慨良多。

年近不惑之年的我，回首三十余年的求学、治学历程，尽管不乏个人的艰辛与努力，但点点滴滴的成长与进步，却始终离不开诸多先辈前人的扶持与鞭策。在本人最近十几年来的求学之路上，恩师全国著名晋商学研究专家山西大学刘建生教授，不仅指航立标、释疑解惑，而且不时鞭策与倾心扶持。同时，先生一丝不苟的治学之风及严己宽人的处世原则更深深地影响着我，使我获益匪浅。对于先生的特意栽培与无私付出，著者无以为报，只能以学术的跟进而略慰先生。年逾八旬的史学前辈山西省社会科学院原副院长张海瀛研究员，不顾年迈体衰而通阅全稿，并欣然作序，同时在数次交流中先生对著者提出了殷切的期望及日后研究的新着力点，在此，真诚祈愿先生身体安康、福如东海、寿比南山！

本著作为"山西省哲学社会科学'十二五'规划课题——《保晋文化研究》"与"山西省高等学校哲学社会科学研究项目——《保晋公司研究》（项目编号：20112243）"的最终研究成果，在立项申报、课题研究、成果出版等诸多环节，曾先后得到了太原理工大学阳泉学院院长韩保清教授、副院长兼副书记宋红教授、原副院长员创治教授、财务处处长郝家龙教授、科研管理中心主任张润平博士、副主任王栋副教授、办公室主任王长春副教授的大力帮助，在此致以由衷的谢意。

本著在资料搜集、写作与出版过程中，得到了晋商银行王永亮先生，阳泉市三晋文化研究会副会长、阳泉市地方志办公室原主任孟鸿儒先生，阳泉市三晋文化研究会理事张承铭先生、黄顺荣先生，阳泉市文化艺术研究室王伟先生，阳泉市河坡电厂原工会副主席翟玉玺先生，阳泉市党史办曹素英女士、苏小平女士，阳泉日报社郭祯田先生，盂县政协文史委赵润生先生，平定县史志办原主任李克明先生，平定县史志办李明义先生、李爱国先生，太原理工大学阳泉学院管理系主任吴戈教授、社科系主任张素梅教授、采矿系主任蔡永乐副教授、宣传部部长杨建军高级经济师、崔艾举副教授、李秋花副教授、连东博士等诸多同仁与友人的鼎力帮助，在此一并表示衷心的感谢。

囿于史料的相对缺乏及著者功力的浅薄，本著虽经多次反复修改与校订，但书中仍难免会有疏漏、不妥甚至错误之处，恳请各位学界前辈、方家、同仁不吝赐教，批评斧正。

王智庆

2014 年 2 月 9 日